教师教育精品教材·拓展系列

U0652096

教育研究方法
哲理故事与研究智慧

胡东芳◎著

华东师范大学出版社

华东师范大学

"985 工程"哲学社会科学

"教师教育理论与实践"创新基地建设成果

序

民族振兴,教育为本;教育振兴,教师为本。进入新世纪,人类步入信息化、全球化的知识社会,人才资源越来越成为重要的战略资源,教育在综合国力竞争中越来越具有决定性作用。改革发展教师教育,加强教师队伍建设,提升国家教育实力,日益成为各国综合国力竞争的首选战略。教育部于2001年6月颁布并实行了《基础教育课程改革纲要(试行)》,实验推广基础教育新的课程体系,旨在全面推进素质教育,促进学生德、智、体、美全面发展,培养具有创新精神和实践能力、能够适应21世纪需要的各方面人才。基础教育新课程改革是当前我国推进素质教育的重大举措,它呼唤教师教育培养出高素质的、专业化的新型教师。

教师教育是建立在学科、专业和教育学科共同协调发展基础上的专业教育。作为教师教育研究的最新进展,教师专业的终身发展、教师的研究性教学与反思性教学、教师行动研究、基于教学情境的教师表现性评价等,既要求在教师教育中将之转化为具体的实践,也要求指导教师将之转化为自身教学实践的要求。不断推进教师教育理论与实践和创新,把学科、专业与教育学科科学研究的成果转化为教师教育的课程与教学内容,建设与实施素质教育相适应的教师教育课程体系,推出一批符合新课程改革理念的优质教材,在教育教学理念、模式和方法、途径、手段等方面开展实践创新,既是新世纪中国教师教育改革的客观要求,也是高水平师范大学不可推卸的使命与责任。

2006年,华东师范大学启动了新一轮教师教育课程改革。在新的改革方案中,教育类课程由教育与心理基础类、教育研究与拓展类、教育实践与技能类和学科教育类四个模块组成。在方案实施过程中,改造和更新了教育学、心理学两门传统课程的教学内容和教学方法,充实和加强了教育实践与技能类课程、学科教育类课程的教学要求,重点建设了供全体师范生选修的教育研究与拓展类课程。为充分反映中小学课程教学改革的要求,教育研究与拓展类课程的建设采取的是短课时、小班化、团队化的申请与建设办法，在课程教学内容与方法建设上，要求理论性课程应少而精，注重引导，实践性课程应以案例教学为主，有具体的教学指导，并配有辅读材料。到 2008 年，先后分四批立项，建设了 68 门教育研究与拓展类课程。

"凡事预则立，不预则废"。在第一批教师教育研究与拓展类课程建设时，学校就开始酝酿编写一套与该类课程相配套的教材。把大学教育研究与教学实践和中小学教学改革有机结合起来，是教师教育精品教材系列设计的主要指导思想。现在，首批教师教育精品教材出版了。这可以看作是对三年来教师教育课程方案改革的一个总结与验证，也可以看作是不断推进教师教育改革与创新的一个新的契机。让我们共同期待更多更好的教师教育教材不断涌现，为我国教师教育课程教材建设提供成功的典范，为培养造就一大批优秀教师和教育家作出积极的贡献！

左辉明

2008 年 7 月

目　　录

知之·乐之·好之·迷之·不能自拔之

——写在阅读《教育研究方法——哲理故事与研究智慧》之前

（代前言）

　　毫无疑问，就教育研究本身而言，它是一件中规中距的事情，内含着高深的道理与要求，也有着严格的规范与标准……也许正因为如此，常见的《教育研究方法》之类的书籍往往板着脸孔说话，一脸的严肃相，或者是让人眼前浮现一个需要"埋首故纸堆、穷经皓首"方能理解的形象，除了给人以威严、正统、高高在上之外，也常常让人产生敬而远之的感觉，从而使得很多的初学者及教育实践者们望而却步，甚而避之惟恐不及，不能不说这既是初学者及教育实践者们的憾事，也是《教育研究方法》类书籍的憾事，更是众多《教育研究方法》作者们的憾事。

　　殊不知，教育研究的严谨、规范与教育研究的活泼、有趣并不矛盾。也许研究的过程是严肃的，研究的方法是严谨的、规范的，但并不意味着研究当中没有趣味的存在，至少在研究结果的表达方式上完全可以做到生动有趣。否则，辛辛苦苦做的研究，往往只能是小众的产品，甚或束之高阁，其功能的发挥十分有限。试想，如果好的教育研究成果不能为更多的人，尤其是广大的教育实践者所接纳的话，就难以影响或改变教育实践者们的教育理念，提升教育实践者们的教育学素养，从而无法合理地解决好教育、教学实践中的问题，也难以提高学校教育、教学的质量，这岂不又是一件憾事？不幸的是，实际的情况恰好如此。这难道不值得我们众多的教育理论工作者们反思吗？

　　我是一名大学的教师，也是一名教育理论工作者。我日常频繁接触到的人群大致有两类：一类是与我所从事的工作相似的教育理论研究者——大学里的同行、过去读书时的同学以及朋友等，还有一类就是广大中小学教育的实践者——中小学校长、老师等，在我与这两类人的接触过程中，我发现这两类人之间存在着一个巨大的鸿沟，如果这一鸿沟不能被填平的话，教育理论工作者与教育实践者之间就很难对话，教育理论研究的成果也很难为实践者所接受，更谈不上教育研究作用的充分发挥了。这究竟是怎样的一个鸿沟呢？

　　那是在一次学院会议结束后，我和我的同事们闲聊，无意当中聊到了当今中小学校长及教师的素质问题，其中有一个同事忿忿地说道："现在的中小学校长、教师的素质，在我看来，实在太差！"旁边不少人也随声附和，表达着类似的感慨……

我赶紧追问了一句："你为何这样说呢？你这不是一棍子把所有的校长及教师都打倒了吗？"

"可不是吗？我为什么说他们的素质差呢？你想想看，我们辛辛苦苦做的研究，写出来的教育理论著作，他们基本上不买，即使偶尔买了一本、两本，也很少去读，甚至不读，只不过是放在书橱里摆摆样子，装装门面罢了，更不必说会认认真真地去读，并对所读的内容进行思索、运用到实践中去了！"

听他这么一说，我在心里暗自寻思，好像是这么一回事……直到一段时间以后又发生的一起事情，给了我大大的刺激，并引起了我深深的思考。

那是一次应一所学校校长的邀请到他所在的中学里去指导教师的教育科研工作，其间，我曾表达过这样一个意思：现在的中小学教师对教育理论著作的阅读普遍缺乏，造成教师教育理论素养的缺失，这是教师教学水平普遍不高的一个重要原因。事实上，教师教学水平的提高离不开广泛的阅读，尤其是教育理论的学习、思考与实践。没想到的是，其中有一位老师听了我的这番话后，对我说道："胡老师，我想就你刚才的话谈一下我个人的看法，当然，这个看法不是针对你的，你不要生气。""没关系，你就说吧"，我赶紧回答道。

他说："真不知道你们大学里的教育理论研究者整天都在干些什么？在我看来，天天都在造'文字垃圾'。不是我们中小学教师不去读教育理论书籍，实在是你们写的教育理论著作让我们不忍卒读，如果哪天晚上我睡不着觉，找一本你们写的教育理论著作来读，保管读不到两页，我就会'呼呼'睡着了……"

他的这一番话语让旁边的人哄然大笑，也让我哭笑不得，同时更引起了我深深的思考。为什么教育理论工作者与教育实践者之间会有这样的分歧或鸿沟？究竟怎样才能消除这样的分歧与鸿沟呢？

有关《教育研究方法》一类的书籍比比皆是，尽管已经有不少教育研究方法的学科专家进行了不少的尝试与努力，但现有的那些为初学者或中小学教育实践者写的《教育研究方法》还是很难引起他们的阅读兴趣，而一本不能引起人们阅读兴趣的书籍，人们是很难从中得到教益的。这虽然与《教育研究方法》学科本身的性质紧密相关，但更与人们业已形成的定势思维不无关联。究其根源，这与不论是著作者还是评审者都或多或少地坚守着对《教育研究方法》一类书籍的固有看法密切相关，更与著作者不敢想象去从"趣"的角度入手展开写作、不去追求真正意义上的"通俗"有着很大的关系。

何谓通俗？对于《教育研究方法》而言，判断"通俗"的标准是什么，思考之下，不难发现至少有以下三个方面的重要标准：

第一，要有对象感。"对象感"指的是在写作时假想你的读者群，而不能追求适用于一切人群的想法进行《教育研究方法》的写作，要用可能的读者群所熟悉的、或容易接受的语言来写作，更要"说人话，别说书话，更不能打官腔"①，即是说，学者要用非学术的语言来讲学术的内容，不用高高在上的语言训导人，而用平视的眼光进行对话。只有站在读者的角度来写作，才能更容易使读者接受与理解。

第二，要有可读性。"可读"说的是可以读的意思。进一步地说，"可"是能够的意思，"可读"是能够读懂，即在不借助他人帮助或指点之下能够读懂的意思。"可读"的要求首先是能够引起读者的兴趣，并使人们在阅读中感到有趣，还要让人们在感到有趣的同时留下回味；其次是指内容好，有一定的学理性，但又不乏可操作性，可以引起读者的深入思考。事实上，只有写法吸引人，才能使人产生阅读下去的愿望。一本不能对读者的阅读产生吸引的书，其作用的发挥注定要大打折扣。

第三，要有实用性。"实用"即实实在在地可以用。"实"乃朴实、实实在在之意，"用"乃能运用、会运用之意。能够使用，并且能够产生积极效果，也就是说让人感到"值得看"，即有价值和意义。有价值指的是能够让一本书的假想读者感到有启示，有意义说的是能帮助读者解决问题。更具体地说，具有可实施性，读者学了以后必须是能够实施的，也具有在教育研究中反复再现的可能，因为只有能够重复再现，才能在教育研究中得到广泛的推广应用，此外，用了以后还要能产生一定的积极效果。

需要指出的是，"通俗"，并不等于肤浅，也不等于没有学术性，它指的是适应或满足初学者及教育实践者的水平和实际研究的需要，而不是学科专家的水平与需要。那么，如何做到"通俗"？最好的办法就是以"三化"——学科知识生活化，高深知识浅显化，枯燥知识趣味化——作为写作的指导思想，采用讲故事的方式来将一个个高深的教育研究学理与方法应用之道融汇其中，使读者在饶有趣味的阅读中获得感悟、达成理解、形成兴趣、产生好感。具体地说，通过每一个有启发意义的故事或研究案例的讲述，来阐明教育研究的道理，来解释初学者及教育实践者在研究过程中可能遇到的困惑与关心的问题，来分析一个个开展教育研究时必须注意的事项，从而更有利于读者的接受与理解。它既要讲教育研究及其方法的"是什么"，也要讲一点读者能够看得懂的"为什么"，更着重讲一点比较实用的"如何做"。讲明了"一"，"举一反三"，引申开来，让读者懂得更多相关的道理。因此，《教育研究方法——哲理故事与研究智慧》所追求的并不是单纯地介绍教育研究方法知识，而是力图揭示教育研究及其方法背后的意义。它不仅讲授教育研究方法的知识点，更是将对教育研究及其方法的哲理思考注入其中。总之，它既给初学者及中小学

---

① 这是易中天在回答《中华读书报》记者问时回答的话语。详见红娟. 十问易中天[N]. 中华读书报. 2006 - 8 - 30(16).

教育实践者以知识，也给初学者及具有一定教育研究经验的实践者以感悟与启迪，更着重于引发初学者及教育实践者们的兴趣及对教育研究的好感。如果还能让初学者及教育实践者在从事教育、教学的研究过程中产生些许的快乐，那效果有可能更好。诚如斯言："知之者不如乐之者，乐之者不如好之者。"可我还要进一步补充的是："好之者不如迷之者，迷之者不如不能自拔者。"教育研究需要"知之"，更需要"乐之"，也需要"好之"，还需要"迷之"，如果你能达到"不能自拔之"的境界，那就什么都不用说了。

其实，生活的道理、教育的道理与研究的道理往往是一致的，并没有多少本质的差异。在我们的日常生活、学校生活中以及教育研究实践中有许多让人读后回味无穷的故事与案例，它们看似与我们的教育研究毫不相干，但从中仍可给我们以深刻的感悟与启迪。我希望用大家喜闻乐见的生活中以及真实的教育研究实践中常见常闻的故事或案例来介绍一些基本的教育研究的道理与方法，以吸引更多初学者及教育实践者运用教育研究方法展开教育研究的兴趣，与此同时，也使更多的人能更容易地接近、感悟和接受教育研究方法及《教育研究方法》类的书籍。

希望这本《教育研究方法——哲理故事与研究智慧》能让你在对教育研究及其方法"知之"的同时，更能让你"乐之"，也能让你"好之"，还能让你"迷之"，如果它还能让你对教育研究达到"不能自拔之"的境界，那么，正是我——本书的作者所求之不得的。

话虽如此，还是不妨让我们共同期待一下，接着往下读吧！

第一章
教育研究的起始

什么是教育研究？判断是否是真正意义上的研究的标准有哪些？教育研究是从哪里开始的？教育研究问题又是从何处发现的？什么样的教育问题才是值得我们去研究的问题？怎样才能找到有价值的教育研究问题？上述这些问题可以称之为教育研究的原点性问题，也是本章中极力予以回答的问题。之所以称之为原点性问题，是因为它们是开展教育研究时必须弄清的关于研究的一些最最基本的问题，或者是无法回避的问题。只有对这些问题给予了明确的理解，才能展开真正意义上的研究。

对于初涉教育研究领域的"新手"而言，上述一系列原点性问题的解决可以归纳为以下四个方面：

一是明确教育研究及其方法的本真含义。从理论上讲，教育研究是人们有目的、有计划、有系统地采用严格而科学的方法，对教育问题进行观测、分析和了解，从而发现教育现象之间本质联系与规律的创造性的认识活动。这一看似没有问题的关于教育研究的理论定义，在中小学教师所开展的教育研究的实践中常常表现出相当大的困惑，弄不清教育研究的本质属性所在。实际上，就其本质而言，教育研究就是要解决问题的，要么解决一个理论问题，要么解决一个实践问题，要么二者兼而有之。对于广大中小学教育实践者而言，应更多地关注教育实践问题的解决。如果通过研究不能完全地解决问题，至少要对问题作出合理的解释。与此同时，教育研究的开展离不开相应的方法，就方法的本质而言是对研究的程序、研究工具的"事先"的探讨或"事后"的探讨。"事先"的探讨目的在于使得研究顺利地进行，"事后"的探讨目的在于对研究的反省，有效地累积研究经验。

二是发现教育研究的标准与起点。什么是真正意义上的教育研究？什么是教师开展教育研究的起点？通过对"苹果里面有什么"这一问题的不断追问，可以找到判断是否是真正意义上的教育研究的三条最最基本的标准：其一，研究不是告诉人们一个众人皆知的事实和道理，而是努力找到一个这个世界上绝大多数人，甚至这个世界上除了你以外，没有人可以知道的一个新的事实、一个新的发现；其二，研究需要找到蕴藏在偶然现象背后的必然规律,要求努力把偶然性上升到必然性。如果能够做到,就是一项真正的研究;如果做不到,依然不能称之为研究;其三,研究一定需要研究者的思维,特别是创新性思维的参与;研究一定需要运用一定的研究工具;研究一定需要遵循一定的研究程序;研究一定需要采用一定的研究方法并遵循其相应的规范。而通过对中小学教育研究实践的归纳,发现其研究问题的来源可以总结为四个方面:从教育教学的疑难中寻找问题;从具体的教育教学场景中捕捉问题;从阅读交流中发现问题;从学校或学科发展中确定问题。

三是遵循教育研究选题的原则分析。教育研究的开展,选题是第一步,且是至关重要的一步,它常常需要在"鱼"与"熊掌"之间作出明确的判断。这里的选题指的是经过选择来确定所要研究的中心问题,它包括两个方面的含义:其一是确定教育研究的方向,其二是选择进行研究的问题。选题要素可以概括为以下四个方面:个人兴趣、课题本身的价值、主客观条件以及伦理问题。你对某一课题有没有兴趣是非常重要的,俗话说得好,兴趣是最好的老师,有兴趣就会有动力,没兴趣则很难有动力;研究课题本身的价值也非常重要,它不仅包括课题的重要性(理论价值与实践价值),而且包括课题本身的新颖性;而主客观条件主要包括个人的研究能力、课题本身的难度、所具备的时间以及费用等,选题再好、你个人再有兴趣,如果不具备相应的主客观条件,也要放弃。

四是实践教育研究问题确定的路径与方法。如何确定研究问题常常会成为刚刚涉入教育研究领域的"新手",乃至教育研究领域的"老手"心中的一把锁。确定研究问题往往需要创新性思维的参与,很多时候,不是我们找不到有创新价值的教育研究问题,而是在我们的心中有一把看不见、摸不着,但又实实在在存在着的"锁",正是它阻碍了我们选择与确定问题时创新性思维的发挥,而寻找破解"心锁"密码的关键在于我们自身。需要弄清的是,教育研究的"问题"是研究者在其自身教育、教学实践中发现的某个值得"追究"和"设计"的关键问题,当我们以自身为圆心来层层扩大分析自己所遇到的问题与困惑时,就可以在其中找到并确定一个值得研究的问题。其间,如果能很好地使用类比思维策略、反向思维策略、转换思维策略、扩展延伸思维策略、移植思维策略、怀疑思维策略,就更容易取得成功。如果说确定研究问题的路径是从宏观层面来把握选题方向的话,那么,其中的思维策略则是从确定研究问题的中观层面进行问题的聚集,当我们在运用这些思维策略时,如果能配合一些具体的方法,诸如,"经验总结"确定法、"校情分析"确定法、"对话交流"确定法、"边界交叉"确定法、"偶发灵感"确定法、"文献调查"确定法、"空白填补"确定法以及"课题指南"确定法等,就更容易确定有价值的、甚至有创新价值的研究问题了。

上述问题的解决意味着你已进入了教育研究领域的大门,可以正式开展教育研究了。

第一节 "一位中学教师困惑"的探源
——教育研究及其方法的本真含义

在网上不经意的浏览间,看到这样一篇题为——《还有什么不是研究》[①]的短文,说的是一位中学教师对教育研究的困惑。该文是这样写的:

都知道,科学之所以成为科学是因为其采用了科学的方法来探讨问题,那么什么样的方法是科学的呢? 按最初的理解,当然是严谨的实验研究了,具备可证伪性,可重复性等一些特点,但是这样的研究其实也是最麻烦的研究,需要严格的概念限定,操作定义,实验设计,数理统计等等,麻烦得要死,对教育科学而言,似乎只有那些偏执狂才愿意去做这样的研究。

那么,怎么办? 当然,这难不倒那些头脑聪明但又非常懒惰的专家们,他们有办法:

如果找严谨的实验太辛苦,找那么多被试太麻烦,找两三个来访谈好了,把访谈前前后后写得详细一点,把这种研究起个名,称为**质的研究**。

如果访谈也太麻烦了,毕竟还要对访谈结果进行分析,那么不谈了,就直接去做好了,把实践中做的过程写出来,起个名,叫**行动研究**。

如果做也懒得做,那么只要看看想想就好了(或者应该叫做观察与反思),想到什么写什么,起个名,叫**叙事研究**。

如果看也懒得看,也有办法,自己闭门造车,想几个巨大无比的概念,云山雾罩吹上一通,也起个名字,叫**理论研究**。

这样看来,我们大家只要写字,就是做研究了,想不研究估计都不行。那么,亲爱的,你告诉我,还有什么不是研究呢?

读罢此文,在感到忍俊不禁的同时,不得不去思考与回答他所提出的问题。

一、教育研究的本真含义

由于研究一词用于日常谈论之中,常涵盖着广泛的含义,也因此给想从事研究的初涉教育研究领域者以及广大中小学教育实践者,带来了概念上的极大混淆。实际上,研究不仅仅是信息搜集。比如,常常有人说今天我到图书馆去做研究,我了解到了有关某某人物的许多事情,这句话中暗含着这样一个概念:所谓研究,就

---

① 老鹰 002. 还有什么不是研究[EB/OL]. http://www4. blog. 163. com/- PKEA. html. 2007 - 10 - 12.

是到图书馆去找资料或者去搜集事例。这或许只是一种信息发掘，也或许是一种学习的参考技能，虽然在日常生活中人们把它称之为研究，但它肯定不是正式的研究。此外，研究也不仅仅是把事例从一个地方搬到另一个地方。例如，有一位教师完成了关于什么是有效教学的"研究"论文，尽管该教师的的确确做了与正式研究有关的某些活动——搜集数据、编纂文献目录、注明资料来源——但所有这些活动加在一起仍然不能称其已组织完成一篇真正的"研究"论文。该教师漏掉了研究的本质：对资料的阐明。因为在该论文中，该教师没有一处有效地说明其所收集到的有关有效教学的资料表明了"什么"。他并没有推导出什么结论，或对所收集到的事例本身做出剖析和说明。尽管他是在努力做真正的研究工作，但他做的不过是汇编资料、提供出处引证、编排有序，无论在形式上如何整齐漂亮、醒目，但在其头脑中并不清楚怎么做才算是真正的研究。更进一步地说，这位教师需要从一个领域跨越到另一个领域，从仅仅传播资料的领域跨越到阐述资料的领域。这两个领域的不同就是传播信息和真正研究之间的区别。上述这位中学老师的有关教育研究的困惑恰恰表明了上述的分析。概括起来看，他的困惑实际上表现在两个方面：一是不同类型的教育研究的共同本意何在？彼此之间的区别又何在？二是不同研究方法的本意究竟何在？彼此之间又有着怎样的关联？在此，我们不妨尝试着回答一下这位中学教师的困惑。

要想理解教育研究的本意，得从"研究"一词的内涵说起。那么，在汉语表达中的"研究"一词和英语表达中的 *Research and Study* 一词的意思究竟是什么呢？

还是先来看看英语及汉语词典中是怎样对它进行解释的：

在英文的《剑桥国际英语词典》（*Cambridge International Dictionary of English*）里给出的答案是：A detailed study of a subject, esp. in order to discover (new) information or reach a (new) understanding. 而在《韦伯词典》（*Merriam-Webster's Webster Dictionary*）里则有这样的定义：一是指 careful or diligent search；二是指 studious inquiry or examination，尤其是指 investigation or experimentation aimed at the discovery and interpretation of facts, revision of accepted theories or laws in the light of new facts, or practical application of such new or revised theories or laws; or the collecting of information about a particular subject. 此外，在英语中，"research"一词常常对应的一个解释是 prior knowledge（在先的知识），当然，它不能仅是过去知识的收集，而应立足现在并指向未来。即研究不仅要"继往"，而且要"开来"。也就是说，"research"不仅仅是将原先零乱的资料整理齐了，然后再将整理齐了的资料打散了、重新组合，同时它还必须要增添一点新东西。而在汉语的《辞海》中，对"研究"一词的解释是：研，穷究也、精也、审也；究，穷尽也、终极也、谋也、深思也。研究，即用严密的方法，探求事理，从而获得一个合理的、正确的结果。此外，在中文的《现代汉语词典》里对"研

究"给出的解释有两种：一是"探求事物的真相、性质、规律等"；二是"考虑或商讨（意见、问题）"。① 例如，"今天的会议，只研究三个问题"和"关于这个方案领导正在研究"。从根本上讲，就是一次活动或过程。再从汉语构词的角度来看，"研究"一词中的"研"字，即开石也，有"探求察考"之意；"究"的本意是指溪流的尽头，引申为事物的本质，故"研究"是指探求事物的本质。"研"是一个"去粗取精，去伪存真"的过程；而"究"则是一个"由此及彼，由表及里"的过程。

通过英文及中文对"研究"一词释义的比较，我们不难发现，汉语中"研究"一词的含义指向明确，即直指其追求结果的终结意义，但英文中的"研究"（research）一词，却具有更丰富的指向。"research"这个单词是由"re"和"search"构成，其中前缀"re"有"反复"之意；"search"是"寻求"之意，"research"乃是"反复寻求"、"再寻找"，"不断地一遍一遍再寻找。"那么，反复寻求、不断寻找的究竟是什么呢？反复寻求事物的本质，这是指其结果；反复寻求解决问题的方法，这是指过程；反复寻求问题本身，这是指研究的源起，却又是研究的本质。综合起来看，研究是以发现问题、提出问题作为开端的；又是以反复寻求解决问题的方法为过程的；更是以解决问题作为重要目标的。

在例举了英文、中文词典上对"研究"一词的解释后，不妨再来看看一些研究者们是怎么给"研究"下定义的：

美国应用语言学家 Hatch 与 Farhady 给"研究"所下的定义是："用有系统的方法与步骤，找出问题的答案（a systematic approach to finding answers to questions）"。在此定义里，有三个重要的概念值得我们注意。

第一，"研究"是与"问题"（questions）息息相关的，因为疑惑是人类寻求问题的原动力。如无疑惑、问题产生，则无需解决问题，一旦有了可疑之处，就应本着"打破砂锅问到底"的精神，进行深究，旁征博引，才能突破不合时宜的"成见"，而有所创新。

第二，研究者要发挥这种原动力，就必须运用一套有系统的方法和步骤（systematic approach）：一是观察（observe）所搜集的相关材料；二是从该材料的结构猜测（guess）其现象；三是大胆构思（formulate）一些假设性的规律来解释这个现象；四是小心求证（check），在求证的过程中，如果遇有"反例"（counterexample）或"反证"（counterevidence），则必须修正其假设性的规律，以符合实际现象。前两步骤属于发现的过程（discovery process），而后两步骤则属于验证的过程（verification process）。

第三，研究问题的过程就是一个寻找解决问题答案（answer）的过程，不管是肯定的、积极的或是否定的、消极的。研究就是发掘问题到解决问题的一连串动

---

① 中国社会科学语言研究所词典编辑室. 现代汉语词典[Z]. 北京：商务印书馆，1996（第 3 版）. 1447.

作,有点像挖煤矿一样,不断去掘,一直挖到煤为止。概括起来看,研究的目的表现在三个方面:一是了解、预测与控制自然的现象;二是较简单地控制探求有关某一现象或各种现象,具有深入了解与验证知识的目的,以协助科学目的的完成;三是在于发现、增强或扩充知识。

不同性质的研究具有不同的作用与功能,或有其不同的追求目标。理论性质的研究,其作用在于追求理论的拓展与发展,亦即拓展知识的作用,其性质上是探索的,主要在建立崭新的思想体系以协助人类了解和完成其生活目的,其研究的结果可以对未来的自然现象及社会现象做预测,其体现形式主要包括理论模式及实验过程(理论的验证);而实证性质的研究,其作用在于事实的累积。属于描述性功能,透过实验、调查或历史资料的收集与分析来获得科学的消息或信息;而实践性质的研究,其作用在于解决实际的问题或提供对所研究问题的合理的解释。

综上所述,研究是一种高层次的智力活动,需有独创的见解、批判的精神和敏锐的观察力。须经长时间的实验及调查才能评估、验证要点。要想取得一个好的研究结果,必须做到:讲求思维的方法、扫除思想的障碍、注重论证技巧。研究既是对问题有疑问(动机),也有系统的找寻,以严格的方法获得客观的资料。研究本身不仅是一种过程,任何研究不论采用哪种方法,其基本逻辑及步骤是相似的。概而述之,研究是对各种问题利用科学的方法,进行客观的、系统的分析,来拓展知识或解决问题。尽管不同性质的研究在其复杂性和时间性上各不相同,但是研究本身具有其共同的特征:[①]

◆ 研究起源于问题。
◆ 研究需要有一个与其相关的明确的目标。
◆ 研究的整个过程需要有一个科学的计划。
◆ 研究通常把主题分解成若干个易把握的子课题。
◆ 研究是由具体的研究问题,及针对它的疑问和假设所引导的。
◆ 研究工作必须要接受某些关键性的假设。
◆ 研究中首先要做的是搜集那些解决问题所需的资料,并对他们做出阐释。
◆ 研究从它的本质来说是循环而无止境的或更准确地说是螺旋形的。

通过上述分析,给教育研究所下的定义是:人们有目的、有计划、有系统地采用严格而科学的方法,对教育问题进行观测、分析和了解,从而发现教育现象之间本质联系与规律的创造性的认识活动。威廉·维尔斯曼在《教育研究方法导论》一书

① [美]保罗·D·利迪,珍妮·埃利斯·奥姆罗德. 实用研究方法论:计划与设计[M].北京:清华大学出版社,2005.5.

中,根据研究的目的,把教育研究分为基础研究和应用研究;根据研究的量化程度,把教育研究分为定性研究和定量研究。所谓定性研究就是"用文字来描述现象,而不是用数字和量度",所谓定量研究就"用数字和量度来描述现象,而不是用语言文字"。这是对典型的定性研究和定量研究的定义,在实际教育研究中典型的定性研究或定量研究并不多,所以维尔斯曼强调,定性与定量研究是一个连续体,在实际运用中,它们的连续性多于它们的两分性。按一般方法论,他把教育研究分为五种基本类型,即实验研究、准实验研究、调查研究、人种学研究和历史研究。其中,实验研究、准实验研究基本上属于定量研究,历史研究、人种学研究基本上属于定性研究,调查研究介于二者之间。从方法论的角度看,这五种研究方法的特征和关系如下表所示:

表1-1　按一般方法论对研究的分类①

类型	特征	所提问题
实验研究	至少人为设定一个变量并确定这个变量的影响。被试被随机分配为实验对象。	实验变量的影响是什么?
准实验研究	至少人为设定一个变量并确定这个变量的影响。被研究对象是原始的、自然的。	实验变量的影响是什么?
调查研究	研究变量的事件、关系和分布。变量不是人为的,而是自然发生的。它回答现在怎样的问题。	变量的特征是什么,变量之间的关系和可能的影响是什么?
历史研究	描述过去的事件或发生过的事实。它回答过去怎样的问题。	曾经是什么或发生过什么?
人种学研究	整体描述发生过的实际现象。	现象的性质是什么?

　　理解了教育研究的基本内涵与类型后,还需知道的是:不论是哪一类教育研究的开展,都离不开相应的方法,那么,究竟什么是方法? 什么是研究方法? 什么是教育研究方法?

二、教育研究方法的真实内涵

　　从历史的角度来看,"在我国古代,'方法'最初是对物的度量的一种规范,它相对于度量圆形之法的'圆法',是度量方形之法。可见'方法'一开始就与规范化相关。在古希腊,'方法'一词由'沿着'、'道路'两词构成,意为沿着某种规定的道路前进。与中国古代理解相比,它们有共同之处,都含有规范的意思,但也有明显不同,前者是对物的度量的一种规范,是静态的规范,后者则是对活动的规范,是一种

---

① ［美］威廉·维尔斯曼.教育研究方法导论［M］.北京:教育科学出版社,1997.21.

动态的规范。"①

此后，"方法"一词被最广泛地理解为工具与程序。指"事先"对将要进行事情从程序、道路、工具角度来描述；亦指"事后"对已进行事情从程序、道路、工具的角度来记录。如"设计方法"即对设计行为及设计过程及所动用的工具作"事先"的描述或"事后"的记录。在设计事件中"设计"一词指涉的事件较为完整，所以设计方法在指涉上较偏重于过程、程序的意涵而较不偏重工具的意涵。如"调查方法"即对调查行为及调查过程及所动用的工具作"事先"的描述或"事后"的记录。在调查事件中，"调查"一词指涉的事件较为部分或局部，所以调查方法在指涉上较不偏重于过程、程序的意涵而较偏重工具的意涵。

此外，方法被看作工具，这是从主客体发生联系时须有媒介的角度谈论方法的。当被看作程序时，又有三个不同层面的解释：一是组织思维的程序，如逻辑的方法；二是组织研究活动程序，如韦伯斯特辞典中的解释；三是各门学科内在的程度和结构。

从方法的性质来看：第一，方法是人的活动的不可缺少的构成因素，它是由活动体借以认识对象和改造对象的非实体性的"工具"；第二，方法的创造、选择与运用受到活动的任务和对象的一定制约；第三，方法的生命在于创造；第四，方法只有被活动主体掌握和在实践中运用，才能发挥作用。方法是关于解决思想、说话、行动等问题的门路、程序等。方法论则有两个层面的含义：一是关于认识世界、改造世界的根本方法的理论与学说，是方法的体系；二是在某一门具体学科上所采用的研究方式、方法的综合。

研究方法指对研究的程序、研究工具的"事先"的探讨或"事后"的探讨。"事先"的探讨目的在于使研究进行得顺利；"事后"的探讨目的在于对研究的反省，有效地累积研究经验。此时，方法本身就是对研究活动本身的反思，不仅是一种研究的技巧、技术，也是一门艺术，其实质在于规律的运用，遵循规律就成了方法。而所谓科学的研究方法，很明显就是科学工作者在从事某项科学发现时所采用的方法。

由上观之，教育研究方法既具有一般研究方法的特点，也具有区别于自然科学、思维科学的独特特点②。它们的共性之处在于：研究的目的在于探索教育规律，以解决重要的教育理论与实践问题为导向；要有科学假设和对研究问题的陈述，研究的问题有明确的目标和可供检查的指标；有科学的研究设计，准确系统的观察记录和分析，并收集可靠的资料数据；强调方法的科学性，方法本身是可辨认的，运用过程和研究结果是可检验的，研究结果要回到实践中检验；强调创造性，对

①　叶澜.教育研究及其方法[M].北京:中国科学技术出版社,1990.27.
②　参见裴娣娜.教育研究方法导论[M].合肥:安徽教育出版社,1995.5—6.

原有理论体系、思维方式及研究方法有所突破。特殊之处在于:研究带有很强的综合性和整体性;研究的周期性长;针对性、实践性强;研究主体的多元性等。因此,对教育研究及其方法本意的理解与分类就显得尤其困难。诚如有研究者指出:"迄今为止,在教育科学研究方法的著作中,有关分类问题,存在着一定程度的混乱和随意性。有的按方法的内涵,罗列十几种操作层次的方法……有的从方法移植的角度把教育科学方法分类为哲学方法、心理学方法、社会学方法、系统学方法、数学方法,存在着层次混乱;有的以研究过程的阶段为标准,区分为搜集材料的方法、分析材料的方法和撰写成果的方法;有的以研究对象的性质为标准,区分为历史研究法、现状调查法、未来预测法、经验总结法、个案研究法;有的以方法对条件控制的程序为标准,区分为历史研究法和自然研究法。"[①]应该承认,目前教育研究中通行的种种方法,可以说没有一种是教育科学家"独创"的,是教育研究中"专用"的,它们基本上都是在教育科学发展的不同历史时期,根据教育研究的客观需要,从其他科学门类中移植和借鉴过来的。面对我国当前关于教育研究方法体系构建纷纭局面,有研究者将我国教育研究方法分成三大类:求"理"的方法——指专门用来指导教育研究的基本原理的方法、求"问"的方法——指借助研究客体来作用于研究问题的方法、求"学"的方法——指渴求学问获得的方法。并在此基础上,构建出教育科学研究方法体系结构表。[②]

表 1-2　教育科学研究方法体系结构表

分类依据 分类名称 等级	一级	二级	三级	四级
按照研究方法的功能	求"理"的方法	马克思主义哲学	历史唯物论	历史与逻辑的统一
			辩证唯物论	从一般到个别、具体到抽象、分析与综合
		思维方法论	逻辑学	归纳法、演绎法
			心理学	思维方法、联想方法、迁移方法、创造方法
		科学方法论	系统论	系统方法
			控制论	控制方法
			信息论	信息方法

---

①　安文铸.教育科学学引论[M].南昌:江西教育出版社,1997.182.

②　喻立森.教育科学研究通论[M].福州:福建教育出版社,2001.109—111.

方法名称 分类依据 / 分类等级	一级	二级	三级	四级
按照研究方法的功能	求"问"的方法	常用研究方法	综合研究的方法	抽样法、问卷法、比较法、预测法
			定性研究的方法	观察法、总结法、历史法、文献法、追因法
			定量研究的方法	实验法、测量法、统计法、模型法、模糊数学法
			符号表述的方法	表列法、图示法
			技术手段的方法	内容分析法、虚拟法、计算机数据处理法、心理诊断法
	求"学"的方法	具体研究的方法	收集材料的方法	目录分类法、读书法、网络查询法、卡片法
			整理材料的方法	材料分类法、筛选法、摘要法
			分析材料的方法	考据法、证伪法
			运用材料的方法	佐证法、注引法
			"稀薄"理论的方法	提纯法、抽象法

第二节 "苹果里面有什么"的追问
——教育研究的标准与起点

如今的教育研究,已经从"旧时大学堂前燕"飞入到"现时中小学校里",这是一件好事,它充分表明人们已充分认识到从事教科研对教师专业成长、学校发展乃至学校品牌创建的重要意义。然而,遗憾的是,与中小学教师就有关中小学校或中小学教师开展的教科研看法的访谈调查表明,在很多中小学教师的眼里,在中小学实践界轰轰烈烈、广泛开展的教育研究常常被看成是这样的东西:

教育研究就是写写文章,评职称用的;
教育研究就是搞搞实验,学校贴金用的;
教育研究是可有可无的东西,是鸡肋;
教育研究与教学水平的提高并没有什么必然的关系,纯粹是浪费时间;
……

上述看法毫无疑问异化了教育研究的本质与功能,但它们在中小学实践界的人士中有一定的市场。那为什么会出现这样的看法呢?怎样才能消除这种不良的认识呢?什么样的教育研究才是真正的教育研究呢?有没有判断是否真正意义上的教育研究的标准?也许我们可以从"苹果里面有什么"这个问题的不断追问与回答中得到些许的启示。

一、真正意义上的教育研究的判断标准

苹果里面有什么呢?

一看到这样的问题,有人想也不想地就会反问道:"这是个什么问题?这个问题与教育研究有什么关系?如果真的要我回答这个问题,很简单,苹果里面无非就是一个果核之类的东西而已嘛!每次我吃完苹果以后扔掉的那个部分。"不能说这样的答案错了,但回答正确了就一定能称得上研究吗?当我们用研究的眼光来看这样的答案,就会发现,这样的答案恐怕所有的人用不着你告诉都可以给出,而所有人都知道的答案显然不能称之为研究。那么,什么的发现才是研究呢?研究的本质特征究竟是什么呢?殊不知,研究不是让你告诉人们一个众人皆知的事实与道理,而是让你告诉人们这个世界上绝大多数人、甚至在这个世界上除了你以外没有人可以知道的一个新的事实、一个新的发现。

苹果里面有什么呢?

追问之下,有人又会给出这样的发现:"苹果里面除了一个果核之类的东西以外,还有果肉——我们吃的部分,还有水分,还有糖分——我们每次吃苹果的时候会感到甜,等等诸如此类的答案……"上述回答错了吗?当然没有!但上述发现能称得上研究吗?显然也不能!不过,上面的陈述中似乎暗含着这样一条判断是否是真正研究的基本标准:**研究不是让你告诉人们一个众人皆知的事实和道理,而是让你努力找到一个这个世界上绝大多数人,甚至这个世界上除了你以外,没有人可以知道的一个新的事实、一个新的发现。**

苹果里面还有什么呢?

再次追问之下,也许有人会给出这样一个带有一定玩笑口吻的答案:"说不定,苹果里面还有一条虫呢!"我们知道,吃苹果的时候,如果一口咬下去,咬出一条虫来倒不可怕,就怕你咬出半条虫来,另外半条到哪儿去了,反正我们心知肚明,这里就不必把它说出来了。但这样的发现能不能称为研究呢?它有可能是研究,有可能不是。关键在于你吃苹果吃出一条虫来,这是一个偶然的现象,你敢不敢、能不能把这偶然的现象上升到必然的规律,你会不会非常肯定地指出:任何一只苹果里面必然会有一条虫!它意味着如果你能找到蕴藏在偶然现象背后的必然规律,或把偶然性上升到必然性,那就是一个了不起的发现,那就是一个了不起的研究。事实上,自然科学史上很多伟大的、了不起的研究往往是从一个寻常的、偶然的现象

或事例着手，然后找到了蕴藏在背后的必然性。由此，我们可以得出判断是否是真正研究的第二条基本标准：你的研究有没有找到蕴藏在偶然现象背后的必然规律，是否能够把偶然性上升到必然性。如果你能够做到，就是一项真正的研究，如果你做不到，依然不能称之为研究。

苹果里面究竟有什么呢？

再三的追问，或许有人会若有所悟地说出这样一个答案："哦，我明白了，苹果里面还有维生素呢！"这样的回答似乎会引发一系列的疑问：难道你这个人具有特异功能，吃苹果的时候竟然能够吃出维生素来？不错，苹果里面确实是有维生素的，但它决不是你吃苹果所能吃出来的。第一个发现苹果里面有维生素的人是一个了不起的人，他的研究是一个了不起的研究，他的发现是一个了不起的发现。那他是怎么做到的呢？可以想象，他的发现离不开其思维，特别是创新性思维的参与，离不开一定的研究工具，离不开一定的研究程序，离不开一定的研究方法……由此，我们可以得出判断是否是真正研究的第三条基本标准：研究一定需要你的思维，特别是创新性思维的参与，研究一定需要你运用一定的研究工具，研究一定需要你遵循一定的研究程序，研究一定需要你采用一定的研究方法并遵循其相应的规范。

苹果里面还会有什么呢？

我们不妨来看一下一个小男孩是怎样回答这个问题的。

一个人的错误，有可能侥幸地成为另一个的发现。

儿子走上前来，向我报告幼儿园里的新闻，说他又学会了新东西，想在我面前显示显示。

他打开抽屉，拿出一把还不该他用的小刀，又从冰箱里取出一只苹果，说："爸爸，我要让您看看里头藏着什么。"

"我知道苹果里面是什么。"我说。

"来，还是让我切给您看看吧。"他说着把苹果一切两半——切错了。我们都知道，正确的切法应该是从茎部切到底部窝凹处。而他呢，却是把苹果横放着，拦腰切下去。然后，他把切好的苹果伸到我面前："爸爸，看哪，里头有颗星星呢。"

真的，从横切面看，苹果核果然显示一个清晰的五角星状。我这一生不知吃过多少苹果，总是规规矩矩地按正确的方法把它们一切两半，却从未疑心过还有什么隐藏的图案我尚未发现！于是，在那一天，我孩子把这消息带回家来，彻底改变了冥顽不化的我。

不论是谁，第一次切"错"苹果，大凡都仅出于好奇，或由于疏忽所致。使我深深触动的是，这深藏其中，不为人知的图案竟具有如此巨大的魅力。它先从不知什么地方传到我儿子的幼儿园，接着便传我，现在又传给你们大家。

是的,如果你想知道什么叫创造力,往小处说,就是苹果——切"错"的苹果。①

是的,如果你想知道什么是真正的研究,怎样在司空见惯的教育现象中找到有创新价值的研究课题,那么,你不妨从"苹果里面有什么"的不断追问中来体悟其中的奥秘。虽然这并不是一个什么伟大的、了不起的问题,但是在这个问题的演绎中,不仅可以使我们明白什么是真正研究的三条基本标准,而且可以使我们学会在日常司空见惯的教育现象中发现有创新价值的研究课题的一条常见而有效的思路——横切一下苹果,或变换一下思维角度。诚如苏东坡的诗《题西林壁》所言:横看成岭侧成峰,远近高低各不同,不识庐山真面目,只缘身在此山中。对于广大教育研究者而言,当我们对周围司空见惯的教育现象换一个角度来思考一下,有创新价值的研究课题也许就会呈现在我们面前,创新的观点也许就会汨汨而出。

是的,如果你想知道什么是研究的起点,怎样才能开展真正的教育研究,那么,你会在"苹果里面有什么"的不断追问中有所感悟,那就是:研究始于问题(既包括理论方面的问题,也包括实践中的问题),始于对问题的不断追问。

二、教育研究的起点及其发现的路径

尽管在教育理论与实践界存在着大量的困惑着我们的现象,然而,没有好奇与疑惑就不会产生问题,没有问题就不会有解决问题的冲动,没有解决问题的冲动就无法产生研究的愿望,而没有研究的愿望就难以产生研究的行动,没有研究的行动当然也就很难有效地解决问题或提出合理的解释。

不信吗? 让我们再看看从瓦特与牛顿的轶事中能否得到印证。

在瓦特的故乡——格林诺克的小镇上,家家户户都是生火烧水做饭。对这种司空见惯的事,有谁留过心呢? 瓦特就留了心。有一次,他在厨房里看祖母做饭。灶上烧着一壶开水,开水在沸腾。壶盖啪啪啪地作响,不停地往上跳动。瓦特观察好半天,感到很奇怪,猜不透这是什么缘故,就问祖母说:"什么玩艺使壶盖跳动呢?"

祖母回答说:"水开了,就这样。"

瓦特没有满足,又追问:"为什么水开了壶盖就跳动? 是什么东西在推动它吗?"

可能是祖母太忙了,没有功夫答对他,便不耐烦地说:"不知道。小孩子刨根问底地问这些有什么意思呢。"

瓦特在他祖母那里没有找到答案,心里很不舒服,可他并不灰心。

---

① [美]迪·恩·帕金斯.苹果里的星星[J].青年文摘,1987,(3).

连续几天，每当做饭时，他就蹲在火炉旁边细心地观察着。起初，壶盖很安稳，隔了一会儿，水要开了，发出哗哗的响声。蓦地，壶里的水蒸汽冒出来，推动壶盖跳动了。蒸汽不住地往上冒，壶盖也不停地跳动着，好像里边藏着个魔术师，在变戏法似的。瓦特高兴极了，几乎叫出声来，他把壶盖揭开盖上，盖上又揭开，反复验证。他还把杯子、调羹遮在水蒸汽喷出的地方。瓦特终于弄清楚了，是水蒸汽推动壶盖跳动，这水蒸汽的力量还真不小呢。

水蒸汽推动壶盖跳动的物理现象，不正是瓦特发明蒸汽机的认识源泉吗？[①]

终于在一七六九年，瓦特把蒸汽机改成为发动力较大的单动式发动机。后来又经过多次研究，于一七八二年完成了新的蒸汽机的试制工作。机器上有了联动装置，把单动式改为旋转运动，完善的蒸汽机发明成功了。[②] 正是瓦特在对烧开的水可以把壶盖顶开这一生活中常见现象不断的追问中，找到了隐藏在现象背后的内在规律，从而有了蒸汽机的发明。与瓦特的经历有异曲同工之妙，牛顿也是在对苹果落地这一常见的自然现象的不断追问中，发现了万有引力定律。

长期以来，牛顿认为，一定有一种神秘的力存在，是这种无形的力拉着太阳系中的行星围绕太阳旋转。但是，这到底是怎样的一种力呢？

直到有一天，当牛顿在花园的苹果树下思索，一个苹果落到他的脚边时，牛顿终于获得了顿悟，他的问题也逐渐被解决了。

传说1665年秋季，牛顿坐在自家院中的苹果树下苦思着行星绕日运动的原因。这时，一只苹果恰巧落下来，它落在牛顿的脚边。这是一个发现的瞬间，这次苹果下落与以往无数次苹果下落不同，因为它引起了牛顿的注意。他忽然想到：为什么苹果只向地面落，而不向天上飞呢？他分析了哥白尼的日心说和开普勒的三定律，进而思考：行星为何绕着太阳而不脱离？行星速度为何距太阳近就快，远就慢？离太阳越远的行星，为何运行周期就越长？牛顿从苹果落地这一理所当然的现象中找到了苹果下落的原因——引力的作用，这种来自地球的无形的力拉着苹果下落，正像地球拉着月球，使月球围绕地球运动一样。

这个故事据说是由牛顿的外甥女巴尔顿夫人告诉法国哲学家、作家伏尔泰之

---

① 瓦特的故事——水蒸汽的启示［EB/OL］. http://www. yuer51. com/story/mingren/2006/1207/25576. html2007-10-12.

② 需要指出的是，瓦特是现代意义上的蒸汽机的发明者，因为在他之前，早就出现了蒸汽机，即纽科门蒸汽机，但它的耗煤量大、效率低。瓦特运用科学理论，逐渐发现了这种蒸汽机的毛病所在。从1765年到1790年，他进行了一系列发明，比如分离式冷凝器、汽缸外设置绝热层、用油润滑润滑活塞、行星式齿轮、平行运动连杆机构、离心式调速器、节气阀、压力计等等，使蒸汽机的效率提高到原来纽科门机的3倍多，最终发明出了现代意义上的蒸汽机。

后流传起来的。伏尔泰将它写入《牛顿哲学原理》一书中。牛顿家乡的这棵苹果树后来被移植到剑桥大学中。

牛顿去世后，他被当作发现宇宙规律的英雄人物继而被赋予传奇色彩，牛顿与苹果的故事更是广为流传。但是事实是否如此却无从找到其他史料加以考证。[①]

我们当然不会把万有引力与苹果落地孤立地联系起来，也不会相信牛顿单凭苹果落地的启发就能发现万有引力，那是他沉思的结果，只不过成熟苹果的落地现象激发了他的思考，使他想到：苹果从树上的静止状态变成运动状态，力是改变实体运动状态的原因。一定存在一种力！苹果才会从树上落下！有了这种明确的方向，再加上他的数学才华，终于发现了万有引力。在这里，我们感悟到，一切最艰深的理论都透露在一切最微浅的现象里。试想一下，苹果落地是一件多么微小的事情，然而它却包含着艰深的理论。你想，一个苹果都能感悟万有引力而下落，我们比起苹果如何？

通过瓦特与牛顿轶事的叙述，似乎暗含着这样一个道理：学术研究——不论是科学研究还是哲学研究——都是以问题为中心的。诚如波普尔曾经提出一个著名的命题："科学始于问题，而不是始于观察。"他说："科学知识的增长永远始于问题，终于问题——愈来愈深化的问题，愈来愈能启发大量新问题的问题。"以问题为中心作研究的关键在于，要善于提出有意义、有价值的真问题，要坚决拒绝无意义的、无价值的假问题。要提出真问题，就要有广阔的视野、敏锐的洞察，不管是前人从未提及的崭新问题，还是从新的角度审视的老旧问题，或是从不成问题的问题中洞察出问题。这纯粹取决于一个人的学术眼力，只有在长期的学术研究过程中才能深得个中滋味。与此同时，也要有识别假问题的眼力和拒绝假问题的意志。在许多情况下，识别假问题并不很难，问题在于不少人并没有拒绝它的勇气和坚强意志，因为假问题的诱惑实在太多了，它往往能使某些"市场人"不费吹灰之力，就能名利双收，甚至一夜蹿红。可是，对于学术健康发展而言，抛弃假问题却是须臾不可或缺的。诚如马赫所说："由于科学放下了无用的和有害的负担，它获得了能够指向新的和富有成果的任务的更深刻和更清楚的视野。"[②]与此观点异曲同工的是，中国科学院院长路甬祥指出，重大科学突破往往始于凝练出科学问题。"在科学的发展中，解决问题固然是重要的，而提出重要的科学问题似乎更重要。提出问题是科学研究的前提，提出重要的科学问题更能昭示科学所蕴含的创造性。有时，

① 牛顿与苹果的故事[EB/OL]. http://public. bdfzgz. net/class/xxblog/more. asp？name＝wunianerban&id＝3771. 2007 - 11 - 18.

② [奥地利]恩斯特·马赫. 认识与谬误[M]. 上海：东方出版社，2005. 226.

一个重要科学问题的提出甚至能够开辟一个新的研究领域和方向。"①

那么,在教育研究中如何找到研究的起点呢? 找到教育研究的起点实际上就是发现有价值的教育问题。惟其如此,才能展开正式的教育研究。发现问题并没有固定不变的程序,也没有普遍有效的方法。对此,美国思维学家大卫·伯金斯说过,发现问题是一个有许多变体的宽泛概念,它有助于人们进行"漫游"、"探索"、"重构"或者"离开"。发现问题可以包括:当相关情形不那么复杂时,初步找到问题的所在;在具有挑战性的情形中寻找相关的问题的其他定义方式(包括重新定位);对已经带有预想答案的看起来定义清楚的问题进行重新定义,以开启思考该问题的其他全新思维方式。简言之,发现问题的范围包括初步探测问题、用其他方式定义问题和重新定义问题。② 具体而言,还存在着一些可能的途径和启发性的方法以及一些有利于问题发现的视角,概括起来,大约有以下九种发现问题的途径:③

1. 通过对某个已知理论(包括成功的理论)进行批判性考察,发现其内部存在的问题。

2. 对两个或两个以上的理论进行比较,进而发现存在于它们之间的问题。

3. 从理论与事实之间的关系中发现问题。

4. 在理论的应用中发现问题。

5. 从经验中概括出新问题,从日常生活中提炼科学问题、技术问题、艺术问题和其他问题,或者把日常生活问题提升为上述几种问题。

6. 通过在不同领域、不同学科、不同部门之间进行跨域移植而得到的问题。

7. 从已知问题出发,利用问题之间的结构关系发现问题。

8. 通过对公认的原则、规范进行怀疑、挑战而提出高一层次的问题。

9. 通过直接阅读自然、社会和人生这三本大书,悟出问题。

对于广大中小学教育实践者开展教育研究而言,应该围绕自己实际工作中存在的问题展开,其问题的来源主要有以下几个方面:

1. 从教育教学的疑难中寻找问题。

2. 从具体的教育教学场景中捕捉问题。

3. 从阅读交流中发现问题。

4. 从学校或学科发展中确定问题。

需要进一步指出的是,"当教师处于没有问题的状态时,首要任务是通过上述途径等开拓挖掘出研究问题;当教师发现了问题并处于问题包围之中时,主要任务

① 王光荣.重大科学突破往往始于凝练出科学问题[N].光明日报,2005-6-1.

② 参见[美]D·伯金斯.超越智商的思维[M].海口:海南出版社,2001.164.

③ 张掌然.问题的哲学研究[M].北京:人民出版社,2005.244.

就是通过对自身条件等多方面的分析选择可研究的问题。"①

第三节　"鱼"与"熊掌"如何兼得的思索
——教育研究选题的象限图分析

教育研究的开展，选题是第一步，且是至关重要的一步。这里的选题指的是经过选择来确定所要研究的中心问题，它包括两个方面的含义：一是确定教育研究的方向，二是选择进行研究的问题。很多著名的科学家都认为提出一个问题往往比解决一个问题更重要、更困难。诚如爱因斯坦所言："提出一个问题往往比解决一个问题更重要，因为解决一个问题也许仅是一个数学上或实验上的技能而已。而提出新的问题、新的可能性，从新的角度去看旧的问题，都需要有创造性的想象力，而且标志着科学的真正进步。"②事实上，如果不善于从观察中提出问题，不善于把实际问题转化为科学研究课题，不善于选择一个正确的、合适的且有价值的题目，就不可能引起真正意义上的科学研究。有鉴于此，每一位打算开展教育研究的人，首先遇到的一个问题就是选择什么样的问题开展研究，这就是我们所说的选题，它是研究的开始，确定选题后，才能在选题的框架内展开一系列的探索实践，最后得出结果或结论并以研究报告或论文的形式公布于世。

一、教育研究选题的哲理思考

如何选择教育科研的课题？如何正确地选题？特别是如何从自身的兴趣、能力等角度选择一个既适合自己，同时又能够完成并有一定价值的研究课题，是一个颇有理论与实践意义的话题，其间也内含着选择的哲理与智慧。之所以这么说，是因为在研究的实践中，很多人都没有看清自身所具备的主观能力与客观条件，经常会重复"狗和驴"③的故事：

主人家养着一条小狗和一头驴。

每天，当主人回来时，小狗总是飞快地迎上去，又是摇尾巴又是亲热地叫唤，主人也总是高兴地抚摸小狗，小狗还伸出舌头舔舔主人的脸。

驴子看着这一切，心中很是不快，心想自己这么只知道埋头苦干不行，活干得多还经常挨打，小狗什么也不干还挺美，看来要想办法与主人联络感情才是。

---

① 郑金洲.教师如何做研究[M].上海：华东师范大学出版社，2005.46—56.
② [美]爱因斯坦.物理学的进化[M].上海：上海科学技术出版社，1962.66.
③ 李远峰，张燕.小故事大道理全书[M].沈阳：万卷出版公司，2008.535.

拿定主意,驴子等主人回家时也大叫着迎了上去,把蹄子搭在主人肩上,伸出舌头就舔。主人又惊又怒,使劲把它推开,驴子重重地摔在了地上,又被狠狠地抽了几鞭子。

适于狗做的事,驴怎么能做呢?

是啊,狗有狗的专长与志向,驴有驴的长处与能力。狗应做狗的事情,驴也应做驴的事情。然而,在现实的教育研究实践中,常常发现不少初涉教育研究者及教育实践者在选题时不是扬长避短,而是选一些自己不熟悉、不擅长的课题展开研究,这就犯了驴子的错误。毋庸讳言的是,研究者如果不能正确地认识自我,必然会重蹈驴子的覆辙。当然,更多的时候,实践中的研究者会陷入"鱼"与"熊掌"不可兼得的思维困惑当中,在教育研究的选题上,"鱼"与"熊掌"真的不可兼得吗? 我们不妨追溯一下这句话的来历与含义:

孟子曰:"鱼,我所欲也;熊掌,亦我所欲也。二者不可得兼,舍鱼而取熊掌者也。"意思是说:"鱼是我想要的;熊掌也是我想要的。两者不能同时得到,舍弃鱼而选择熊掌。"

对于一般人而言,因为熊掌比鱼贵,所以大家会按照孟子说的那样舍弃鱼而选择熊掌。这种选择无可非议! 可问题在于:你如何判断出何者是"鱼"? 何者是"熊掌"? 在开展教育研究时,我们的身边有无数个值得你研究的问题让你选择,你根据什么来判断出"鱼"的问题与"熊掌"的问题? 一般的《教育研究方法》书或相关文章常常告诉我们这样一些选题的原则,诸如,创新性原则、兴趣原则、适宜的挑战性原则以及可探究性原则等等,但怎样把这些选题原则真正落实到你个人的教育研究实践活动中呢? 特别是当有两种原则在你选题不能兼得而发生冲突的时候,你又当以哪一个原则为主作出你的抉择呢? 有没有什么好的办法让上述原则能彼此兼顾呢? 实际上,要想回答好上述问题,我们需要对选题时应该考虑的一些基本要素[①]进行一番分析。

◆ 你所选择的主题应是你的个人兴趣所在。这个主题很新颖,很有趣,或者它使你联想到愉快的经历,抑或引起了你异常的关注。那些一再引起你注意的主题应给以格外的重视。

◆ 你所选择的主题应该具有一定的重要性,并且能在教育的某些方面产生影

---

① [美]C·M·Charles 著,张莉莉,张学文译. 教育研究导论[M]. 北京:中国轻工业出版社,2003.45—46.

响。如果你做不到这一点，你就应该放弃这一主题，尽管你个人对它很感兴趣。

◆ 研究主题的新颖性可以影响你的热情和满意度。尽管重复以前的研究也有价值——证实以前的研究方法，考察以前的研究结果是否经受住了时间的考验——但是，一般而言，探索能够得出新结论的研究主题会给你带来更大的刺激和愉悦。

◆ 在选择研究主题时，要时刻注意研究所要花费的时间，并把它和自己所能投入的时间进行对比。如果有几个研究主题供你选择，在其他条件都相等的情况下，应该选择费时较少的。

◆ 仔细想想研究这一主题的难度。由于多种原因，很多十分有趣的主题都是难以甚至无法去研究的。你会发现很难对西伯利亚的爱斯基摩人的教育情况进行描述性研究，你也无法确定当学生在学习数学的时候，他们的脑细胞正在发生什么样的变化。

◆ 衡量一下研究你的主题所需的费用。如果你必须为此支付昂贵的设备费、资料费、交通费和咨询服务费，那就需要换个题目上。有很多好的主题只需花费很少的资金就可以完成。

◆ 最后要考虑伦理问题。在研究中诋毁他人，对参与者造成生理或心理伤害，向参与者脑中灌输令人不快的信息，或者虐待人类或动物被试等行为都是不道德的，有时甚至是违法的。

二、教育研究选题的象限图分析

所谓"选对了题目"，它意味着对上述选题要素的自我评判，在多大程度上你能够作出肯定的回答。进一步说，上述选题要素可以概括为以下四个方面：个人兴趣、课题本身的价值、主客观条件以及伦理问题。你对某一课题有没有兴趣是非常重要的，俗话说得好，兴趣是最好的老师，有兴趣就会有动力，没兴趣则很难有动力；研究课题本身的价值也非常重要，它不仅包括课题的重要性（理论价值与实践价值），而且包括课题本身的新颖性；而主客观条件主要包括个人的研究能力、课题本身的难度、所具备的时间以及费用等，选题再好、你个人再有兴趣，如果不具备相应的主客观条件，也要放弃。伦理问题涉及是非对错问题，因此，在选题时，你必须问自己，对某个问题进行某项研究或调查是否正确？应不应该？会不会对研究对象带来伤害？

在选题实践中，对于上述四个方面的选题要素，可以利用两幅象限图来进行一番思考，从而帮助你做出适合于你的抉择。

第一幅象限图——选题涉及的第一个抉择就是如何在研究者自身的兴趣与研

究课题本身的价值之间做一个权衡,这二者之间有着复杂的关系,从总体上说,它们或者是一致的,或者是矛盾的,但在一致和矛盾的两种关系中,又有着不同的格局。研究者自身的研究兴趣与研究课题本身的价值不一定构成对立的关系,二者之间的关系可以用象限图来表达,可能有四种格局:

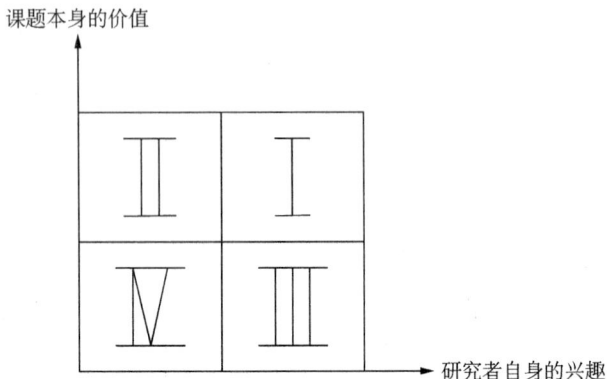

第一象限:研究者自身的研究兴趣高,选题本身的价值大;
第二象限:研究者自身的研究兴趣低,选题本身的价值大;
第三象限:研究者自身的研究兴趣高,选题本身的价值小;
第四象限:研究者自身的研究兴趣低,选题本身的价值小。

根据上述四种象限,请对照一下你自己,如果你是属于第一象限,这是一种理想的情况,那么,你不用犹豫,赶紧确定下来并开展你的研究吧! 如果你属于第二象限,你需要再作一番认真的思考,看看你能不能努力培养一下自己对研究这个问题的兴趣,然后开展你的研究。如果你是属于第三、四象限,那么,请重新选题。那么,如何才能找到你的兴趣点? 一个常见的方法就是把你所有感兴趣的主题范围都列在一张纸上,这能够帮助你正确地认识你将要涉足的领域,具体可以从三个方面来询问一下自己的问题:

关于自己:
我属于某种我可以研究的文化群体吗?
我从事教育研究的动机是什么?
我的身边的人——家人、朋友、同事等能成为有趣的研究主题吗?
关于你的研究:
我特别喜欢的研究主题范围是什么?
是否有一位研究者的著作我特别欣赏? 我喜欢他或她作品的哪些方面?
是否有特定的哪一场演讲或者研讨会特别吸引我?
以前课程的哪项课题我特别喜欢?

迄今为止我的研究范围中,是否有什么领域我想进一步探究?

关于主题:

哪些教育研究领域的最新发展令我特别感兴趣?

在该领域的发展史中,是否有什么重要的事件我想要更充分地了解?

我是否特别熟悉某个教育机构(通过个人经历或者个人关系网),它对我从事这项研究会有所帮助吗?

如果你属于第一幅象限图的第一象限,还有一个问题需要进行一番探讨。那就是你虽然选了一个你既有兴趣同时课题本身又有价值的选题,但你得想想你是否具备从事这一课题研究的主、客观条件。主观条件指的是你是否具有从事这一课题研究的必备的能力,客观条件指的是你是否具备从事这一课题研究的外在条件。对此,我们可以通过第二幅象限图来分析:

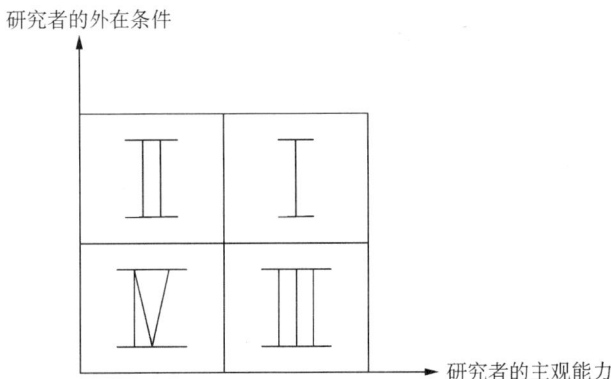

研究者的外在条件

II	I
IV	III

研究者的主观能力

第一象限:研究者自身的研究能力强,研究的外在条件好;

第二象限:研究者自身的研究能力弱,研究的外在条件好;

第三象限:研究者自身的研究能力强,研究的外在条件差;

第四象限:研究者自身的研究能力弱,研究的外在条件差。

根据上述四种象限,请对照一下你自己,如果你是属于第一象限,这是一种理想的情况,那么,你不用犹豫,赶紧确定下来并开展你的研究吧!如果你属于第二象限,你需要再作一番认真的思考,看看你的这方面的研究能力能否通过努力得到提升,然后再开展你的研究。如果你属于第三象限,那么请你再想一想能否通过一定的努力使外在条件得到改善,如果能够的话,则决定开展你的研究。如果你是属于第四象限,那么,你要毫不犹豫地重新选题。

上面的这两幅象限图是在一般意义来谈如何选题的,对于无论是在校学习的大学生、研究生,还是已经走上工作岗位的教育工作者,在确定教育研究课题时,通常还有以下一些途径作为选题时的参考。

第一种途径：为完成毕业学位的论文，往往需要"密切结合导师或多个导师的研究方向，确定一个与之相关的问题，或确定这个研究方向分支方面的问题。这个假定的前提是出自彼此利益的考虑，学生和导师共同开展研究工作"。[①] 因此，选择这些问题的好处在于"由于这些问题属于导师或导师组的研究领域和方向"在以后的研究过程中可以得到指导和帮助。

第二种途径：通过与专家对可能存在的问题展开讨论，在碰撞的过程中有可能会产生灵感。[②] 因此，经常向有关课程的教师、教授或研究机构的专家请教，讨论自己兴趣领域中的问题，可以发现一些值得研究的问题。因为这些专业人员长期研究某些领域，对于该领域的问题和趋势有比较充分的了解，他们随时可以提供一些研究的观点，或某方面尚未解决的问题。一些协助教授做研究的研究生，会比较容易找到自己的研究课题，原因就是由于和教授接触的机会较多，能获得咨询的方便。

第三种途径：参加有关的学术研究会、学术交流活动，例如，教育座谈会，教育思想研讨会，教育经验交流会，教育学年会，教育专题讨论会等等。通过这些活动，有可能在倾听他人的信息与思想的交流与碰撞的过程中获得一些研究的问题。

总的说来，选题是展开研究及论文写作的最困难的部分之一，因为你要做出一些非常重要的决定。你需要花时间考虑这些问题，决定什么真正有趣并与你相关。在你不能诚实、完整地回答下列每一个问题之前，不要继续你的研究。

◆ 你的研究问题有意义吗？

◆ 该研究项目是否可行？（在规定时间内是否可以完成？）

◆ 你是否能够获得第一手材料？

◆ 你是否能够找到足够的、恰当的二手资料来源？

◆ 你与导师谈论过你的想法吗？

◆ 你的问题有原创价值吗？

◆ 你的问题是否建立在前人研究的基础上？

需要进一步指出的是，教育研究的最终目的是为教育理论的拓展添砖加瓦，为教育实践问题的解决服务、为教育的发展作贡献。只有所选择的课题本身有意义

---

① ［美］威廉·维尔斯曼.教育研究方法导论［M］.北京：教育科学出版社，1997.35.

② 因为人脑是一个极为活跃的动态系统，它总是处在信息的不断自我调节，自我储存的过程之中。正是这种信息调节的功能，可以使人对一些思考的问题化为思维的形式被大脑经常地过滤、思索、探求。当这种思维在一定过程阶段上，受到某些事物或某些人的某些话语的启发，被明显意识到的时候，它就以灵感的形式突然表现出来。

和学术价值，随之而来的课题研究才会有意义，在课题研究基础上写成的论文才会有价值。否则，如果选择了一个既无实际意义又无理论价值的课题去研究，即使课题研究最后能完成，也是没有价值的。另一方面，在选题时，还要考虑进行课题研究的主观条件，如果课题的内容、大小及难易程度都非常适合于研究者，课题研究就能顺利进行，成功的希望也就比较大；反之，成功的希望则非常小，或者根本没有成功的可能。正因为如此，人们常说，选题恰当，尽管并不意味着研究的成功，但至少预示着成功即将到来，至少为成功的研究打下了良好的基础。

第四节　"心里的锁"之密码的破译
——教育研究问题确定的思维路径、策略与方法

开展教育研究的第一步就是选择并确定一个研究问题，所谓研究问题，指的是教育研究所要回答的具体问题，它是一个可以通过研究来进行回答的问题，这一步至关重要。它既决定着教育研究者现在和今后研究工作的主攻方向、目标和内容，也在一定程度上规定了教育研究活动应采用的方法和途径。研究问题选择的好坏直接关系到教育科研的成败。选得好，事半功倍；选得不好，则劳而无功。研究问题的选择与确定常常成为教育研究领域的"老手"，乃至刚刚涉入教育研究领域的"新手"心中的一把锁，而寻找破解"心锁"密码的努力则一直会持续下去。很多时候，不是我们找不到有价值的教育研究问题，而是在我们的心中存在着一把看不见、摸不着，但又实实在在存在着的"锁"，正是它阻碍了我们选择与确定问题时创新性思维的发挥。实际上，解铃还需系铃人，破译"心里的锁"之密码的关键在于我们自身！不信吗？

一代魔术大师胡汀尼有一手绝活，他能在极短的时间内打开无论多么复杂的锁，从未失手。他曾为自己定下一个富有挑战性的目标：要在六十分钟之内，从任何锁中挣脱出来，条件是他穿着特制的衣服进去，并且不能有人在旁边观看。

有一个英国小镇的居民，决定向伟大的胡汀尼挑战，有意给他难堪。他们特别打制了一个坚固的铁牢，配上一把看上去非常复杂的锁，请胡汀尼来看看能否从这里出去。

胡汀尼接受了这个挑战。他穿上特制的衣服，走进铁牢中，牢门"咣啷"一声关了起来，大家遵守规则转过身去不看他工作。胡汀尼从衣服中取出自己特制的工具，开始工作。

三十分钟过去了，胡汀尼用耳朵紧贴着锁，专注地工作着。四十五分钟、一个小时过去了，胡汀尼头上开始冒汗。两个小时过去了，胡汀尼始终听不到期待中的

锁簧弹开的声音。他筋疲力尽地将身体靠在门上坐下来，结果牢门却顺势而开，原来，牢门根本没有上锁，那把看似很厉害的锁只是个样子。

　　小镇居民成功地捉弄了这位逃生专家，门没上锁，自然也就无法打开，但胡汀尼心中的门却上了锁。①

　　大师的失误在于他画地为牢，钻入了"开锁"的牛角尖，为自己心头无端上了一把锁。在教育研究中，面对选定研究课题常常也有人一开始就认为自己怎么也找不到有价值的话题，这与那位大师又有何区别呢？"许多教师感到：每天的工作和生活似乎都有稳定的章法：备课、上课、下课、批改作业、处理学生中出现的各种问题、与学生谈话、完成领导安排的各项任务……一切似乎都有习以为常的程序，或者有司空见惯的定规，平静的生活中难得见到几处波澜，也难得看到值得改革或研究的问题。"②尽管教育研究问题的确定非易事，但也绝非难于上青天，只不过很多时候我们让一个简单的问题被复杂的概念给迷惑住了。事实上，在我们身边有无数个值得我们研究的问题，只要你愿意多问一个为什么，愿意时不时地换一个角度来重新审视一番，愿意放弃对确定研究问题难度夸大的心理障碍，愿意实践一些确定研究问题的基本路径与方法，确定研究问题有可能就不再成为我们从事教育研究的拦路虎了。

一、教育研究问题确定的思维路径

　　任何一个身处中小学教育实践第一线的教师，在其专业成长过程中都不可避免地遇到这样或那样的问题与困惑，但面对问题与困惑，常常有两种应对方式：一种是需要批判的"视而不见，或者绕过去、躲过去"的方式，"视而不见"实际上是一种自欺欺人的态度，而"绕过去、躲过去"则是"躲过初一，躲不过十五"，终会有一天积重难返，反而会阻碍自己的发展；另一种则是值得倡导的"直面它、正视它并研究它"的态度，研究问题的过程就是解决问题的过程，而解决问题的过程则是个体专业成长与发展的过程。在中小学教育实践中，常常有三类问题：一是现实性问题，即学校现实存在的、需要直接面对的、必须加以解决的问题，比如新课程背景下的教学方法的改革问题；二是探索性问题，即教育新理论和新成果转化为具体的教育教学实践活动时所遇到的问题，比如新课程改革所倡导的一系列"校本"问题，就需要在探索中实现自身的成长和发展；三是反思性问题，即以自身的教育教学活动过程为思考对象，需要对其行为以及由此而产生的结果进行审视和分析的问题，比如学科课堂教学的有效性问题。总之，教育研究的"问题"是研究者在其自身教育、教

　　① 李远锋，张燕. 小故事大道理全书[M]. 沈阳:万卷出版公司,2008.382.
　　② 杨小微. 教育研究方法[M]. 北京:人民教育出版社,2005.173.

学实践中发现的某个值得"追究"和"设计"的关键问题,当我们以自身为圆心来层层扩大分析自己所遇到的问题与困惑时,就可以在其中找到并确定一个值得研究的问题,更具体地说,可以遵循以下几个基本路径:

◆ 抓住典型事例,在反思成败得失背后的原因中确定研究问题。

◆ 观察日常事件,将事务性的工作问题转化为教育性的研究问题。

◆ 关注各种争论,从不同观点的对比中确定具有创新价值的研究问题。

◆ 对照不同选择,从相对差异中确定自己的研究问题。

◆ 留心众口议论,在关注的焦点、热点、难点中确定研究问题。

◆ 分析他人经验,从别人的成功理论和实践中确定研究问题。

◆ 探究问题背后,从似有定论(不一定完善)看似正确(或有片面之处)的观点中确定研究问题。

◆ 根据自身特点,从自己的业余兴趣爱好与教学生活的结合点上确定研究问题。

◆ 结合相近学科,从学科之间相融之处确定研究问题。

◆ 分析要素之间,从学校与社会、家庭的契合点上确定研究问题。

通过上述路径的不断探索,我们可以感觉到,教育研究问题的确定过程实际上就是发现值得研究的新问题的过程,研究者在其中不仅要充分挖掘自己的创造性思维能力,更要掌握并实施一定的思维策略,它是指在发现新问题时所采取的总体思路,是带有原则性的思想方法。

二、教育研究问题确定的思维策略

在教育研究中,常见的确定研究问题的基本思维策略有:

◆ 类比思维策略。类比思维策略是根据两对象的相似关系受到启发而产生的一种发现问题、确定研究课题的思维方法。通过类比的方式发现问题,确定研究课题的现象不仅大量存在于自然科学的研究中,也同样大量存在于教育科学的研究中。"捷克教育学家夸美纽斯 17 世纪完成的名著《大教学论》,就是在把教育现象与自然现象作类比的基础上,根据自然规律提出了一系列教学原则。夸美纽斯的依据为:人是自然的一部分,人的成长遵循自然的规律;教育是模仿自然的艺术,故教育应遵循自然的规律。"[①]因此,通过类比可以发现教育领域中存在的大量的问题,选择出大量的研究课题。

◆ 反向思维策略。它是指从已有事物、经验或课题等完全相反或对立的角度来思考,从而发现问题、确定研究问题的一种方法。当我们从正面来思考一种现象或问题而不得其解时,不妨从相反的角度来思考它,也许不经意间就会找到有价值

① 叶澜.教育研究及其方法[M].北京:中国科学技术出版社,1990.46.

的研究问题。在教育领域,也有不少研究者运用了对立面的选题策略。如孙孔懿的《教育失误论》、石欧的《教学病理学》,就是从教育、教学的积极方面的对立面选题。这种方式所确定的课题,往往能给人以耳目一新之感。

◆ 转换思维策略。转换思维策略是指通过对事物之间的转换,从而获取新的研究课题的思维方法。转换思维策略是一种没有直接的道路可走时,通过间接道路巧妙绕过障碍物的一种思维策略。如对教学这一学校中最经常进行的认识活动的研究,最初是从教师教的角度去认识它的特点与规律,后来又发现了活动的另一面——学生的学,由此提出一系列的研究课题,得出了一套完全不同于从教师教的角度看问题所能得出的结论。随着研究的深入,进而认识到从教的角度或只从学的角度认识教学,都不可能得到全面的认识,全面的认识也不等于把这两个方面的结论简单相加,而应该从教与学的各种不同性质的相互作用中来认识教学的规律。这种视角的转换,就可以产生出一批新的研究问题,如语文教学中师生相互作用的模式,数学教学中的讲与练等。

◆ 扩展延伸思维策略。[①] 扩展指的是善于运用发散思维,从不同角度、不同方面对选题进行横向扩展,以发现新的选题。如研究教学过程,从认识论角度看认为教学过程是一种特殊的认识过程;从心理学角度来分析认为教学过程不仅是一种认识过程而且也是一种发展过程;从结构主义学说出发把教学过程看作是一个发现的或认知结构的不断构建过程;从系统科学观点研究教学过程,认为它是由书本等知识媒体或教师头脑中的知识,通过传输,成为学生头脑中的知识的过程,即知识信息的传递过程;从美学角度研究,则认为教学过程是一种特殊的审美过程。如果说扩展强调的是选题的横向扩展,那么,延伸强调的就是选题的纵向深化。延伸就是对一个问题由浅入深、由表及里地进行思考,从而发现新的问题。在原有问题基础上进行延伸研究的优点在于:对该问题内容熟悉,清楚来龙去脉,具备研究的基础条件,研究起来既省时省力又有连续性,有利于研究的顺利进行与完成。如从对学生解题中常见错误的研究→对产生常见错误之原因的研究→关于消除解题常见错误之对策的研究。

◆ 移植思维策略。移植是将某个领域的原理、技术、方法引用或渗透到其他领域而导致新课题产生的一种思维策略。移植的方式可以多种多样,在教育科学研究选题中运用较多的是原理移植、方法移植。如将管理学原理运用于教育领域,就产生了一门新的学科《教育管理学》;将心理学的原理运用于教育领域,便产生了《教育心理学》。方法移植在教育领域上也被广泛使用,导致了一些新学科的产生,如《教育统计学》,《教育测量学》,《教育系统论》等等,就是将统计、测量及系统的方法运用于教育领域而产生的新学科。

---

① 项红专.中学教研论文写作指导[M].杭州:浙江大学出版社,2001.18—19.

◆ 怀疑思维策略。"怀疑是对已有结论、常规、习惯、行为方式的合理性作出并非绝对肯定或否定的判断。怀疑必然引起人们对事物的重新审度,会在原来没有问题的地方发现新问题。一般来说学科发展水平越低,值得质疑的地方越多,实践越依赖于经验和常识,可信度越低。"①通过怀疑往往可以带来两种后果,一种是证明,另一种是证伪。当然,"怀疑并不是随心所欲的胡乱猜疑,毫无根据的猜疑是不可能提出有研究价值的新问题的。怀疑的依据主要有两个:一是事实和经验,二是逻辑。"②

如果说确定研究问题的路径是从宏观层面来把握选题方向的话,那么,其中的思维策略则是从确定研究问题的中观层面进行问题的聚集,当我们在运用这些思维策略时,仍需配合一些具体的方法。

三、教育研究问题确定的常用方法

在教育研究中,研究问题的确定可以采取以下几个常用的方法:

◆ "经验总结"确定法。每一个研究者都有其实践经验,对于中小学教师而言,由于长期生活在教育第一线,自觉不自觉地都会积累一些丰富而又宝贵的经验,因此,只要养成将经验总结起来的习惯,并努力把经验上升到理论高度,不仅从事实的角度来描述,而且要从原理的角度进行深入思考,同时再从限制性条件与范围来分析,就容易形成有价值的研究问题了。这一方法主要通过追溯问题变化的原因、过程、方法和措施等来找到研究问题。

◆ "校情分析"确定法。③ 身处中小学实践中的广大教育者,应将研究的问题与学校发展方向和面临的主要问题结合起来。校情分析就是从学校实际出发,了解自己所在学校的主要经验和优势,发现学校存在的主要问题、矜持和不足,扬长补短,选择适合学校发展的课题。具体的做法有:一是在成功经验中寻找生长点;二是在现实问题中寻找突破点;三是在学校固有特点中寻找切入点;四是在已有课题、成果中寻找聚集点。

◆ "对话交流"确定法。通过与专家、同行以及文本的对话交流,一方面可使自己研究的专题获得他人的帮助,得到肯定、否定或质疑的具体意见;另一方面,也是向别人学习的极好机会。我们可以学习、借鉴别人的选题方法、选题原则。对于学术交流中了解到的所谓"热门"和"冷门"、重要和次要、中心与边缘等问题,我们应辩证地、科学地对待。在选题的时候,不要随人热而热,也不要因人冷而冷;既不要不作分析地去赶时髦找"热门"专题,也不要片面地有意去找"冷门"专题。我们

---

① 叶澜.教育研究及其方法[M].北京:中国科学技术出版社,1990.40.
② 叶澜.教育研究及其方法[M].北京:中国科学技术出版社,1990.41.
③ 郑慧琦,胡兴宏.学校教育科研指导[M].上海:上海教育出版社,2001.47—49.

应根据自己的具体情况,包括研究探索兴趣、能力、条件,以及根据这些情况能否对某专题作出有价值、有独特见解和发现的探索研究来确定研究问题。

◆ "边界交叉"确定法。著名科学家钱三强指出,科学的突破点,往往发生在社会需要和科学内在的逻辑交叉点上,即研究的课题往往产生在两种知识的接缘上。有些专题对某一学科来说可能正处于中心地位,而对另一学科则可能处于边缘位置。利用这些专题的边缘可能衍生的其他问题,甚至遗留问题,选择自己将要研究的专题,也是一种常用的选题方法。因为这些问题很可能就是自己感兴趣并具备探索研究能力的研究问题。借助学科间相互关系,相互作用和相互融合而形成,这种研究极利于新知识的产生。比如,语文教育与思想教育,语文教育与历史教育、语文教育与科学教育、语文教育与环保意识等。

◆ "偶发灵感"确定法。及时抓住学校生活中的偶然发现、奇异现象、思想上的火花。教育研究者要不失时机地抓住这些意外现象,进行深入的研究。聪明的人往往能够在别人不注意的地方发现新现象、新事实,通过偶然出现的现象去查明背后隐藏着的、起支配作用的规律和事物的本质。同时,在阅读文献资料或调查研究中,有时会突然产生一些思想火花,尽管这种想法很简单、很朦胧,也未成型,但千万不可轻易放弃。因为这种思想火花往往是在对某一问题作了大量研究之后的理性升华,如果能及时捕捉,并顺势追溯下去,最终将形成自己的研究问题。

◆ "文献调查"确定法。任何创造性思维都不是凭空臆想,它有坚实的基础。任何新成就的取得也不是从天而降,它来自对前人成果的继承和发展,因此,对文献的调查特别重要。通过调查可以了解自己所要进行探索的领域的历史、现状以及发展趋势。即了解前人在这些方面做了一些什么工作,取得了什么成果,还存在一些什么问题,还有什么科学探索研究的思想和方法可供借鉴,以作为发现和提出问题,最后确定专题的依据。从文献调查中可以了解领域内存在什么争论的问题,解决这些争论的问题是时代的要求,如果自己对其中某一问题做过比较深入的探索研究,而且有一定的心得,并具备一定的继续研究的条件,就可将这一问题选为自己将要研究的专题。总之,我们应该懂得,通过文献调查,是要站在前人的肩膀上望,而不是盯住他们的"脚底"看,要有勇气研究前人刚刚开始接近但还没有解决,甚至还没有提出的问题。这是通过文献调查选题的一个重要思想。

◆ "空白填补"确定法。主要指研究者研究他人尚未涉及的领域,提出新理论,运用新方法,得出新结论,发现新动态等。这一方法在确定研究问题的实践中常常有三种具体的表现方式:一是选择前人没有研究过的问题,这类问题本身就有创见性,如果研究得好,肯定会有很高价值;二是选择前人虽然做过,但大有发展、探讨、补充余地的问题,选择这样的问题来研究,既发展了前人的研究,也填补了该项研究的短缺,因而也具有创见性;三是选择前人虽然做过,但是说法不一,甚至有争论,需要深入探讨的问题,在这些其说不一、众说纷纭的争议中,研究者可以得到某些启发,创立新说,从而提出自己的观点,这本身也具有创见性。

◆ "课题指南"确定法。教育行政部门、教育科研院所、学术团体、教育科研管理部门往往根据社会发展及学科发展的需要,定期不定期地下达供研究人员参考的《课题指南》。列入《课题指南》中的课题,往往出自教育专家之手,有较强的科学性、现实针对性,且符合教育管理部门的要求,从中选题容易受到重视、获得研究经费的支持,故从《课题指南》中选题,不失为一种确定研究问题的"捷径"。

第二章
教育研究文献的处理

开展教育研究离不开文献的收集、整理、阅读与分析,那么,究竟什么是文献?怎样才能找到所需要的文献? 当我们收集了很多研究相关的文献后需要做的工作是什么? 在参考他人文献时又需要注意什么? 从他人文献中应当追求什么? 在对待他人文献时应当采取什么样的态度? 上述一系列问题是在开展教育研究处理文献时不得不面对的问题,如果我们能予以正确的回答,就能很好地处理文献并实现为"我"所用、促"我"形成的效果。

对于"什么是文献"的问题,我们不妨看一看《论语·八佾》中的一段话语:"夏礼吾能言之,杞不足徵也;文献不足故也。足,则吾能徵之也。"宋代朱熹对论语中"文献"二字所作的注解是:"文,典籍也;献,贤也。"这就是说,文献原指典籍与宿贤。它给我们的启示在于:在今后的研究中一定要尽可能地使用经典性、权威性的文献以及相关领域权威研究者的文献。虽然今天的文献无论是在内涵上还是在外延上都有了进一步的扩大,但是,有一点是可以肯定的,即文献是相对于研究而言的"在先的知识",是人类知识的结晶,既是人类认识世界的重要途径,又是人类积累知识的重要宝库,更是人类开展后续研究的重要基础。

文献资料浩如烟海,怎样才能在最短的时间内找到尽可能多的相关文献呢?其实,收集文献的过程是一个类似于"蜘蛛结网"的过程,收集文献时要向蜘蛛学习,要从蜘蛛结网的程序与步骤当中明确查阅文献的目的、流程与步骤,同时力求满足收集文献的几个基本要求:知识上的有用性,内容上的丰富性,形式上的多样性,时序上的连续性,时间上的及时性。查阅文献重在面宽,以防遗漏;研读文献却要精深,以求甚解。

收集到充足的文献资料毫无疑问为研究的开展奠定了一个良好的基础,此时最需要做的就是文献综述工作,应像胡适先生在北大做教授时所采取的"胡说式"教学模式那样,通过引经据典来引发出自己的观点,并表现出站在前人的肩膀上并超越前人之处。同样,通过文献综述工作来发现已有相关研究的盲点与不足点,从而找到自己研究的起点与创新点。需要知道的是:在研究开展过程中需要有多次的文献综述工作,第一次文献综述的目的在于明确自己的研究问题并形成自己的创新点,以后的文献综述的目的则在于找到为我所用的参考资料。这一工作贯穿在研究过程的始终。

在利用他人的文献时,需要体悟"狐狸=狡猾"与"小白兔=可爱"中的问题,即需要分清文献中的事实成分与价值成分以及属于事实判断的内容与价值判断的内容。教育文献资料通常有两种呈现方式:一种是事实及事实判断的内容,另一种是价值及价值判断的内容。在同一篇文献中,既可以单纯呈现事实及事实判断的内容,也可以单纯呈现价值及价值判断的内容,当然,更多的时候是两类内容都有可能呈现。有鉴于此,在研究与论文写作中如果打算借鉴他人的文献资料,就需要厘清这两类内容,才能更好地为"我"所用,才有可能展开真正意义上的教育研究,否则就会在研究中导致一些不必要的麻烦的产生。

此外,在利用他人的文献中,还需要在"抄人"与"集大成者"之间作出明确的抉择,需要通过模仿不断提升自身利用文献能力层次,即从第一能力层次——"寻章摘句老雕虫"、第二能力层次——"追求无我成'抄'人"、第三能力层次——"偷梁换柱为我用"、第四能力层次——"化作春泥更护花"提升到第五能力层次——"习得思路终成家"。也需要遵循使用文献的基本道德规范要求,尚需牢记学术诚实的基本原则,同时还必须清醒地认识到利用文献的目的不仅仅在于获取他人已有的研究成果,而在于发现隐藏在材料背后的人们对某一复杂问题的认识与理解、分析与综合,从而能够在综合前人的成果上博采百家之长而形成自己的独到的研究思路,并概括出全面深刻的独到的结论,从而成为真正意义上的"集大成者"。

第一节 蜘蛛结网过程的启迪
——了解查阅文献的流程与要领

查阅文献是研究者重要的基本功,文献检索训练是学术积累的必要过程,也是研究者能力、学风训练的重要手段,通过这一工作,保证了所开展的研究始终立足于最新成果的前沿。可是,常常听到人们问这样一个问题:"我知道做教育科研需要查阅文献资料,可为什么我总找不到有价值的文献资料,怎样才能找到对我的研究有密切帮助的研究资料呢?"对于这一问题的解答,我们不妨仔细观察一下蜘蛛结网的过程,或许从中我们能够得到诸多的启迪。

蜘蛛会选好一个有支撑点的角落,先向空中放出一根长长的"搜索丝",任其随微风或气流飘荡。

之后,蜘蛛会放出一根"悬垂丝",并在这根丝的中段加上第三根丝成 Y 字状,形成蜘蛛网最初的 3 根不规则半径。

然后,再顺着这些"半径"围上 50 多条线,便形成一张网的雏形。

接下去的工作是铺设"螺旋线",当作下一道工序的"脚手架"。需要指出的是,直到"脚手架"搭好,蜘蛛所织出的网还没有黏性,也就是说还粘不住昆虫。这时,蜘蛛便从外向网心开始铺设有黏性的丝,即"捕食螺线",同时把"脚手架"啃吃掉,完成最后一道工序。

大功告成以后,很快便捕捉到了昆虫。

蜘蛛结网的每一个步骤看似漫不经心,实际上都是精心而为,而且每一步之间都有着紧密的逻辑联系。之所以能做到这点,是因为蜘蛛不仅非常清楚它结网的目的——结网本身不是目的,用结好的网捕捉昆虫解决自己的食物来源才是目的,而且也非常清楚达成目的应当怎么做——蜘蛛结网之前先问了自己五个问题,即我为什么要结网? 我要结出什么样的网? 我应在何处结网? 我怎样结网? 我结好网以后又该怎么办? 然后把回答这五个问题转化成自己的行动。上述蜘蛛的五个问题与我们查阅文献本领的训练有着异曲同工之妙。要想培养自己查阅文献资料的本领,要想在今后的教育研究中找到许多有价值的参考资料,只要将蜘蛛结网的五个问题转化成查阅文献的彼此紧密相关的五个"W"并进行自问自答即可。这五个"W"分别是:"Why"(我为什么要查阅文献?)、"What"(我需要查阅哪些文献?)、"How"(我如何找到这些文献?)、"Where"(我可以从哪里找到那些文献?)以及"How"(我找到这些文献后怎么办?)。上述五个问题实际上暗示了查阅文献的几个彼此紧密相关的流程,当我们对其逐一思考清晰并能够做到明确回答的时候,也就将自己查阅文献的基本功培养了起来。

一、"Why"——我为什么要查阅文献?

查阅文献之所以必要,是因为它在研究中处于基础的地位。一方面,任何创新都应是有根基的,如果在做某一研究前不查阅已有的相关研究成果,要么属于无知,结果可能是做了重复工作还不知道;要么被认为有意,贪天之功为己有,以原创者自居。我们常常在报纸杂志上读到不少所谓"初探"、"刍议"的论文不是幼稚可笑,就是自欺欺人(因为很多时候作者并没有做仔细的文献检索与阅读,并不知道前人或他人对此是否做过研究)。另一方面,由于我们今天所处的时代是信息爆炸的时代,新文献不断涌现、层出不穷,要想尽量全面地占有资料并做出恰当的取舍,也非易事。查阅文献不仅帮助我们了解前人对有关问题的研究情况、进展以及他们的研究成果,这样可以避免做重复性的研究,节省了人力、物力和财力,同时,从中也可对自己的研究从研究方法和步骤,特别是研究思路获得有益的启发,除此以外,还可发现前人、他人研究中所存在的问题与不足,以避免再蹈前人所犯错误的覆辙。需要进一步弄明白的是,查阅文献资料在研究的不同阶段有不同的作用:在确定课题阶段的作用是广泛浏览,从中发现感兴趣的研究范围;在确定课题以后的作用是查找与课题相关的资料,了解前人在这个领域内已做过的工作和所使用的研究方法以确定自己课题的研究方向;而在确定研究方向后的作用是查找能够证明、说明和解决课题中提出的问题的关键资料,完成课题研究工作。总之,查阅文献究其实质而言是为自己的研究找一面镜子,从而更好地帮助自己找到研究的创新之处。

二、"What"——我需要查阅哪些文献?

在教育研究中想完成寻找文献的任务,必须先了解教育文献究竟有哪些种类,通常是以什么样的形式表现出来。根据不同的分类标准,教育文献可以分为不同的种类:按记载事实的符号形式为标准,教育文献可分为文字型、图象型和音像型三大基本类型。从文献创造者与文献反映的内容之间的相互关系看,教育文献有第一手文献与第二手文献之别。第一手文献指由亲自经历事件的人所提供的各种形式的材料和各种原著。诸如,政府部门从中央到地方关于教育的各种政策、规划、文件及各种统计资料;学校的规划、工作日志、工作报告、会议记录、录像、录音与摄影;教师的教学计划、教案、工作小结;学生的作业、日记、成绩册、试卷及其他作品;教育家的论文、著作手稿与出版和发表这些著作的书、报刊物等。这类文献也常被称为原始资料。第二手文献是指从他人那里了解到情况的人撰写和制作的,或者是对第一手文献的剪辑、摘录、综述或介绍性的述评。作为研究,要尽可能使用(引用)第一手材料。因为转引的次数越多,就越容易出现问题,甚至是意想不到的问题。此外,按文献的公开化程度作为分类标准,教育文献可分为公开发表的文献和未公开发表的文献……总之,研究资料是一个有着多种功用,有着不同特性的多元集合体,下列教育科学研究资料系统表为我们查阅文献资料提供了一个界说清楚、功能明确、形式具体的指南。

表 2-1　教育研究资料系统表①

名称	功能	概念	内容	形式
事实性资料	事实证据	专门为教育科学研究提供事实证据的资料	古今中外已被发现和证实的各种形式、各种内容的事实资料,如文物、拓片、碑刻、教育史学专著、各种测量表、各类实验报告、教育名家教学实录。	古今中外的各纸质、实物、电子资料
工具性资料	检索咨询	专门为教育研究提供检索咨询的资料	工具书、网上检索查新咨询、学术动态综述	

① 喻立森.教育科学通论[M].福州:福建教育出版社,2001.191.

名称	功能	概　念	内　　容	形式
理论性资料	理性认识	专门为教育研究提供理性认识的资料	教育专著、论文、文集、语录、教育家评传、方法论著作	
政策性资料	政策依据	专门为教育研究提供政策依据的资料	规章制度、改革文件、政府统计资料	
经验性资料	感性认识	专门为教育研究提供感性认识的资料	调查报告、工作总结、经验、随笔、杂谈、教育艺术作品、教育参考书、各级各类学校教科书、教学大纲	

三、"How"——我如何找到这些文献？

查找文献的关键在于如何确立关键词,关键词确立得好,能够在较短的时间内找到为我所用的相关资料。确立关键词的常见方法有四种:第一种方法是根据所确定的研究课题的题目或论文写作的题目来确定,题目是研究及论文的眼睛,题好一半文,文好一半题,题目当中应该内含着研究的关键成分。如果有人问:"如果我在题目当中找不到关键词怎么办?"有两种可能:一是所确定的题目本身不好,未能把研究或论文当中最精彩之处突出来,需要进行修改;二是所确定的题目从表面来看看不出什么关键词,但内含在题目之中或题目的背后隐含着某个关键词,这就是确定关键词第二种方法,即从所确定的题目隐含的意思来寻找关键词。第三种方法是从研究课题的子课题题目或论文的框架结构小标题来确立关键词,因为子课题题目或论文框架结构标题是这部分的重心,应该内含关键成分。第四种方法是从所要实现的研究目标来确立关键词。从中往往可以发现许多可资借鉴的文献材料,也可以找到解决所研究问题的对策建议等等。

四、"Where"——我可以从哪里找到那些文献？

查找文献的场所可以是网络,可以是人群,如从教师、朋友、专家那里等,也可以是机构,如图书馆、社会科学情报机构、档案系统、博物馆以及文化事业单位、教育学术团体、教育学会、协会,教育行政领导部门等。概括起来主要有以下四种途径:

◆　利用"网络搜索引擎"

今天我们所处的时代是一个网络时代,它改变了我们生活的诸多方面,也改变了学术研究的形态。因此,上网查文献已成为人们的首选。但通过网络查资料需要利用搜索引擎,最常用的有两个:一是谷哥(Google),它的完整地址是 http://www.Google.com;二是百度(Baidu),它的完整地址是 http://www.baidu.com。

谷哥和百度互有优势,谷哥更适合搜索英文文献,百度更适合搜索中文文献。只要在搜索引擎上输入关键词,很快就会找到很多相关的资料。除了上面两个最常用的搜索引擎以外,还有其他搜索引擎,诸如雅虎(Yahoo)、搜狗(Sogou)等,有时,在谷哥、百度搜索不到的东西,倒有可能在这里找到。

◆ 利用"网上图书馆"

网上图书馆也是今天的研究者频繁光顾的场所。目前影响较大的是CNKI数字图书馆和超星数字图书馆。CNKI是"中国知识基础设施工程"(China National Knowledge Infrastructure)的简称,已建成的数据库有"中国期刊全文数据库"(CJFI)、"中国优秀博硕士学位论文全文数据库"(CDMD)等。其中,"中国期刊全文数据库"(一般称之为中国期刊网,http://www.cnki.net)是目前世界上最大的中文期刊全文数据库之一,目前已成为人们普遍采用的文献资源。超星图书馆(http://www.ssreader.com)也是比较有影响的网上图书馆,研究者可以在上面进行文献查找、下载和阅读。当然,这些数字图书馆都需要付一定的费用才能阅读或下载全文,但查找文献的题名、作者和出处等则是免费的。

◆ 利用"检索性工具书"

常用的检索性工具书有:书目、索引、文摘、传记资料等,也包括辞书、年鉴等。书目是统计和反映某一馆藏内全国出版的图书总目、期刊目录、报刊目录及其他文献目录,如《全国总书目》、《全国新书目》、《中国国家书目》、《中国出版年鉴》等工具书。书目的著录项目一般包括文献名称、作者、卷册、复本、价格及文献所属学科,有的还有内容提要,以向读者提供文献概况和线索。索引是将书籍或报刊中的内容或项目摘记下来,编成简括的条目,按一定顺序排列并标其出处。按检索内容和途径,索引可分为篇目索引(题录、论文索引)、字词句索引(书中摘出的字、词、句组成)、专名索引(按人名、地名、书名等编排)、主题索引(内容按主题集中编辑,如马克思恩格斯全集主题索引)。索引收集内容广泛,文字简洁。如《全国报刊索引》、《中国人民大学报刊资料索引》等。检索性文摘,是以简炼的语言文字精确地表述原文献主要内容并注明出处。文献按内容可分为综合性文摘和学科性文摘。我国文摘目前已有100多种,如《新华文摘》、《教育文摘》等。教育的辞书、年鉴主要有:《中国教育大百科全书》、《简明教育百科全书》、《不列颠教育研究百科全书》、《中国教育统计年鉴》等。

◆ 利用"他人的参考文献"

仔细阅读别人的参考文献,然后以"滚雪球"方式追踪关键文献,从而会找到越来越多的相关文献。对此,叶澜先生指出:"先找几篇与研究课题有关的文章阅读,在阅读中了解与此有关的范围及从这些文章所列的参考资料中发现新的线索,再扩大查找对象。一般地看,在几篇文章中都提到的篇目,是参考价值较高的文献。

所以'滚雪球'法还有一个好处,帮助发现众多文献中的'重点'文献。"①

五、"How"——我找到这些文献后怎么办?

当找到诸多参考文献资料以后,首先,要对材料进行筛选,在筛选的过程中不断地问自己:这些资料恰当吗? 更具体地说,需要问自己:

◆ 它们是我所需要的资料种类吗?

◆ 它们是否可靠?

◆ 它们是不是原始文献?

◆ 它们是否提供了足够的信息?

◆ 它们所提供的内容详细吗?

◆ 它们是最新的吗?

其次,要对材料进行阅读整理,阅读整理的最主要目的有两个:一是发现已有相关研究的盲点、缺点从而明确自己研究的突破口与创新点;二是积累那些可以为我所用的好的观点、好的材料、好的方法及好的研究与写作思路。通常有四种处理的方式:

◆ 引用。重复原作者的观点与材料,准确地抄录每一句话,包括标点符号。标出准确的页码以及出版信息也很重要,这便于在书面报告时注明引文的正确的资料来源。

◆ 复述。为了行文的需要,用自己的语言转述作者的思想。在形成书面报告时也需要标明出处。

◆ 摘要或总结。从减少行文篇幅的角度出发,用浓缩的形式叙述某篇文章、或某几篇文章作者的观点与内容。在形成书面报告时要将其出处一一标明。

◆ 写文献综述。用自己的语言对相关研究的观点进行归纳总结,同时分别进行客观性评价并在此基础上提出自己的研究观点。

再次,要对参考文献进行登记。关于采用什么样的方式进行登记,应遵循文献著录规则,国家对此制定了明确的国家标准,最新的版本是《中华人民共和国国家标准 GB/T 7714—2005》,其具体著录格式举例说明如下:

◆ **普通图书**

[1] 蒋有绪,郭泉水,马娟等.中国森林群落分类及其群落学特征[M].北京:科学出版社,1998.

[2] C RAWFPRDW, G ORMANM. Future libraries:dreams, madness,& reality [M]. Chicago:American Library Association,1995.

◆ **论文集、会议录**

[1] 中国力学学会.第 3 届全国实验流体力学学术会议论文集[C].天津:[出

---

① 叶澜.教育研究及其方法[M].北京:中国科学技术出版社,1990.179.

版者不详],1990.

[2] ROSENTHALL E M. Proceedings of the Fifth Canadian Mathematical Congress，University of Montreal，1961［C］. Toronto：University of Toronto Press，1963.

◆ **科技报告**

[1] World Health Organization. Factors regulating the immune response：report of WHO Scientific Group［R］. Geneva：WHO，1970.

◆ **学位论文**

[1]张志祥.间断动力系统的随机扰动及其在守恒律方程中的应用[D].北京：北京大学数学学院,1998.

[2] CALMSR B. Infrared spectroscopic studies on solidoxygen［D］. Berkeley：Univ. of California. 1965.

◆ **专利文献**

[1]刘加林.多功能一次性压舌板：中国,92214985.2[P].1993-04-14.

[2] KOSEKI A，MOMOSE H，KAWAHITO M，et al. Compiler：US，828402［P/OL］. 2002-05-25[2002-05-28]. http://FF&p=1& u-netahtml/PTO/search-bool. html&r=5&f=G&l=50&col= AND&d=PGOl&sl=IBM. AS. & OS=AN/IBM&RS=AN/IBM.

◆ **专著中析出的文献**

[1]韩吉人.论职工教育的特点[G]//中国职工教育研究会,职工教育研究论文集.北京：人民教育出版社,1985:90—99.

[2] MARTIN G. Control of electronic resources in Australia［M］//PATTLELW，COX B J. Electronic resources：selection and bibliographic control. New York：The Haworth Press，1996:85-96.

◆ **期刊中析出的文献**

[1]李炳穆.理想的图书馆员和信息专家的素质与形象[J].图书情报工作,2000,(2):5—8.

[2] HEWITT J A. Technical services in 1983［J］. Library Resource Services，1984,28(3):205-218.

◆ **报纸中析出的文献**

[1]丁文祥.数字革命与竞争国际化[N].中国青年报,2000-11-20(5).

[2]张田勤.罪犯DNA库与生命伦理学计划[N].大众科技报,2000-11-12(7).

◆ **电子文献（包括专著或连续出版物中析出的电子文献）**

[1]江向东.互联网环境下的信息处理与图书管理系统解决方案[J/OL].情

报学报,1999,18(2):4[2000-01-18]. http://www. chinainfo. gov. cn/periodical/gbxb/gbxb99/gbxb990203.

[2] CHRISTINE M. Plant physiology：plant biology in the Genome Era[J/OL]. Science，1998，281：331-332[1998-09-23]. http://www. sciencemag. org/cgi/collection/an atmorp.

总体而言,查阅文献重在面宽,以防遗漏,研读文献却要精深,以求甚解。一般老师都会给学生开些必读书、文献目录,但这并不能保证学生读到所有自己该重点阅读的文献,以及获得良好的阅读效果。好的做法是老师可以给出一些专题,由学生选择与该专题有关的文献及重点文献;当学生选定了要做的题目以后更要求他们列出与本题目有关的所有文献及重点文献。然后老师予以验收认可。这样做学生切实参与其中,效果很好,因为读了才知道是否有用,是否是重点;结果是学生受益,对老师也是一种推动。带着特定目的重新审视、阅读文献,且扩大查找阅读面,是很好的创造性学习方法。而且,最好把同类或相近文献放到一块读,效果很好。相互印证,不但印象深刻,而且能发现已有文献的差异,这本身就是一种有价值的发现。为了保证文献研读的效果,应养成写读书报告的习惯,要求自己用简明的语言概述原文要点,记下疑难困惑,并最好写出不足和改进意见。对经典文献的基本观点要求能准确复述,记下所在页码、段落,以便随时核对和引用。用心研读文献不光是能为自己的研究准备理论营养,而且本身也可以成为一种专门的研究。

第二节 胡适先生的"胡说"的真经
——掌握文献综述的方法与本领

胡适先生在北大做教授时曾有一段轶事留给后人诸多启示。他上的课深受学生的欢迎,不仅学生爱听,甚至连他的许多同事也经常到他的教室里听他讲课。那他的讲课为什么惹人喜爱呢? 他是怎么讲课的呢? 原来,在他的讲课过程中,每讲到一个问题,他总是以这样的引经据典的教学模式讲起:

关于这个问题,先"孔说",引出一段孔子的话后进行分析,然后又"孟说",引出一段孟子的话再进行了分析,然后再"荀说",引出一段荀子的话再分析一番……然后再从古到今,又引出今人对这个问题的看法与观点,诸如,张三说、李四说、王五说等等,同时指出他们之间的传承关系及相同或相异之处。通过上述引经据典式的分析,使他能够站在前人的肩膀上,并且站得比别人更高,看得比别人更远。最后,他发表自己的意见时,竟引起了哄堂大笑,原来他说了这样一句话:"下面轮到我'胡说'了"。恰恰是因为"胡说",奠定了他在北大师生心目中的地位;恰恰是因为"胡说",表达他对所研究问题的与众不同的、独到的理解、思考、见解与观点；恰恰是因为"胡说"，表现出他对所研究问题的深度与广度。研究需要"胡说"，而"胡说"能否形成的关键则在于充分全面地掌握所要研究问题的已有相关研究成果，即要做所谓的研究综述或文献综述或国内外研究现状的分析工作。

这大概是"胡说"的真经所在吧！

毫无疑问，胡适先生之所以能够"胡说"，是因为他做了充分的准备工作或文献综述工作，这也在很大程度上说明了文献综述的意义和价值所在。那么，究竟什么是文献综述？为什么要做文献综述？怎样来做文献综述呢？只有明确了关于文献综述的上述最最基本的问题，才能在今后的研究与论文写作中有意识地加以训练，才能最终炼就一套文献综述的本领。

一、文献综述的涵义：是什么与为什么

所谓文献综述，指的是对到目前为止的、与某一问题领域相关的各种文献进行查阅、归纳整理与分析，以了解该领域研究状况的过程，它对研究的各个部分都将提供有益的信息。它是建立在"知识是在他人研究基础之上积累的"判断之上的，任何研究都需要研究者对前人的文献进行回顾与评估，判定自己的想法是否有新意、有意义，并告知读者自己对于本研究领域的熟悉程度，从而增加该研究的信度。文献综述并不是要提供某方面研究摘要的"编年史"，而是要对以前的研究方法、结论进行分析，发现其中存在的不足与隔阂，从而明确本研究的必要性与要解决的具体研究问题。有效的文献回顾可以使研究者在现有的研究与前人的研究之间建立起内在的逻辑联系，帮助研究者进一步提炼、集中研究问题、在一定历史条件下基本的概念与变量、寻找适当的研究方法、并发展适合该研究的分析框架。

实际上，"研究一门学问，或者研究一个专题，第一步工作就是了解过去研究的情况和已经达到的水平。要做到这一步，必须精通这一学问或者这一个专题书目。这一件工作不做或者做不好，自己的研究工作就不能开始。因为，如果不了解过去的研究情况，不知道什么问题已经解决，什么问题还没有解决，什么问题已经解决到什么程度，而贸然下手，必然会被笑话。别人已经解决的问题而你还死啃不休；别人已经有充分理由证明此路不通，而你还死钻不止，其结果必然是浪费精力，南辕北辙。"①当选题确定以后，接下来要做的便是尽量收集写论文所需的资料与有关信息。当所需的资料与有关信息收集好后，接下来要做的是对文献认真地阅读与整理，并写出一份详细的研究综述或文献综述出来。它是在对文献进行阅读、筛选、比较、分类、综合和评价的基础上，研究者用自己的语言对某一问题的研

① 张杰，杨燕丽. 追忆陈寅恪[C]. 北京：社会科学文献出版社，1999.145.

究状况进行综合叙述、客观评价,并在此基础上提出对某一研究领域自己观点的情报研究活动的总和,而在这一系列的步骤中,根据冯友兰先生的观点,需要做到五个字:全、真、透、活、综。①

从绝对的意义上说,任何一项研究工作都不可能"前无古人",都或多或少地找到某些前人相关研究的资料,都需要研究者对前人的研究进行回顾与评估,判定自己的想法是否有新意,是否有意义,并告知读者自己对本研究领域的熟悉程度,从而增加该研究的信度。教育研究也应是如此。然而,在很多人的教育研究乃至教育专业的本科生、研究生的毕业论文中,常常可以见到未交代前人工作的研究或论文。

通过文献综述工作,将前人已做的工作阐述清楚,明确参照点,就可以更好地让读者弄清你的创新点何在。而割断与前人工作的联系,无任何比较的创新,人们就无法判断你的研究的"高度"和"价值"。但不得不说的一个事实是,现实中的许多教育研究,有的研究者或作者未下功夫去查阅和学习前人已做的相关工作,企图走捷径,甚至还有人误以为写上"填补空白"、"没有同类文献"等词句可以提高研究或论文的价值,殊不知,不去做相关的文献综述工作,不站在前人的肩膀上,怎能让我们高屋建瓴? 怎显得我们与众不同?

概括起来说,"站在前人的肩膀上"的文献综述工作在研究中具有不可或缺的作用,具体表现在:

- ◆ 防止盲目的重复研究,少走弯路,不走错路,提高研究的成本效益比。
- ◆ 找到本领域研究前沿所在,明确自己的研究是否处于前沿高地。
- ◆ 弄清前人对于该研究问题所持的不同解释或观点以及成功和不成功的论证工作,形成自己的主题及创新点。
- ◆ 了解他人在同一个研究问题上采用的不同的研究思路,形成自己的研究新思路。
- ◆ 帮助构思论证主题的理论框架、论证技术以及数据收集和分析方法,找到最佳的研究方法或新方法。

二、文献综述的做法:案例及其分析

那么,文献综述究竟该怎么做呢? 我们通过举例分析来感悟文献综述的方式

---

① 冯友兰指出:"历史学家研究一个历史问题,在史料方面要作四步工作,每一步工作都必须合乎科学的要求。第一步的工作是收集史料,这一步工作的要求是'全'。第二步的工作是审查史料,这一步工作的要求是'真'。第三步的工作是了解史料,这一步工作的要求是'透'。第四步的工作是运用史料,这一步工作的要求是'活'。"(《中国哲学史史料学初稿》,上海人民出版社,1962 年版,第2—3 页。)转引自徐有富. 治学方法与论文写作[M]. 南京:南京大学出版社,2003. 49.

与方法。某研究者在对"课程政策"这一概念进行界定时做了这样一个文献综述：①

　　给课程政策下一个简明扼要的定义并不是一件容易的事：一是国内专门的研究论文或著作在笔者所及范围内还未曾发现（甚至翻遍国内学者编著的各类教育词典，也没有找到"课程政策"的专门词条），即便是相关的论述也不多见，国外的研究也只有一些零散的材料②；二是过于宽泛，把课程政策混同于一般的政策；三是有其名而无其实，打着课程政策的招牌，论述的又是另外一码事，甚或是把课程政策作为一个新鲜术语来重复那些人们已经熟悉的旧知识，而这些"研究成果"对课程政策研究领域本身的发展几乎没有什么新的贡献。就在这些有限的表述中，仍有不同的理解。代表性的观点有：

　　（1）"词典中对政策所下的定义是'一种稳定的、连续的计划或行动的指南'。由此推论，简言之，课程政策就是一种有关课程问题的稳定的、连续的计划或行动的指南。"③

　　（2）"课程政策通常是有关应当教什么以及作为课程开发指南的一个书面陈述。它建立基本原则、限度以及在特定的管辖范围内规定教育机构课程大纲的标准。它必须经由一个民主的过程来决定，在其合法化之前，必须首先考虑所有有关团体的愿望。"④

　　（3）"课程政策，是教育行政当局针对目前社会需求、学生愿望及未来发展的趋势，依据国家教育宗旨与法令规章，确定课程计划，规划教学内容，调整课程结构，经由法定程序公布实施，成为行政部门或教育机构执行的准则。课程政策的制定旨在满足社会需求，解决课程问题和达成课程目标。所以，课程政策系推行课程工作的指针，亦为达成课程宗旨的策略。"⑤

　　（4）"作为一种有关对抗性价值观的权威性的分配，课程政策所强调的问题涉及毕业要求，必修课程以及某一领域知识的大概框架。同时，课程政策也强调什么

　　①　详见胡东芳.论课程政策的定义、本质与载体[J].教育理论与实践,2001,(11).
　　②　这方面的文献无论是在题目上还是在概念上都较为分散,而且还主要由政府资助的课程发展的案例研究,以及一些关于课程决策的经验主义的分析。绝大多数有关课程政策的研究不是对课程直接明了的探究而是根据各种各样的其他资料进行研究。来源之一是应用于教育的各种其他学科的研究,诸如,政治学、社会学、历史学等等,它们把课程作为一种偶然性的研究题目。另一个来源是有关政府介入评价的文献被认为与课程大纲有关。第三个来源是有关公共政策的文献被大量地、广泛地应用于课程政策研究当中,而这一点常常被人们所遗忘。(Jackon, P. W. (ed)：Handbook of Research on Curriculum, p185.)
　　③　Decker Walker (1990)：Fundamentals of Curriculum, Harcourt Brace Jovanovich, Inc. , p303.
　　④　Saylor, J. G. , Alexander, W. M. , & Lewis, A. J. (1981) *Curriculum Planning for Better Teaching and Learning*. Fourth Edition, New York, New York：Holt, Rinehart, & Winston.
　　⑤　薛家宝.英国课程改革政策沿革与分析[J].外国教育资料,1999,(5).

团体以及在何种程度上应当影响课程的问题。把一种目标提升到另一个目标之上的决定的命令是课程政策的一个例子。"①

（5）"有两大类型的政策对学校课程施加影响。一类政策规定了课程设置所要遵循的程序，包括粗略的和详细的程序，这类政策通常要说明由谁参与并规定参与者的权限，这可认为是制定政策的政策。另一类政策是课程政策制定过程的产物，可视为课程政策本身。这种政策规定课程的性质，常常要规定必须教的、应该教的和可以教的内容。两类政策都要受到重大的国际变革的影响，实际上，甚至在各个国家的内部，一个很短的时期内也可能产生明显的波动。区分制定课程政策的政策和课程政策本身，有助于人们去对付现有的课程问题。"②

（6）"课程政策的体现范围很宽，包括从不明确的劝告和一般性指导到通过政府立法作为正式政策确定的官方指令，从具体规定每个学生要获得的能力的科目表到学生在一定程度上可自由选择的科目表。"③

（7）"我们可以把课程政策定义为从法律、法规的角度确定的有关学校中应当传授什么的正式内容。因此，课程政策的研究在于揭示官方的行为是如何决定的，这些行为对学校及教师的要求是什么，它们是怎样影响传授给特定学生的教学内容的。这些研究可以检查，例如，课程要求是如何被政府确定的，这些要求是怎样通过转换成为地方学区及学校层面的政策的，以及政策如何在不同层次上影响组织及把学术内容传授给学校中不同类型的学生的。"④

总起来看，因政策观点的差异，学者们对课程政策有着不同的表述。应该说，上述这些观点均描绘了课程政策的部分特征，概括起来主要有：第一，课程政策是一种行动的准则，即是说，它不是一种很具体的解决特定问题的方法，而是一种行动纲领或路线，它要解决的是较重大的并带有普遍性的问题。第二，课程政策具有明显的针对性，它是为课程目标服务的，没有目标就无所谓课程政策，当然只有目标没有政策，目标也无从实现。第三，课程政策的基本思想及其变革主要通过一系列课程计划、学科课程标准、教学用书等的变革来体现；第四，课程政策从制定到颁布再到实施都要依照一定的程序。第五，课程政策的基本性质及主要内容有：（1）课程政策往往是政治体系或政府的决策，而非个人或私人团体的决策；（2）课程政策以政治、教育体系的力量和教育组织为后盾，由教育体系负责贯彻，有教育权威作保障；（3）课程政策的根本在于课程权力（课程政策制定权、课程决策权、课程编制开发权、课程专业自主权和课程实施权等）的分配方式，而课程权力的分配方

① McNeil, J. D. (1990)：Curriculum：A Comprehensive Introduction. Fourth edition. Glenview, Illinois：Scott, Foresman.

② 江山野主编译. 简明国际教育百科全书·课程[M]. 北京：教育科学出版社,1991. 80.

③ 江山野主编译. 简明国际教育百科全书·课程[M]. 北京：教育科学出版社,1991. 81.

④ Jackon, P. W. (ed)：Handbook of Research on Curriculum, p186.

式、内容的变化又会引起利益分配的变化。(4)课程政策包含着课程目标、目的和具体策略设计,用以解决课程体系所面临的政策问题和矛盾。(5)课程政策标志着课程体系的一种价值选择,课程体系试图通过政策制定和政策执行来实现一定的价值目标。(6)课程政策意味着对某种利益(国家利益、地方利益及个人利益等)的正式承认。课程体系力图通过自己的决策来促使这些利益能够实现或维持。(7)课程政策不仅包括体现在法律和法规中的课程政策制定者的意图,而且也包括根据那些意图所采取的各种行动。课程政策不仅是权威性的法令,而且也是对易于检验的方法和结果的不确定的预见。课程政策不是官方行为的单独决定,它们与其他影响一道发生作用。课程政策不仅仅是作为取得某一易变的结果的工具,它也作为调动各种政治利益的强有力的象征,以及作为法律权威的观点。上面的表述和分析表明,课程政策的定义实际上有现象形态与本体形态两种解释方式。把课程政策解释为"行动准则"、"决定"、"方案、规划和项目"、"决议"、"策略"、"规范"或"产品与结果"等,都是解释了课程政策的现象形态;而从这些现象形态中可以抽象出一个根本的意义,即课程政策从根本上来说是课程权力和利益的分配,通过它们的分配来调整课程领域中的各种关系,从而实现课程目标。这是对课程政策的本体形态的解释。

根据上述分析,我们可以把课程政策定义为国家教育行政主管部门在一定社会秩序和教育范围内,为了调整课程权力的不同需要,调控课程运行的目标和方式而制定的行动纲领和准则。它的着重点在于解决"由谁来决定我们的课程"或曰课程权力的分配问题。它的构成要素主要有三个:第一,课程政策目标。它是课程政策三大要素中最重要的要素,反映政策的方向、目的和所要解决的课程问题,回答课程政策"为什么"而制定执行的问题。第二,课程政策载体(手段和工具)。这是三大要素中的主体,具有保证实现课程目标的作用。第三,课程政策主体。它是指课程政策的制定者和政策的执行者。

在上面的这个有关核心概念界定的综述案例中,可以比较清晰地看出其基本的思路,具体表现为三个步骤:第一步是围绕"课程政策"概念,全面搜集已有研究成果对这一概念的界定,特别是权威性的文献中的界定,在罗列的基础上进行归纳整理;第二步是针对上述归纳整理的观点进行客观的分析评价,既指出其中的优点,也要指出其中存在的问题;第三步是在前两步基础上进行总结,在充分吸收他人好的观点与想法的基础上提出自己的界定,引用前人的论点以衬托出本文的"高明"之处,并为后续的研究或论文写作埋下一个伏笔。

三、文献综述的质量:"好的"与"差的"标准

为了炼就更为扎实的文献综述的本领,我们不妨再举一个"好的"与"差的"文

献综述的思路实例,在比较中进一步感悟文献综述的方式与方法。

有两个研究者,他们对素质教育与应试教育之间的关系问题产生了兴趣,打算加以研究,他们围绕这一问题从多种渠道收集来各种各样的文献资料,分别写出了两篇《关于素质教育与应试教育关系研究的文献综述》的文章。其中一个研究者的文献综述是这样展开的:

关于素质教育与应试教育关系的研究,主要有以下几种观点:第一种观点是张三说的,引出一段张三的话;第二种观点是李四说的,再引出一段李四的话;第三种观点是王五说的,又引出一段王五的话……

以这种简单地罗列他人观点的方式来完成了他的文献综述,这样的做法显然是不够的,其中也很难表达出研究者的观点。

另一个研究者的文献综述则是这样展开的:

素质教育与应试教育之间究竟有着怎样的关系,通过对该问题探讨多年以来公开发表的研究成果的归纳整理,发现人们对该问题有着不同的看法,概括起来有三类观点:第一类称之为"对立说"。该观点认为素质教育与应试教育之间是一种对立的关系、矛盾的关系、水火不相容的关系。持这种观点的人有张三,在其某某文章中指出……(引出一段原话并注明出处);还有李四,在其某某著作中提出……第二类称之为"交叉说"。该观点认为素质教育与应试教育之间不是一种截然对立的关系,而是一种你中有我,我中有你的交叉关系。持这种观点的人有谁谁,还有谁谁等。第三类称之为"融合说"。该观点认为素质教育与应试教育之间既不是一种对立的关系,也不是一种交叉的关系,而是一种融合的关系。持这种观点的人有谁谁,还有谁谁等。

其次,针对上述三类观点进行客观评价,分别指出"对立说"、"交叉说"以及"融合说"观点的合理及不合理之处。具体的写作形式是:"对立说"的优点在于什么什么,其不足又有什么什么;"交叉说"的合理之处是什么什么,不合理之处又是什么什么;而"融合说"的重心在于什么什么,它的优点在于……,它的缺点又在于……。

第三,在客观评价的基础上提出自己的观点。可以这样来表述:通过分析,我们不难看出,在素质教育与应试教育关系这一问题的看法上,已有的"对立说"、"交叉说"以及"融合说"都有其优点,也存在着不足,因此本文在充分吸取其优点的基础上,认为素质教育与应试教育之间既不是一种对立的关系,也不是一种交叉的关系,也不是融合的关系,而是一种崭新的什么什么关系,这种关系可以称之为"××说"。

通过上述两个文献综述案例的对比,我们不难发现,差的文献综述往往只是:

◆ 简单地罗列他人的观点,提供的是某方面摘要的"编年史";

◆ 未能将论文的主题和创新点作为主线来筛选和评价文献;

◆ 对他人的观点不作分类与综合;

◆ 对他人的观点不作分析与评价;

◆ 无法在他人观点基础上合理地形成自己的观点或无法建立起自己的观点
与已有相关观点的内在逻辑。

而好的文献综述则是:

◆ 对相关的研究观点、研究方法、结论进行分析,发现其中存在的不足与盲
点,从而找到自己研究的起点与创新点。

◆ 可以使研究者在现有的研究与前人的研究之间建立起内在的逻辑联系,帮
助研究者进一步提炼、集中研究问题、确定基本的概念与变量、寻找适当的
研究方法、并发展适合该研究的分析框架。

总之,文献综述反映研究者或作者研究工作的基本功和文献阅读量,它贯穿在
研究的不同阶段或论文的不同部分,而不同阶段或部分的文献综述又有着不同的
作用或目的。因此,撰写文献综述时,心中一定要明确本课题研究或论文的主题和
创新点所在,围绕主题和创新点来收集并筛选文献,是为了从学术的角度来说明自
己提出此主题和创新点的缘由。阐明问题部分的文献综述,主要作用或目的是交
代主题的理论背景,用来引出主题或创新点;其他阶段或部分的文献综述,其作用
或目的则是为了衬托研究的创新点以及论证研究技术或工具的创新之处等等。

第三节 "狐狸＝狡猾"与"小白兔＝可爱" 中的问题

——厘清文献中的事实判断与价值判断

《庄子·秋水篇》中有一则这样的对话:

庄子与惠子游于濠梁之上。

庄子曰:"鲦鱼出游从容,是鱼之乐也。"

惠子曰:"子非鱼,安知鱼之乐?"

庄子曰:"子非我,安知我不知鱼之乐?"

惠子曰:"我非子,固不知子矣!子固非鱼矣!子之不知鱼之乐全矣!"

庄子曰:"请循其本。子曰'汝安知鱼乐'云者,既已知吾之知而问我,我知之濠
上也!"

在这段著名的"濠梁之辩"中,蕴含了有趣的生命情怀与哲学问题,这并非本文所要探讨的主题。但是,如果我们把上述对话当成所要研究的文献对象时,仅粗浅地就字面意义来看,仍可以让我们思考其中的若干文献分析的问题。在上述对话中有事实成分,既包含显性的事实,诸如"庄子与惠子游于濠梁之上"表明的是非常明确的对话地点的事实,也包含隐性的事实,那就是庄子与惠子曾有过这样一段对话;在上述对话中也有价值成分,比如"鲦鱼出游从容"中的"从容"一词就存在着价值的成分;同时在上述对话中还充斥着从事实判断来达成价值判断的话语成分,"鲦鱼出游从容,是鱼之乐也",即通过鲦鱼的正常游动的事实得出鱼是快乐的价值判断……事实上,很多文献,尤其是人文社会科学的文献中总是充满了事实成分与价值成分的话语,也随处可见事实判断与价值判断的成分,研究者在使用他人文献资料时,需要对二者有着清晰的分辨能力。须知:事实陈述是认识事物的一种方法,目的是揭示对象是什么,揭示事物的本然状态。而价值陈述则是要揭示事物应该是什么,对人意味着什么,对人有什么意义,二者之间的基本关系是事实陈述是价值判断的基础与前提。

一、教育文献资料性质的呈现方式

将上面的案例迁移到教育文献的分析中,我们不难发现从教育文献资料的性质来看,通常有两种呈现方式:一种是事实及事实判断的内容,另一种是价值及价值判断的内容。在同一篇文献中,既可以单纯呈现事实及事实判断的内容,也可以单纯呈现价值及价值判断的内容,当然,更多的时候是两类内容盘根错节地纠缠在一起呈现。有鉴于此,在研究与论文写作中如果打算借鉴他人的文献资料,就需要厘清这两类内容,才能更好地为"我"所用。为什么呢? 请先来看一看发生在狐狸与小白兔身上的故事。

曾不止一次地面对不同的对象做过这样一则游戏:当我说出一个词以后,你就马上告诉我你大脑里本能地呈现出的另一个相关的词,好吗? 众人回答道:"好的。"于是,我说出了第一个词是"狐狸",底下几乎所有的人立即反馈的一个词就是"狡猾";我又说出了第二个词是"小白兔",底下几乎所有的人立即反馈出来的一个词就是"可爱"。当这一游戏做完时,在场的人在哄堂大笑的同时,也陷入若有所思的状态,为什么会有这样一致的情况发生呢?

原来,我们有意无意地在"狐狸"与"狡猾"之间画上了等号,也在"小白兔"与"可爱"之间画上了等号。可我们不得不承认的是,从其本质来看,狐狸与小白兔有区别吗? 它们不过都是一种动物而已。然而,当我们说"狐狸是一种动物,小白兔也是一种动物"的时候,这样的话语属于事实判断,而当我们说"狐狸是狡猾的,小白兔是可爱的"这样的话语时,则成了价值判断。尽管事实判断与价值判断之间有着内在的关系,但事实判断不能直接等同于价值判断。

由此看来,狐狸真是冤枉死了,请为狐狸平反!

一听到"狐狸",马上就本能地想到"狡猾",以及一谈及"小白兔",马上就联想起"可爱",这似乎成了一种条件反射,而造成这一条件反射的有可能是我们长期以来的教育的结果,更多的恐怕是大量相关各种载体的文献给我们留下的印迹。然而,在现实的教育文献中,类似于这样的由事实直接转化成价值、或由事实判断直接转化成价值判断的问题却频繁出现。今天,我们提出有必要为"狐狸同志"平反,其目的在于引起研究者在研究过程中的重视。而要做到这一点,必须将蕴含在其中的事实成分与价值成分分解开来。教育研究者在研究教育问题或写作教育论文时,总是要从已有的相关教育研究文献中不计其数的话语或论断中去选择他们所要研究的主题及与此有关的材料。通常,研究者的选择不外乎两种方式:一种是从实证的观点出发,选择那些适合于作出因果解释的事实性材料;另一种是从价值观点出发,选择那些包含着大量价值判断的观点的事实。前一种选择重视消灭假事实,努力探寻教育事件的历史原因,希望从中汲取对当今教育发展有实际效益的东西;后一种选择重视教育的向善、向上的职能,希望从中能够找到促进教育向好的方向发展的东西。

从哲学的角度出发,事实这一概念,就其原意指的是在经验中表现出来的真实性,或者从必然性中推断出来的事件、性质或关系。也就是说,事实是客观存在,这种存在或者可以在经验中得到证明,或者可以从某种因果联系或必然规律中得到证明,而无论哪种情形,都同人的主观愿望无关,都是人的主观意志所不能改变的客观存在。而价值这一概念,就其本义而言有两个方面的意思:一是指事物可以满足人的需要的那些特殊性质,如用处、益处、重要性等;二是指人们用以确定、衡量、判断事物本身价值的价值标准,如善、美、正义等。这两类价值既相互区别又相互联系:作为事物的性质的价值是同客观事实结合在一起的;作为价值尺度的价值,则是抽象化了、对象化了的人的需要,从而体现于人们的价值观念之中。事物的价值是客观存在的,但这种存在又是相对于人的需要,相对于一定价值尺度而存在的。

二、教育文献资料性质的厘清策略

基于上述对事实及价值概念的分析,我们可以更好地理解事实判断及价值判断之间关系的问题。所谓事实判断,指的是对于事实的客观状况"是"怎样的判断,这里的逻辑谓词"是"揭示了事实判断的本质特征,这是一种描述性的判断。事实判断反映的是客体的属性与规律,它是客体取向的,以追求普适性、客观性为原则,尽力排除主体的主观因素。事实判断追求的是符合客体的内在规律,即"合规律"。

如果将对客体的提问方式由"是什么"改为"对主体而言意味着什么",就实现了由事实判断到价值判断的转换。与事实判断不同,价值判断则是人们基于体现自己需要的价值尺度而对事实可以满足人的需要的那种特殊性质的判断。价值判断因为体现的是主体与客体的价值关系,以主体的需要为出发点,其中必然内含着主观因素。价值判断追求的是符合主体的内在价值,即"合目的"。主体不同,价值判断会出现很大的差异,价值判断体现出"主—客"的关系取向,具有一定的相对性和多元性。大部分情况下,事实本身具有一元性和绝对性,也就是说,事实往往只有一个,评价主体能否做出与客体相符合的事实判断,是事实判断是否得当的重要依据,这就形成了事实判断与价值判断之间的区别。在借鉴他人的文献时,要想把两类判断区分开来并非易事。我们不妨先来看一组简单的陈述,看看从中能得到什么启示。

陈述1:"张老师的教学是能引起学生兴趣的"。这显然是事实判断,它以事物的客观性质为判断的对象,即描述了一个事实。该陈述的真值可以通过观察加以检验。

陈述2:"能引起学生兴趣的教学是好的教学"。这是个价值判断,它以事物与人有关的价值作为判断的对象,即赋予了某种价值,表达了某种评价。该陈述不存在真值,因为我们不能通过观察加以检验。

陈述3:"我喜欢能引起学生兴趣的教学"。这似乎是一个以评价为基础的价值判断,然而,涂尔干认为,这类判断其实只是事实判断,"它们所承载的不过是我与某些对象的关系……这些判断并没有为对象赋予价值,只是对主体状态的确认。"[①]该判断存在真值,但是很难通过实证观察加以检验。

陈述3和陈述1同属事实判断,但是后者仅仅描述了对象的客观属性,是"物"的层面的事实,适合采用经典自然科学的实证研究方法,前者则描述了人与物的关系,涉及具体的人的态度、偏好等主观性成分,而这恰恰是社会科学研究的对象——社会事实或文化事实的重要特征,即这类事实对象同时包含了可观察的行为和不易观察的价值或行为的意义。在教育文献中,后两个判断容易发生混淆。对行为者的价值判断作出事实确认和研究者作出自己的价值判断是两类不同的命题,分属两种不同的研究领域。

事实判断与价值判断的分离,根源于人们的需要及由此而形成的价值标准的对立。就是说,人们可以通过公共检验来证实某种事实判断是否具有客观真理性——因为事实总是唯一的,却很难以这样的标准来确定某种价值判断是否具有

---

① [法]埃米尔·涂尔干. 社会学与哲学[M]. 上海:上海人民出版社,2002.88.

客观真理性——因为他们有着不同的需要;事物对他们的价值不同,他们以不同价值标准去判断事物的价值。这样,对于价值判断,也就形成了人们所说的"公说公有理,婆说婆有理"的情形。

通过分析教育文献,我们不难发现价值判断的资料是以教育事实的价值为对象的评价性陈述材料,它反映的是价值主体依据其需要,在衡量价值客体的属性是否满足价值主体的需要以及满足其需要的程度而作出的一种判断。根据什么进行价值判断,如何进行判断,这是价值判断的实质和关键。也就是必须有一个衡量和判断的客观依据和标准。事实判断的资料则是关于客体本身是什么的判断,它是以教育事实为对象的描述性陈述材料,包括对某一教育行为的描述和对行为者赋予该行为的意义的描述两方面。它不是以演绎为第一原理说明事实,而是从实际出发,根据事实进行客观地论述、说明,揭示规律。它研究教育的现象和事实,并对研究的严密性、客观性和无价值性提出了严格的要求,它通过对教育事实做不追求价值的记述和解释,以弄清各种事实相互间的规律性联系为目的,揭示原因—结果的关系。

然而,遗憾的是,"有些学者为了论证自己的观点,不惜用现在的价值取向去剪裁历史上的教育事实。这种情况在教育学教材中也比比皆是。例如,为说明'教育在社会主义建设中的战略地位',就用《论语》中的'建国君民,教学为先'为证据;为说明'教学永远具有教育性'就取孔子的'博学于文,约之以礼'、'文道结合'为证。其实,古代的'教学'能等同于今天的教育吗?古代是'教学为先',难道能证明今天的教育应有战略地位吗?古代的'礼'、'道'能等同于我们今日所倡导的'教育性'吗?所以,不能为证明我们的一个价值假设,就用现在的价值取向去剪裁历史事实,将其纳入自己的价值轨道。"①

价值判断与事实判断的本质区别在于认识和反映对象的本质不同。简言之,它们是"应然"与"实然"的关系。科学主义试图用事实判断取代价值判断,用客观规律排斥主体的价值选择;人本主义则试图用价值判断替代事实判断,用主体的价值选择抹煞客观规律。我们认为这两种倾向都是不正确的。事实上,事实判断资料与价值判断资料是分属于不同领域的资料。事实判断资料是基于事实,描述的经验性论断材料,而价值判断资料则是基于价值的评价性论断材料。我们无法通过事实的确认来澄清价值判断的对错,更不能通过价值陈述来检验事实判断的真伪。但是,这并不意味着事实判断资料和价值判断资料就是毫不相干的,人们已经发现了许多事实和价值之间界限消失的地方,由此又提出了关于"蕴含价值的事实"和"价值判断的事实特性"的问题。可见,价值判断资料和事实判断资料往往是

① 冯建军.区分事实判断与价值判断对教育学研究的意义[J].江苏教育学院学报(社会科学版),1995,(4).

相互渗透的。一方面,在事实判断资料中,往往会有客观存在价值倾向的资料;另一方面,价值判断资料也包含事实成分的内容。我们所看到的价值判断资料,总是建立在对客体的属性和主体的需要的事实判断资料的基础上,也就是说,价值总是具有事实判断的因素,并且研究材料中的价值判断,也都有一定的事实材料成分。

三、教育文献资料性质厘清的注意事项及其价值

在阅读与借鉴他人的教育文献时必须对资料的性质进行认真的分析、分类,而在厘清教育文献资料性质的过程中,尚需牢牢把握一些基本的注意事项,也需深刻体悟其背后的意义与价值。

◆ 在阅读与借鉴他人的教育文献时,需要区分两类判断的不同领域。教育研究者应当分辨出哪些内容是基于事实的经验性论断材料,哪些内容是基于价值的评价性论断材料。

◆ 在阅读与借鉴他人的教育文献时,需要知道两类判断分属不同的研究领域,研究的有效性各不相同。基于事实描述的实证研究生成的是教育科学知识,基于价值判断的思辨研究生成的是教育哲学知识。

◆ 在阅读与借鉴他人的教育文献时,需要意识到事实判断材料可区分为行为和行为的意义两个层面的材料,且他们各自的研究的有效性也各不相同。对行为层面的教育事实研究,其有效性当然取决于研究的客观有效性,因为行为可以通过观察予以确认。对行为的意义层面的教育事实研究,其有效性则取决于对行为的理解的有效性。

需要进一步指出的是,在教育文献中还存在着许多事实和价值之间界限消失或难以区分之处,即存在着"蕴含价值的事实"和"价值判断的事实特性"的成分,它表明了价值判断和事实判断往往是相互渗透的。一方面,当做事实判断时,我们会有意无意地带上价值倾向;另一方面,价值判断也包含事实的内容。"一般说来,'是什么'和'怎样做'属于教育事实问题,其研究结果表现为科学—技术理论。'应该是什么'和'应该怎样做'属于教育的价值取向问题,其研究结果表现为价值—规范理论。"[①]与上述案例异曲同工的是,在今天的中小学评课所制定的评价标准中客观存在的一个常见的问题是:把"对"的课的标准混同于"好"的课的标准,用事实判断来直接推导出价值判断。实际上,"如果要对教师的教学进行一番评价的话,有两个层面的标准值得我们思考。其一是科学方面的标准,它从事实的层面评析各种不同的教学对学生已经、正在或将要产生的诸方面影响,它所要回答的问题是:什么是'对的'教学;其二是哲学方面的标准,它从价值的层面向我们提供判断

① 冯建军.区分事实判断与价值判断对教育学研究的意义[J].江苏教育学院学报(社会科学版),1995,(4).

一种教学的生命力所在,它所要回答的问题是:什么是'好的'教学。"①"对的"课并不能决定就是一种"好的"课,"好的"课通常是建立在"对的"课的基础之上的。在对教育问题研究文献的处理上,我们不仅要把握"应然"状态的材料,也要把握"实然"状态的材料,比如,在关于课程理论研究的文献中,美国的古德莱德就把课程分为五种:理想的课程、正式的课程(国家规定颁布的课程)、教师领悟的课程、教学中实际体现的课程和学生实际体验到的课程,在这五种课程中,前两项是"应然"的课程,后三项则是"实然"的课程。在引用或借鉴时需要加以区别对待。由上分析可知,由于在教育文献中存在着大量的"是什么"和"应该是什么"材料互相混杂的情况而导致了很多混乱,因此,厘清教育文献中的"是什么"与"应该是什么"的材料,可以为教育研究的开展、尤其是文献分析提供一个有力的工具。

总之,"事实与价值"这个所谓"休谟问题"是现代西方价值哲学的首要问题,休谟在其《人性论》一书中指出:"在我所遇到的每一个道德学体系中,我一向注意到,作者在一个时期中是照平常的推理方式进行的,确定了上帝的存在,或是对人事作了一番议论。可是突然之间,我却大吃一惊地发现,我所遇到的不再是命题中通常的'是'与'不是'等联系词,而是没有一个命题不是由一个'应该'或一个'不应该'联系起来的,这个变化虽然是不知不觉的,却是有极其重大关系的。因为这个'应该'或'不应该',既然表示一种新的关系或肯定,所以就必须加以论述和说明,同时对于这种似乎完全不可思议的事情,即这个新关系如何能由完全不同的对外一些关系推出来,也应当举例加以说明。"②从中我们可以看出,虽然在纯粹的逻辑经验范围内是不能从事实推论到价值的,但是,事实与价值关系的问题不仅是一个逻辑问题,而且是一个实践问题,这一问题也是教育研究领域所不可回避的问题,同时也是我们在借鉴他人的教育研究文献时应当予以厘清的问题。需要记住的是:认清文献中的事实是对"真"的追求,发现其中所隐含的价值是对"善"的追求,而在分析文献的实践基础上找到事实与价值的统一则是对"美"的追求。研究者只有在阅读教育文献的过程中,厘清其间的关系,才有可能展开真正意义上的教育研究,否则就会在研究中导致一些不必要的问题的产生。

第四节 "抄人"与"集大成者"的抉择
——利用文献的能力层次与道德要求

"天下文章一大抄,看你会抄不会抄"是人们耳熟能详的一句俗语,但不同的人

---

① 胡东芳. 教育新思维——东西方教育对话录[M]. 桂林:广西师范大学出版社,2003. 83.
② [英]休谟. 人性论(下册)[M]. 北京:商务印书馆,1980. 509—510.

对这句话的理解是不同的,甚至有可能会有大相径庭的看法。其中,有人只看到了前半句,而忘记去体悟后半句;有人不仅知道前半句的意思,而且仔细体悟并努力实践了后半句的价值。殊不知,对这句话的理解以及由此产生的不同行为能在很大程度上反映出一个人利用文献能力的层次,也可以从中看出一个人的研究态度及最为基本的规范意识。此语尽管一直难登正规的研究及写作教程的"大雅之堂",但是,我们却常能在讨论研究及论文写作与发表之道的不经意间与其"邂逅"。那么,这一俗语究竟来源于何时? 为什么有这么强大的生命力? 话语中的"抄"字究竟是何意? 难道就是我们很多人所理解的"抄袭"之意吗? 如果不是,那它还有什么其他的意思? 更重要的是,它对我们开展教育研究、尤其是利用已有的相关文献资料又有着怎样的正面与负面的作用? 我们在利用他人文献时又应当遵循何种基本的道德要求? 也许网上的这个帖子①或多或少地能给我们些许的启示:

　　此语朗朗上口又不乏幽默、调侃的味道,笔者不知出自何朝何代何典,但可推测,其最适合于嘲讽明清之际"以文取仕"的弊端,最能概括其间"应试"的"雕虫小技"。因为,自古以来,统领写作学习之道千百年的,理应是"诗言志"、"读万卷书,行万里路"、"纸上得来终觉浅,绝知此事要躬行"、"汝果欲学诗,功夫在诗外"以及当今风靡世界的写作教学改革的"要向生活靠拢"等,而明清时的科举考试,要求文章内容限于"四书"、"五经"等儒家经典,以程朱理学观点为评价标准,不允许丝毫发挥己意;要求必须采用固定格式的排偶文体,即极端形式主义的"八股文",教条化达到了登峰造极的地步。面对如此思想僵化、样式死板的作文要求,"抄"几乎只能是必然选择。所以,这句以"抄"为标志的俗语,应运而生,形象、生动地囊括了这种从内容到形式都一脉相承,严重束缚考生思想与能力发展的作文特点,同时也巧妙地点出了"应试"的对策——"抄"。"抄"什么? 当然一是僵化的思想内容,二是模式化的表现形式。怎么抄? 这也不复杂。查阅辞书可见,"抄(钞)",有两解:一是"誊写",二是"照着别人的作品、作业等写下来当作自己的"。据此,或者是"克隆",或者是"抄袭",只是要因人而异,因"情"制宜,各取所需罢了。并在年复一年的循环往复中,形成了一套颇有"立竿见影"之功效的"抄"的模式和另一种蔑视"知识产权"的"剽窃"之风……

　　由此看来,"抄"有其必然发生的历史,也因其有着特定的功能的合理性而一直存在至今,当然,"抄"是一把双刃剑,用得恰当,可以取得事半功倍的效果,用得不好,则有可能搬起石头砸自己的脚。它既有可能使研究者与写作者获取所需的文

---

　　① 佚名. 天下文章一大抄看你会抄不会抄,出自何人? ［EB/OL］. http://zhidao. baidu. com/question/36622478. html. 2008－10－10.

献资料,也有可能使其陷入"抄袭者"的尴尬境地;同时,"抄"也内含着文献的收集、整理、学习、消化与吸收,此外,"抄"还暗含着"借鉴"与"模仿"之意。

一、利用文献的能力层次

毫无疑问,任何研究都离不开利用已有的他人的文献,这也是"抄"字中应有之意,关键在于研究者与写作者怎样利用他人的文献,能否体悟出"抄"的真谛所在。在利用文献方面,表现出不同的能力层次:

◆ 第一能力层次:"寻章摘句老雕虫。"处于该层次的人,常常是生搬硬套前人章法、词语、观点、思路而没有任何创造之人。只会在他人的文献中寻找出一些所谓的好的观点与材料,照搬照抄到自己的研究及论文写作中,通篇是他人观点与材料的罗列。如果真的做到了直接在原文中准确地抄录每一句话并注明准确的出处倒也罢了,怕的就是:一不去注明出处,理直气壮、面不改色地将他人的东西直接变成自己的。这一行为显然有违研究的基本道德规范,是万万不可取的;二是怕麻烦,根本不去想办法找出原出处并核对原文而采取"转引"的方式来引用他人的材料。须知:转引的次数越多,就越容易出现问题,甚至是意想不到的、大相径庭的问题。不信吗,有例为证:

上世纪末,美军有一个营长对值班军官下了这样一条命令:"明晚8点,哈雷彗星将在这个地区出现,这种情形每隔76年才能看到一次。命令所有士兵,身着野战服到操场集合,我将向他们解释这一罕见的现象。如果下雨的话,就到礼堂集合,我为他们放一部有关彗星的电影。"值班军官向连长转达命令:"根据营长的命令,明晚8点,哈雷彗星将在操场上空出现。如果下雨的话,就让士兵身着野战服列队去礼堂。这每76年才出现的罕见现象将在那里出现。"连长又对排长传达命令:"根据营长的命令,明晚8点,非凡的哈雷彗星,将身着野战服在礼堂中出现。如果操场下雨的话,营长将下达另外一命令,这种命令每隔76年才会有。如果不下雨的话,营长将命令彗星穿上野战服到操场上去。"最后,班长对士兵下达命令:"在明晚8点下雨的时候,著名的76岁的哈雷将军,将在营长的陪同下,身着野战服,乘坐他那辆'彗星'牌汽车,经过操场前往礼堂。"至此,整条命令变得面目全非。①

上述笑话,在让人忍俊不禁之余,也留给了我们思考的空间。资料的不断转引犹如命令的层层传达,传到后来就成了笑话,而资料在一次一次的转引之中就有可能产生信息失真的同时,也带来了引文道德方面的违规。"一方面,随着文献转引

---

① 汪菲.命令是如何变成笑话的[J].公共关系,2001.(9).

次数的增加,会导致原始文献失真和被断章取义,侵犯了作者保护作品的完整权;另一方面,当中介文献被列为参考文献时,原始论文的作者享有的署名权无形中被剥夺,被中介论文的作者所占有。"①这给我们的启迪是:尽可能从最原始的出处来引用他人的材料,而不要轻易地进行资料的转引。由此看来,即使是"寻章摘句",也非想象的那么简单,仍需遵循引用他人文献的内在的能力与道德方面的要求。

◆ 第二能力层次:"追求无我成'抄人'。""抄人"指的是在研究或论文写作中,只知道到处去查阅文献,并成千上万堆砌他人的文献来完成研究或论文写作,从而完成了一项洋洋洒洒的"剪刀+浆糊"工程的所谓研究之人,从观点到材料都是他人的东西,丝毫没有自己的观点与想法。要知道,研究是要追求"有我"的,而不能一开始就追求并达到"无我"的境界。这里的"我",指的是在研究及阅读他人文献时,不仅读出他人的观点,也要读出其优点与不足,并逐步形成自己的独到的观点与想法,它是超越于已有研究结论或有别于他人观点的成分;而"无我"指的则是重复他人的结论与观点,最终的结果只能是一个"抄人"。

◆ 第三能力层次:"偷梁换柱为我用。"在这一利用文献的层次中,有两种表现形式:一是直接将他人的文献内容的部分词句修改一下,就变成了自己的东西;二是使用者采取"抄框架就不要抄内容,抄内容就不要抄框架"的方法,对相关文献进行改头换面。即借用张三的研究框架或写作框架,同时又将李四的相关内容放进去,从而完成自己所从事的课题研究或论文写作。在上述两种表现形式上,如果能做到仿其"形"而用自己的"神"(即自己独到的观点与想法)的话,那么,尚有其存在的价值,否则,很有可能陷入抄袭者的境地,对于这一境况在使用文献时是需要予以极力避免的。

◆ 第四能力层次:"化作春泥更护花。"所谓"化"指的是在利用他人文献时,能够吸收其精华,合理地将其材料作为养料而"化"出自己的观点,或"化"为自己的研究与写作能力。这一能力层次的文献利用实际上是改进型的创新,即在充分学习、积累和消化吸收他人好的材料、好的研究思路与写作思路后,研究者逐步减少对他人材料及思路的依赖,开始结合自身研究的特点与需要,对他人的材料、研究思路与写作思路进行一定程度的改造与创新,从而更好地为自己的研究服务,为提升自身的研究能力服务。俗话中所说的"熟读唐诗三百首,不会作诗也会吟"就是"化"字作用的最好体现。

◆ 第五能力层次:"习得思路终成家。"利用文献能力的最高层次是能清晰地发现他人文献背后的研究思路与写作思路,因为在大量文献的阅读中往往使我们自觉不自觉地意识到:同样一个研究问题,不同的人往往有不同的研究思路,不同的人往往又有不同的写作思路,如果能对此有着清醒的认识,对他人的思路加以归

---

① 迟殿元. 几种引用文献不合理的现象[J]. 齐齐哈尔医学院学报,2007,(13).

纳总结,就可以明白每一类研究思路与写作思路的优点与不足,并在借鉴他人好的研究思路与写作思路基础上,结合自身的学科背景、研究能力、写作能力和所研究问题的需要,对他人的研究思路与写作思路进行创新,最终形成适合于自己的且具有很强操作性的研究思路与写作思路。此时,研究者自身已完全掌握研究与写作的原理和要求,并达到了消化吸收的程度,研究能力真正得到了提升,就有可能成为利用文献能力的"集大成者"。

二、利用文献的道德要求

既然在利用文献的问题上存在着五种能力层次,存在着"抄人"与"集大成者"的差别,那么,怎样才能最充分地利用已有的相关文献,从而不断提升自己的利用文献的能力层次并最终成为"集大成者"呢? 解决这一问题的路径表现在三个方面:一是充分理解利用文献能力的"集大成者"层次的内涵;二是在阅读他人文献时,不妨通过模仿来感悟其背后的研究与写作道理;三是利用文献时一定要遵守相应的文献使用的学术规范。

第一,充分理解利用文献能力的"集大成者"的内涵。所谓利用文献能力的"集大成者",指的是研究者利用文献的目的不仅仅在于获取他人已有的研究成果,而在于发现隐藏在材料背后的人们对某一复杂问题的认识与理解、分析与综合,从而能够在综合前人的成果上博采百家之长而形成自己的独到的研究思路并概括出全面深刻的独到的结论,这样的人便被称为"集大成者"。显然,"集大成者"式的文献利用能力中,"集成"毫无疑问是其中一个浓缩的关键词,它是一种普遍存在的自然和社会现象,经过有目的、有意识地比较、选择和优化,使得两个或两个以上的集成要素及其优势能够充分发挥效用,从而使集成体的整体功能实现效能倍增。当然,综合集成绝非简单的罗列堆砌,更不是僵化的生搬硬套,而是融合与创新。古人云:"君子生(性)非异也,善假于物也。"按照今日的理念加以诠释,可谓古今中外在研究中成大器者,无不是善于借鉴和运用外界条件物尽所用的。所以兵家有云:"善集大成者,赢。"

第二,切实通过模仿来感悟其背后的研究与写作道理。在利用教育文献的过程中,要想提升利用文献的能力层次,从单纯的"抄人"转变成为"集大成者",可以先从模仿前人的研究与写作思路开始,具体地说:

◆ 分析并模仿问题或课题研究整体设计的思路。即模仿别人在开展问题或课题研究时思考问题的条理和线索,用以拓宽自己的思维空间。每一项课题都有其研究思路,不妨在今后的研究中选择与你的研究问题或课题内容相关的、做得比较好的研究设计进行认真分析,努力发现并仔细揣摩他人的研究设计思路,然后借用这一研究设计思路来进行自己的问题或课题研究。

◆ 分析并模仿研究问题的选择与取舍的思路。即模仿他人在开展问题或课题研究时发现问题、取舍研究材料的方式和方法,用以训练自己的选择问题及确定问题的能力。初涉教育研究的人总是在嚷嚷"为什么我总找不到有价值的、特别是有创新价值的研究课题","为什么我总找不到好的相关的材料",其实,可研究的教育问题或课题在学校生活的实践中比比皆是,可利用的研究材料也到处都是,只是不善于辨识与查寻而已。只要你愿意模仿与实践,这种发现研究问题与取舍材料的能力是完全可以习得的。

◆ 分析并模仿问题或课题研究中研究方法的确定与运用的思路。即模仿他人在开展问题或课题研究时所采用研究方法背后的心路历程,体悟研究方法运用过程中的注意事项,找到所选择的研究方法与研究课题之间的内在相关性,并将这一思考带到自己的课题研究当中,从而在今后的课题研究中能够使用最为恰当的研究方法。

◆ 分析并模仿问题或课题研究中测量工具的选择与运用的思路。比如,在做某一方面教育问题的调查研究时,常常会用到相应的调查工具,如问卷及访谈等,但怎样来设计问卷、如何来确定访谈提纲、如何来实施问卷及访谈调查等等,这一系列的问题通常通过对他人的调查研究工具的反复琢磨,你会发现调查工具选择、设计及使用的关节点:诸如,合理设计问题,设计的问题过程应当有一定的难度;注意提问的方式,力求简洁易懂,便于被调查者准确回答;对于不同层面的调查对象,应当分别设计调查问卷;对于同一问题,为了反映被调查者的真实想法,可以通过反复提问,即通过不同的提问方法,多角度地了解其想法,还可以通过两道或多道相关的问题进行相关交叉分析,来判断被调查者的回答是否合理等等。

第三,遵守相应的文献使用的学术规范。在利用文献的过程中,要想成为真正意义上的"集大成者",尚需牢记学术诚实的基本原则:"当你说你自己做了什么工作时,你就是确实做了。当你信赖了别人的著作时,你要引注。当你用了别人的话时,你要公开而准确地加以引注。当你公布研究资料时,你要公正而真实地发表。引文、数据、实验报告、别人的观点,绝不可被篡改或被歪曲。"①在研究实践中遵循这一原则的基础上,还需掌握使用他人文献的基本方法及其中的规范要求:

◆ 学会引注别人著作的方法以避免剽窃的产生。"如果是别人说过的话,必须清楚地注明是引用的,不管是用引号,还是用黑体加行首缩进的排列方式来显示。仅仅提一下作者的名字是远远不够的。如果是直接引用,必须用引号,而且必须是完整地引用。如果是对别人的语句的概括,就必须用你自己的话,不能和所引用的著作原文过于相像,而且要有适当的注释。"②

◆ 学会使用省略号的方法以缩短引文。当我们不需要将他人大段引文全部

---

① 〔美〕Charles Lipson. 诚实做学问——从大一到教授〔M〕. 上海:华东师范大学出版社,2006. 32.

② 〔美〕Charles Lipson. 诚实做学问——从大一到教授〔M〕. 上海:华东师范大学出版社,2006. 32.

完整引用下来的时候,可以在不改变他人意思的基础上,把你想要删掉的部分用省略号进行缩短。"尽管引文必须精确,但你还是可以将它们缩短,前提是你必须遵循两条规则。第一,你的截取并不改变引文意思。第二,你必须向读者清楚地说明你在什么地方省掉了那些语句。"①

◆ 学会通过在引文中插入括号并在括号里加字句的方法以便使引文更加清晰。"偶尔,你需要加一两句话,使引文的意思对读者来说显得更加清楚。原句或许用了一个代名词来代替某人的名字。为清楚起见,你也许希望你的引文也包括这个人的名字。但是,你又不能改变引文的意思,因此你必须为读者标明你只是对原文作了一点轻微改动。这时候,你就得用括号来准确地标明哪些字是你加进去的。"②

◆ 学会用自己的话来转述他人观点的方法以保持写作的流畅。每个人都有其特有的运用语言文字的习惯,为了使自己的行文风格流畅并保持一致,"如果你转述别人的话,要用你自己的特有的语言并且注明原文的出处。要确保你的语言不是对别人的原话的模仿。如果一再改写,仍然脱不了模仿的嫌疑,就干脆直接引用。"③

◆ 学会通过言简意赅地综合概括他人观点的方法以保持写作的精炼。在引用他人文献时,尽管有可能你打算引用的那篇文献整篇都很好,这时你需要做的就是进行概括总结工作了。"研究者一方面要试图尽可能浓缩主要的相关信息,另一方面又要注意包括所需要的所有信息。"④

◆ 学会遵守规范标注和著录参考文献相应的法律规定以维护利用文献的道德规范。在研究中,规范标注和著录参考文献体现的是科学研究的继承性,表明了研究者及作者科学研究的依据、起点和深度,也反映出研究者及作者严谨治学的科学态度和对他人劳动成果的尊重,也表明了论文作者应尽的一项法律义务。《中华人民共和国著作权法》第二十二条第二款规定:"为介绍、评论某一作品或者说明某一问题,在作品中适当引用他人已经发表的作品,可以不经著作权人许可,不向其支付报酬,但应当指明作者的姓名、作品名称,并且不得侵犯著作权人依照著作权法享有的其他权利。"

① [美]Charles Lipson. 诚实做学问——从大一到教授[M]. 上海:华东师范大学出版社,2006.34.
② [美]Charles Lipson. 诚实做学问——从大一到教授[M]. 上海:华东师范大学出版社,2006.36.
③ [美]Charles Lipson. 诚实做学问——从大一到教授[M]. 上海:华东师范大学出版社,2006.47.
④ [美]威廉·维尔斯曼. 教育研究方法导论[M]. 北京:教育科学出版社,1997.94.

第三章
教育研究创新点的形成

当确定了教育研究的选题并围绕选题进行了文献的收集与整理工作,接下来要做的就是通过仔仔细细的文献综述工作以及深入细致的思考工作来发现或形成教育研究的创新点。因此,就其根本目的而言,教育研究本身是一种创新的过程,是一种探索未知的过程。创新是任何一种研究(包括教育研究在内)的内在的要求,找到研究的创新点是研究价值的根本体现。那么,究竟什么是创新点? 怎样在教育研究中找到研究的创新点? 有哪些行之有效且极具可操作性的形成创新点的方法? 这些不仅是教育研究的关键问题,也是研究价值能否得到充分体现的问题,同时也是本章竭力予以回答的问题。

所谓创新点,指的是他人研究所未能揭示出的空白点,概括出自己的研究工作做出了什么原本人们还不清楚或有误解的结果。一项研究或一篇论文不可能整个研究或通篇皆新,一项研究或一篇论文有一处或几处新意就不错了。关于研究及学术论文上的创新或贡献问题,著名文学史家王瑶,把通过研究而写成的学术文章分为以下几种境界:"一曰有口皆碑,成为定论;二曰自圆其说,言之成理;三曰虽有偏颇,不乏创造;最不好的是人云亦云,空话连篇。"①只要在教育研究中"不乏创见",哪怕只有一点,哪怕"有偏颇",也还是好研究、好文章,至于通篇"无一字无来历",写的都是别人说过的话,是众所周知的陈词滥调,就无任何价值可言了。毋庸置疑的是,任何一项教育研究或一篇教育论文都毫无例外地应有创新点。在英文中,与创新点对应的单词以 contribution 为宜,即贡献的意思。从 contribution 这个词表达的意思就比较容易理解,即对"创新知识"作出贡献之处,对人类知识宝库添砖加瓦的贡献之处,对解决所研究问题能够提出的思想、观点与方法上的贡献之处。贡献没有大小之分,只要是自己研究出来的即可。

显然,在教育研究中发现或形成创新点不是一件容易的事,对此,王国维在其《人间词话》中明确而形象地指出:"古今之成大事业、大学问者,必经过三种之境

---

① 严家炎. 一位受人尊敬的学者[N]. 光明日报,1990 - 2 - 15.

教育研究方法

界:第一种境界是'昨夜西风凋碧树,独上西楼,望尽天涯路'(出自宋朝晏殊的《鹊踏枝》),第二种境界是'为伊消得人憔悴,衣带渐宽终不悔'(出自宋朝柳咏的《蝶恋花》),第三种境界是'众里寻他千百度,蓦然回首,那人却在灯火阑珊处'(出自南宋辛弃疾的《青玉案》)。"第一种境界是说:做学问成大事业者首先应该登高望远,鸟瞰路径,了解概貌,"望尽天涯路";第二种境界是说:做学问成大事业不是轻而易举的,必须经过一番辛勤劳动的过程,"为伊消得人憔悴",就是说要像渴望恋人那样,废寝忘食,孜孜不倦,人瘦带宽也不后悔。第三种境界是说:经过反复追寻、研究,到底取得了成功。做学问也用得上陶渊明的一句诗"山穷水尽疑无路,柳暗花明又一村",只要功夫精神用到,自然会豁然开朗,有所发现,有所发明的。这段话生动地描述了学术研究的新发现往往是在"蓦然回首"一瞬间,然而,这种新发现或创新点的获得是经历过艰苦探索、学习和思考的一种"人憔悴"的境界。在实际的教育研究中,要想有所新发现,要想形成创新点,需要努力实践王国维的三重境界并将其当作自己的研究追求,同时还需要实践一些行之有效然而又简便易行的方法,诸如,"摇头读书法"、变换思维角度法、大胆怀疑法以及追根溯源法等等。

创新点形成的"摇头读书法"来自于图书文字编排的横排与竖排的变化历程中,其中给我们的启示在于:在研究及阅读文献中,要抛弃总是不断"点头"的习惯而要努力养成不断"摇头"的习惯。"摇头读书"就其本质而言是一种对话性阅读,它暗含的基本要求是:不仅要读出研究者或作者的观点,发现其中的价值所在,而且要读出其中存在的缺点、错误与不足,甚至要读出与其相反的思想与观点,最为重要的是要读出自己的思想与观点来,惟其如此,才是真正意义上的读完一本书,才能形成自己的观点或创新点。

创新点形成的变换思维角度法来自于对两道趣味数学题解法背后的思考,其中所内含的启示是:为什么我们常常"不识庐山真面目",那是"只缘身在此山中"。因此,当我们面对一个熟视无睹、习以为常的教育现象与问题时,不妨变换一下思维角度,不妨从多重的视角来看待这一问题,正像在解决那两道趣味数学题时所做的思维转变,也许在不经意间就会找到自己研究的创新点。

创新点形成的大胆怀疑法来自于"姆潘巴效应"故事中所受到的震动,其中所蕴藏的启示是:怀疑是一种由来已久、且被众多事例证明了的行之有效的创新方法。真理要经受时间的反复检验,不存在终极的真理,科学是在不断纠正错误中一步步前进的。今天公认的常识,明天也许会因为发现新的证据产生新的理论而被证明为谬误。当然,怀疑不是乱疑,它有两条最最基本的依据:一是事实与经验,二是逻辑。自然科学及人文社会科学发展中通过大胆怀疑而获得创新的案例比比皆是,教育研究中通过怀疑而获得创新的案例也不胜枚举。

创新点形成的追根溯源法来自于"教学第三种相长"诞生的前前后后的回顾,其中所揭示的是:当研究领域确定以后,面对这个领域中诸多熟悉的话题而无法找到研究的创新点时,当苦苦思索该领域的某一个关键概念而百思不得其解时,不妨对这个话题所隐含的一些关键词来一番追根溯源,也许这么做了,创新点就会在不经意间出现,创新思维的闸门也会随之打开。追根溯源法是创新点得以发现、形成的重要手段,也是拓展已有观点从而形成创新点的重要手段,还是帮助研究者克服当下认知定势局限性的有效手段。

总体而言,有创见、有新意或有贡献是教育研究及教育论文的价值追求和灵魂所在,也是衡量一项研究或一篇科研论文水平高低的主要标志。让我们在不断形成自己创新点的过程中来实现研究的价值,体会研究的乐趣,实现在研究中的自我成长。

第一节　图书文字竖排与横排的影响
——创新点形成的"摇头读书法"

教育研究的过程离不开文献的阅读,当确定了研究课题的主题时,阅读已有的相关文献非常必要,也十分重要,它是形成研究创新点的一个不可忽略的、行之有效的途径,而且阅读行为贯穿研究的始终。实际的情况是,当我们为着研究或论文的写作而阅读一本著作或论文时,常常会表现出两种不同的阅读方法,它们各有其外显行为与内隐行为。一种是单纯地"点头读书法",其外部表现是不断地点头,其内隐行为则是对他人观点的接受与认同,此法追求的是找到那些能够为我所用的观点与材料;另一种是"摇头读书法",其外部表现是不断地摇头,其内隐行为则是对他人观点的批判与反思,此法追求的则是把他人的观点与材料作为一面镜子,从而能够从中发现自我,提出创新的观点。毫无疑问的是,在开展教育研究的过程中,我们既需要点头读书,吸取他人研究成果的精华,也需要摇头读书,找到他人研究成果中的盲点与不足点,这样才有可能找到研究的起点并形成研究的创新点。

一、"摇头读书法"的提出及其内涵

在教育文献阅读的过程中,尤其在提出新问题或形成创新点的阅读过程中,起决定作用的是"摇头读书法"而非"点头读书法"。然而,令人遗憾的是,深受传统文化熏陶的中国人习惯于"点头读书"而懒于"摇头读书",因而创新的潜能往往受到压抑,创新的观点也就难以形成。那么,中国人为什么会养成"点头读书"的习惯呢? 有人认为这与中国的书籍排版有关,从竹简开始,中国的书都是竖排的,且历史悠久,那究竟是从什么时候开始我国的书中文字由竖排改成了横排? 究竟是出自何种原因将书中文字由竖排改成了横排? 这种文字排版形式上的变化究竟对人们的阅读习惯乃至阅读心理带来了何种影响? 有人曾作出这样的考证:

1917年5月，文字改革的急先锋钱玄同提出将汉字改竖写为横排，因为写上一句西文和汉语夹杂的文字，要颠三倒四地"将本子直过来，横过去，有四次之多"。他非常激进地说："我固绝对主张汉文须改用左行横迤，如西文写法也。"

值得注意的是，他的立论根据主要是"科学"：他认为从现代医学的视角来说，人的眼睛是左右并列的，不是上下垂直的。如果左顾右盼，就十分"省力"；如果上下仰俯，就非常"费力"。钱得到陈独秀的赞成："仆于汉文改用左行横迤及高等书籍中人名地名直用原文不取译音之说，极以为然。"陈独秀的出发点和钱一样，在于当时"多数国民不皆能受中等教育"，希望以此推进教育改革。

以"文明"、"科学"为名讨伐各种传统文化习俗，乃是近代常见现象之一，事实上不少主张横排的论者都以"科学"、"省时"为名。但造纸和印刷研究专家钱存训的《书于竹帛》中却提出相反看法："我们没有理由说文字的直行排列是落伍，或会减低了阅读的效能，而事实却正好相反。根据芝加哥大学教育学系教授 William·S·Grey 为联合国教科文组织所作的研究报告说，他曾对世界通行的各种文字阅读速度加以比较，结果证明'直行阅读实较横行阅读为快'。"①

在这里，我们无意讨论图书的竖排与横排哪一种方式更符合人的阅读习惯，或者哪一种方式阅读的效率更高。这是另一个研究范畴的问题。但是，图书的不同排版方式会使人形成不同的阅读习惯，而不同的阅读习惯久而久之又会潜移默化地影响着人们的阅读心理。由于长期以来，中国的书籍是竖排的，读书时自然而然会从上看到下，不停地进行着上下的转换，头也随之上下点个不停，读书的时候总是一边看书，一边点头，读书的过程就是一个不断点头的过程，又似乎是在不断地说"是，是，是"、"对，对，对"或"好，好，好"的过程；而西方的文字是横排的，读书时从左读到右，或从右读到左，一边读书，一边摇头，读书的过程就是一个不断摇头的过程，又似乎是在不停地说"NO，NO，NO"的过程。所以，中国人在阅读中有更多的接受习惯，在不断点头中只能对他人的观点仰之弥高，难以形成表达自己观点的欲望；而西方人在阅读中有更多的批判反思的习惯，很多创新的观点也就是在不断摇头读书的过程中形成的。尽管中国现代书籍基本上都改成横行排版了，但是，被传统文化打下深刻印记的阅读习惯、阅读心理乃至阅读思维并未发生根本性的改变。

由此看来，在研究中阅读他人文献之时"摇头读书法"的使用就显得非常必要了。"摇头读书"的意义就在于读者能够携作者之手，与作者偕行，通过摇头读书的方式而与作者相对话。在作者的思想里面与他辩驳、讨论，从而形成自我的想法与

①　维舟试望故国. 文字改革的政治学［EB/OL］. http://www.tianya.cn/New/PublicForum/Content. asp? id Article＝94775&strItem＝books. 2008 - 10 - 12.

观点。那么，究竟什么是"摇头读书法"？它与"点头读书法"究竟有何本质区别？它与创新点形成究竟有着怎样的关系？

所谓"摇头读书法"指的是在阅读文本的过程中，读者在对文本中所蕴含的信息进行认知、感受、想象、理解、记忆与接受时，不是想办法单纯地接受或记住文本中的内容，而是立足于批判、对话甚至创造，来对文本内容进行分析、质疑、辨别、推敲、筛选、评价的一种阅读姿态、方式或倾向。其本质是读者利用自己的生活与教育经历、文化素养、人生体验及阅读经验等与文本展开全方位的对话，是通过对文本的消化、吸收、分析、内化、推理、评判、甄别、选择，最终创造或建构意义的过程，这一过程也就是形成自己独到的观点与想法或创新点的过程。就其本质而言，摇头读书法是一种对阅读意义重新建构的过程，而点头读书法则是一种理解并接受他人观点的过程。它们有着不同的阅读指导思想，必然也带来不同的阅读效果，对开展的研究所起到的作用显然也有着很大的差别。

二、"摇头读书法"的本质表现

在研究中采取"摇头读书"的方式为什么容易形成创新点？这需要从"摇头读书"的本质进行解读。由于"摇头读书"的本质是一种阅读意义重新建构的过程，因此，在阅读目标的追求上有着明显的表现，具体有三种形式。

◆ 摇头读书追求的是一种批判。批判是对思想、言论、行为等作系统的分析，加以肯定或否定，判断或选择的过程，在这一过程中，必然带有大量的自我建构的成分。批判是从读者与文本接触时思维是如何进行这个角度来论说的，批判性阅读是从阅读的思维品质角度揭示阅读的性质，是对阅读批判性质的强调。摇头读书就是读者在理解文本的基础上根据一定的原则和标准对读物的真实性、有效性及其价值进行判断并做出评价的一种阅读活动。古人早就有言："尽信书，则不如无书。"说的是读书的时候要有分析，不要全盘接受书中的观点。因此，摇头读书的过程实际上是一种发现已有观点不足的过程，也是发现自我的过程，创新点正是不断批判中逐步形成的。

◆ 摇头读书追求的是一种对话。对话是与文本、文本的作者等作双向的思考，从而既站在对方的角度，又站在自己的角度来对文本中的观点、材料进行分析、判断或选择的过程。对话是从读者与文本作为主体交际关系角度讨论的，对话性阅读是从阅读的现实形态即阅读是读者与文本的交际行为这一角度而言的。对话的过程实际上是一种思想与思想碰撞的过程，是一种观点与观点交流的过程，思想的碰撞与观点的交流得到的不是一个简单的"1＋1＝2"的效果，而是一种链式反应，它可以带来新的思想、新的观点，甚至创新的观点会呈几何级数地增长。正是在多元的对话中、不断的对话的摇头读书中，研究的创新点才得以逐步形成或逐步清晰的。当然，对话需要遵循一定的规则，如尊重文本与作者，顾及文本语境，行文逻辑等等。当与文本的对话发生时,文本便不再是僵死的符号,而是一个活生生的"你"。

◆ 摇头读书追求的是一种创新或创造。创新或创造是在文本的阅读中发现了他人所未及的观点与看法,它是从读者与文本互相作用构建意义角度阐述的,创造性阅读就是一个构建新意义的阅读过程,它不以对于文本所传达出的表层或浅层意蕴作简单的认知和掌握为满足,而是渴望获得新的审美感受和生存启示,进而使自己的精神境界和思想飞升到前所未有的高度,因而正是在这种创新性或创造性阅读中,才能够形成自己独到的研究的创新点。

正是因为"摇头读书法"本身所具有的批判、对话与创新或创造的本质追求,所以,为了突显这些本性,需要在阅读他人文献时,采取三种阅读形态:"批判性阅读"、"对话性阅读"以及"创新性或创造性阅读",每一种阅读都内含着创新的可能。其实,创新、创造与批判、对话是一体的,是同一件事情,批判与对话即是创新、创造,创新、创造即是批判和对话;不是先有一个创新、创造然后再来一个批判或对话,而是在批判、对话的同时创新或创造。摇头读书的目的不是去接受现成的定论,而是为阅读建构意义,为所阅读的文本建构新意义,甚至建构出自己的意义,而建构意义的过程正是创新点形成的过程。

三、"摇头读书法"的基本步骤

为了更好地或更加理想地实现"摇头读书法"的意义,需要对"摇头读书法"的基本步骤予以分解,而在此之前首先需要明白的是:什么是真正意义上的读完了一本书? 判断是否读完一本书的依据是什么? 今天你把一本书或一篇文章从头到尾、一字不漏地读了一遍,能不能叫读完了? 答案是肯定的:不能叫读完。或者,今天你把一本书或一篇文章从头到尾、一字不漏地读了一遍,现在可以做到从第一个字完完整整、一字不漏地背到最后一个字,能不能叫读完了一本书? 答案也是肯定的:不能叫读完。那么,究竟怎样才叫读完了呢?

"阅读一本书,要提出四个基本问题:整本书到底在谈些什么? 作者到底说了些什么,怎么说的? 这本书说得有道理吗? 是全部有道理,还是部分有道理? 这本书跟你有什么关系?"[①]即要读懂作者,读出作者的观点,读出作者的研究思路与写作思路;要读出作者的缺点与不足;还要读出自己的观点,甚至与作者相反的观点来。因此,读完一本书或一篇文章的判断标准是:用两只眼睛来读书,一只眼睛读着书的表面,一只眼睛读到书的背后。读着书的表面意味着当你进入书本或文章所构筑的世界里,要理解它的基本内容,要能够发现作者的观点与想法;读到书的

---

① 莫提默·J·艾德勒. 如何阅读一本书[EB/OL]. http://www.21read.com/Article/Class14/Class16/200603/12948.html. 2008-10-13.

背后意味着你要进行深入的思考,对书中所研究的问题作出自己的评判,对整个阅读过程采取一种积极主动、探索和评估的态度。应当明白的是,只读出作者的观点是不够的,还应读出作者的缺点与不足、甚至错漏之处,还应读出与作者相左的观点,最最重要的是一定要读出"我"来,即读出自己的观点来。其实,对任何一本著作或一篇文章中任何思想、言论与观点都不能简单地采取全盘接受的态度。一个思想、言论与观点的正确与否,只有经过阅读者反复分析、辨别、筛选、推敲,才能得出。如果是在没有经过"批判"之前,就已经确定此或彼的思想、言论与观点是不利于自己思维的发展,当然也难以形成对某个问题的自己独到的观点或创新点。

总体看来,"摇头读书法"要求读者做到的是,既要读进去,又要读出来。既要把书从厚读到薄,又要把书从薄读到厚。把书从厚读到薄意味着你要抓住作者的核心观点,能够做到去粗取精,去伪存真;把书从薄读到厚意味着你要能够形成自己的观点,能够做到由此及彼,由表及里。这就是"摇头读书法"所追求的最高境界——读出自我。为了达成这一阅读境界,需要理解并遵循其基本的读书步骤,一般包含理解文本、评价文本和做出反应三个环节:

◆ 理解文本主要是要明白作者提供了哪些观点与材料,从而了解一本书或一篇文章的内容是什么。理解是研究者形成关于自身知识和研究智慧的基础,是创新点得以形成的关键要素。只有在理解的前提下,研究者才能走进他人的研究世界,走向意义的不断生成。它意味着你在仔细地通读全文后应试着回答以下的问题:作者要试图证明什么? 作者以什么样的证据来证明自己的观点? 作者采用怎样的思维与方法来证明自己的观点?

◆ 评价文本是对作者的观点和材料进行价值判断,分析观点是否正确,观点与材料是否相符、是否有内在联系等,从而判断文本怎么样。它意味着你在对作者的观点了解清楚之后,必须思考作者所提出的每一个观点是否合理,是否有逻辑,是否如实地反映了客观事物的真实情况,还是仅仅是作者个人的主观看法。

◆ 做出反应是指在评价文本的基础上通过文字或口头表达来发表自己的观点和态度:是接受还是反对,是全部接受还是部分接受,并说明其背后的理由。它意味着你在决定是否接受这个观点之前,应当先问自己:如果我接受这个观点,接下来会发生什么? 如果发现作者观点缺乏逻辑性,那么,就试着找出是什么导致了这个不合逻辑,最可能的原因是作者阐述的观点是基于自己的假设和主观臆断。如果不能接受作者的观点和主观臆断,那么就不能接受作者由此总结的观点。这样就有了形成自己观点的可能条件,接下来只要再做进一步的思考,就有可能形成创新性的观点。

四、"摇头读书法"的基础性要领

在上述三个环节中,其实蕴含着"摇头读书法"的诸多要素,通过分析,我们不难梳理出以下内容,它们构成了"摇头读书法"的基础性要领。

◆ 倾听。它指的是读者在阅读他人文本时,需要集中精神,摈弃杂念,怀着尊重的态度和兼收并蓄的愿望,去努力"听"或读懂作者,并采取四种方式来理解文本。一是澄清,它意味着你要检查你所看到的文本信息的准确性,同时弄清楚那些含糊、混淆的信息;二是释义,它意味着对文本中的作者所表达的信息内容进行再解释;三是反映,它意味着不仅要理解文本信息内容本身,而且要理解文本信息背后所蕴含的作者的情感、态度与价值观;四是归纳总结,它意味着把作者信息的多个元素连接在一起,找出其中的核心主旨,剔除多余的陈述。在对文本理解的过程中,读者不断玩味,不断体悟,不断生成新的意义。

◆ 分析。它指的是指出文本的逻辑线索,将文本的整体部分化、复杂的论题简单化、错综的结构单纯化。通过分析,以了解作者的主要观点、写作意图和阐述的方法。分析的过程中离不开推理,这是因为在文本中常常会出现这样的情况:"作者有时为了达到说服读者接受自己观点的目的而有意隐瞒一些真实情况;或者因为专业知识范围的限制,论述的问题势必存在一定的局限;或者因为作者形成了含蓄表达的风格,喜欢用委婉的语言表达自己的观点。所有这些都需要读者通过推测来获悉事情的本来面貌和作者的专业权威性以及作者的真实意图,从而确定该如何看待文本的文字表述。"[①]我们掌握的根据越多,推理得越仔细,推测出的结论也就越有效。

◆ 评价。它指的是读者对文本中的观点与材料进行评判,对文本信息的价值做出判断。"评价不仅依赖于对文字的理解和解释,也与读者对阅读材料的真实性、有效性、准确性的鉴别密切相关。读者在评价文本时,既要对文本表述的准确性、内容的真实性、结构的合理性等进行评估,还要对作者的专业知识水平、思想观念、价值观念、感情倾向、审美情趣等等做出肯定或否定的决断。"[②]需要指出的是,读者要对文本做出客观公正的评价,必须按照一定的标准进行,而不应受自己的情感喜好所左右,不应轻率下结论。

◆ 表达。它指的是将思维所得的成果用语言反映出来的一种行为,它是以交际、传播为目的,以物、事、情、理为内容,以语言为工具,以听者、读者为接收对象,它是观察、记忆、思维、创造和阅读的综合运用,它几乎包括了一切高级行为、一切艺术、一切表露出来的情绪。表达在研究中的意义非同一般,它可以直接检验你接受与思考的质量,同时也在反馈接受与思考的状况。表达是在倾听、分析、评价之后的一种顺理成章的行为,此时,你的独到的观点与想法呼之欲出。

总之,"摇头读书法"并不是图书文字横排的必然结果,而是研究性、批判性阅

---

① 何强生,刘晓莉.批判性阅读及其策略[J].当代教育科学.2003,(19).

② 何强生,刘晓莉.批判性阅读及其策略[J].当代教育科学.2003,(19).

读的内在属性使然,它构成了研究中不可或缺的研究者之本性。惟其如此,才有可能在研究中找到与众不同之处,才有可能形成创新点。牛顿曾说:"我之所以取得这样的成就,是因为我站在巨人的肩膀上。"在这句话中,他所表达的不仅仅是谦虚的姿态,更重要的是他告诉人们,只有超越"巨人",才能有所突破,只有比"巨人"高,才能有所发展。而要想超越"巨人",比"巨人"高,你需要去阅读"巨人",并且要摇头来读而不能单纯点头去读。试想,如果人人都心甘情愿地躺在巨人的怀抱里,哪里还谈得上什么创新与发展呢?如果没有摇头的精神追求,哪来创新性的观点形成呢?

第二节　趣味数字游戏题解法的背后
——创新点形成的变换思维角度法

曾经看到这样两道有趣的数学题,读罢,在感到饶有趣味的同时,思维受到了很大的触动,也引起了深刻的反思,并受其启发,对一直困惑着每一位打算开展教育研究的人的一个问题——怎样在今后的教育研究中提出新问题、找到或形成创新点,有了崭新的思考。

其中一道题是这样的:

"在 2,4,6,7,10 这五个数字当中,你觉得哪个数与众不同?"人们的第一反应基本上都是 7,当再问道:就是 7 吗? 于是人们又会回答出 10 来。

其实在这五个数字中,每一个数都是最最与众不同的,因为 7 是唯一的单数,其他的数都是双数;10 是唯一的两位数,其他的数都是一位数;2 是其中最小的一个数字,4 的与众不同在于它恰好比前面的数多 2,又比后面的数少 2;6 恰好是处在这五个数字中间的数,而且 6 倒过来是 9,其他倒过来不是数……

当我们面对同一个问题,只要愿意去变换思维角度,就会有新的答案、新的收获,创新的观点就会汩汩而出。

另一道题是这样的:

曾给许多朋友测试过这几道题,无一不说不可能得出这样的答案。你也不妨来试试。请看题:

1+1=1　2+1=1　3+4=1　4+9=1　5+7=1　6+18=1

怎么会这样呢? 其实,一语就可道破。我们只要给这些数字加上适当的单位名称,其结果就可以成立,完全正确。

教育研究方法

1(里)＋1(里)＝1(公里)

2(月)＋1(月)＝1(季度)

3(天)＋4(天)＝1(周)

4(点)＋9(点)＝1(点)13点即下午1点

5(月)＋7(月)＝1(年)

6(小时)＋18(小时)＝1(天)

简单的数字游戏告诉我们:面对生活里那些看似不可思议的东西只要调整一下思维方式,换一个思考角度,跳出习惯的思想圈圈,就会得到异乎寻常的答案,使不可能变为有可能。①

是啊,在开展教育研究的过程中,很多时候能否找到新问题或创新点仅在一念之间,甚至更多的时候,能否找到新问题或创新点只需你稍微转变一下思维,换一个思考的角度,就会获得"柳暗花明又一村"的效果。对此,苏东坡的诗——《题西林壁》给我们做了很好的诠释,诗中写道:"横看成岭侧成峰,远近高低各不同,不识庐山真面目,只缘身在此山中。"为什么会横看成岭侧成峰,山不还是那座山吗? 岭不还是那座岭吗? 那是因为角度的变换;为什么不识庐山真面目? 那是因为总是待在山中来看山,总是待在一个角度来看山。什么时候,当我们变换角度来看山,跳到山外来看山的时候,就会有新的发现,就会有新的收获。因此,在教育研究中,学会经常性地变换思维角度来思考研究对象,就有可能获得三方面的好处:一是有可能超越心理上的障碍,摆脱"常规"、"传统"和"习惯"的束缚;二是有可能表现为发散和多样;三是有可能不断地取得创新:发现新问题、提出解决问题的新办法、甚至创造出新事物。这样的案例在教育研究中是不胜枚举的,比如,"对教学这一学校中最经常进行的认识活动的研究,最初是从教师教的角度去认识它的特点与规律,后来又逐渐发现了活动的另一面——学生的学,于是,提出了一套完全不同于从教师教的角度看问题所能得出的结论。随着研究的深入,进而认识到只从教的角度或只从学的角度认识教学,都不可能得出全面的认识,全面的认识也不等于把这两方面的结论相加,而是应该从教与学的各种不同性质的相互作用中来认识教学的规律。这样一个视角的转换,就使我们有可能结合各门学科,引出一批研究课题……"②

一、变换思维角度法的内涵与价值

那么,究竟什么是变换思维角度? 它与研究中创新点的形成究竟有着怎样的

---

① 安展翔. 不要轻易说不可能[N].羊城晚报,2003－6－13.

② 叶澜.教育研究及其方法[M].北京:中国科学技术出版社,1990.44.

关系？

　　在研究中,变换思维角度指的是从不同的角度去思考同一个研究对象,并将思维焦点指向研究对象的不同要素或要素关系的转换上。它通常有三种转换类型:"一类是在同一层次上转动,从思考问题的一个方面转向另一方面。……另一类角度的转换是在两个不同的层次上进行的。其中有的是从较抽象转化到较具体,也有的是从较具体层次的研究置身较抽象的层次。……第三种转换角度的类型是把研究的重点放到事物与事物之间,同一事物不同发展阶段之间的结合部。这往往是人们容易忽视,也是可开发出新课题的地方。"①更为具体地说,旨在发现新问题或形成创新点的变换思维角度有三个层面的含义:②

　　第一个层面的含义是指变换思维的焦点,即在研究过程中,去思考研究对象的各种表现、特征、各构成要素及相互关系和该对象与其他事物的多种多样的联系上,或是思考时从研究对象的这一点上转向对象的那一点上。依据系统论的观点,思维对象是一个复杂的内外结构相通的多因素系统。认识这一点,对我们在思考具体问题时,及时灵活地把思维点从这一点上转向另一点极其重要,否则,不对思维对象进行如此的分析,不了解思维对象的各个方面,就难以展开真正意义上的变换思维点。

　　第二个层面的含义是指从不同的视角去思考事物。这里的所谓"视角",它指的是研究者思考问题的出发点、立场、需求、目的、观念、知识、经验、前提等个体所具有的思维背景。人们在思考问题或者看待事物时,无一不是在一定的背景下去思维的,而且背景不同,思考同一问题的结果往往也不同。以同一块石头下落现象来为例,思维视角的不同,或思维背景的不同,得出的解释或结论也很不一样,比如,亚里士多德看到的是"石块趋于它的自然位置";伽利略看到的是"石块与大体一样作圆形运动";牛顿看到的是"石块在引力作用下直线下落";而爱因斯坦看到的则是"石块在力场中沿黎曼空间走最短路程"。客观事物之所以会在不同的思维中有不同的反应,主要是因为客观事物本身具有多种属性和存在着大脑对外界信息的加工过程的缘故。在变换不同的角度思考问题时,存在着许多变换形式,了解这些变换,有助于我们在思考问题时有意识地去变换思路:

　　◆ 新旧变换——指碰到老问题时,要试着用新眼光去思考,遇到新问题要用熟悉的眼光去看待。

　　◆ 远近变换——解决这一领域内的问题,要试着用其他领域里的原理、方法及观念去思考,反之亦然。

　　① 叶澜. 教育研究及其方法[M]. 北京:中国科学技术出版社,1990. 45.

　　② 参见张建军. 论变角度思维[EB/OL]. http://www. hfczxh. cn/html/2005-09/37. htm. 2008-8-2.

- 直曲变换——直线上的问题转换到曲线上去解决,反之亦一样;或者是直接难以解决的问题采取迂回的办法去解决。
- 面体变换——发生在二维空间里的问题,可以转换到三维空间里去思考、去解决,反之亦然。
- 静动变换——指用动态的眼光看待静态的事物,或在动态的事物中找到其相对静态的点上去考虑。
- 分合变换——指在部分与整体、分散与综合的转换中去思考、去发现。
- 纵横变换——对某一问题的纵向的深入思考或时序思考转换到与其他事物的平行关系上去思考,反之亦然。

第三个层面的含义是指要能在思考问题的过程中,根据具体情况去调整思维的方向或顺序。在对研究对象进行思考时,如果能积极、大胆地把思维方向引向倒转,从别人思维的相反方向或相反顺序上去考虑问题,往往能在不经意之间找到创新点;此外,如果能及时地调整思维的方向和思维的顺序,注意研究对象的上与下、左与右、前与后、因与果、正与反、表与里等之间的相互转换,也容易找到创新点。

二、变换思维角度法的运用要领

在教育研究中我们如何通过变换思维角度来找到新问题或形成自己的创新点呢? 在实际的研究中,变换思维角度很多时候就是通过在不同研究视角间的转换中来提出新问题或形成创新点。

- 从传统视角到新视角的转换中发现新问题或形成创新点。传统视角是指从已有的理论传统或模式来发现、提出新问题或形成创新点。但是,"一个传统一旦形成,它通常只能提出常规性问题、域内问题和边缘性问题,而不能有效地发现和提出非常规性问题、域外问题、核心性问题,更不用说革命性的新问题了。传统视角在发现和解决常规性问题方面常常是高效的。但是传统的巨大惯性也会使我们对域内出现的新问题视而不见,听而不闻,或者对新问题采取排斥、拒绝、漠视的态度。"[1]有鉴于此,需要从传统视角转换到新视角来进行思考。新视角是相对传统视角而言,即是从不同于某个传统的视角来发现和提出问题。"新视角有两种含义:其一是从某个已有的理论 Tx 或范式 Px 出发去透视理论 Ty 或范式 Py 的辖域,以发现和提出问题。其二是重新发明或建构一个理论或范式去透视已有的理论传统或模式。"[2]通过这样的转换,往往可以发现新问题或形成研究的创新点。
- 从普遍视角与特殊视角的转换中发现新问题或形成创新点。由于一切事物都处于时间和空间之中,因此,时间范畴和空间范畴给我们提供了两个普遍视

① 张掌然. 问题的哲学研究[M]. 北京:人民出版社,2005. 250—251.
② 张掌然. 问题的哲学研究[M]. 北京:人民出版社,2005. 251.

角。我们可以用时间和空间去把握每一个具体的认识和活动领域,并据此有可能提出新问题或找到创新点。比如,教育虽然是一个培养人的活动的问题,但教育也是一个时间问题和空间问题。不同时间或空间内的教育往往有有不同的表现方式,通过对不同时间或空间范围内的教育进行比较,就有可能形成研究的创新点。总体而言,普遍视角是从整体出发,从大系统出发,乃至从全局或全域出发去发现新问题、形成创新点。它有助于发现一般性问题、全局性问题、整体性问题、综合性问题和跨域性问题。而特殊视角则是从局部出发,从特定的领域或特定的学科出发去发现新问题、提出新观点。相对于普遍视角来说,它提出的通常是特殊性问题、局域性问题、单域性问题。比如,关于教学中掌握知识与培养能力问题的研究,美国教育学家布鲁姆(Benjamin·S·Bloom)不是停留在一般性目标问题的讨论上,而是把这个问题的研究推到对知识与能力作出分类的具体水平上,并对教学过程中的情感目标和操作性目标也作出分类,提出了教学目标分类学的理论。这是从普遍视角与特殊视角的转换中形成创新点的一个很好的案例。

　　◆ 从内部视角与外部视角的转换中发现新问题或形成创新点。"内部视角是指从一个范式出发对该理论或范式的辖域 Qx 提问。外部视角则是从别的理论或范式来透视 Qx。这两种视角提出的问题可能会有明显不同。"[1]虽然这两种视角都可以帮助我们发现新问题或形成创新点,但需要指出的是:从内部视角提问题有其局限性,即它不可能对一个理论系统的基础或最原始的东西提问,否则就会产生自我指涉。而从外部视角出发,不仅可以对特定领域的基础提问,也可以从不同的角度提出从内部视角提不出来的问题;而且外部视角可以是一元的,也可以是多元的。例如,对教育学领域可以从文化学角度提问题,也可以从经济学、社会学、心理学等角度提问题。因为教育本身是一种复杂的社会现象,既存在教育内部各因素间的相互作用,也存在来自外部各种因素的制约和影响,表现出综合性的特点,同时,教育科学与其他知识领域也有着千丝万缕的联系。如果说教育本身是一个系统,那么其他知识领域就可以相对地被看作是这个系统的外在"环境",而对系统和环境之间相互作用的思考,往往容易发现问题并形成创新点。

三、变换思维角度法的表现形式

　　翻开学科发展的历史,我们不难发现这样鲜活的案例,差不多每一次的关键性理论突破,总是与研究者思考角度的变化紧密相关的。通过对教育科学学科群的发展演变的分析,我们可以很容易地总结出教育科学的发展通常有四种"变换思维角度法"的表现形式,即分化、深化、实化和泛化[2],且每一种变化视角形式都在客

① 张掌然. 问题的哲学研究[M]. 北京:人民出版社,2005. 247.
② 参见胡涂. "客串"与教育科学的发展[J]. 江苏教育学院学报(社会科学版),1994.(1).

教育研究方法

观上带来了新的学科或推动了新学科的诞生。

◆ 分化的视角——所谓教育科学的分化有两个方面的含义:一是指教育科学从其他学科(主要是哲学)中分解出来;二是指从教育科学理念体系内部分解出来的某一部分,通过进一步的充实与改造,继而发展为一门新的学科的过程。作为教育科学的一门基础学科——教育学就是一个极好的案例,它就是逐步从哲学和其他学科中分化出来而形成的独立学科。而从 19 世纪初开始,教育学本身又逐步分化为许多相互联系的不同教育学科。诸如,以中学和小学为研究对象的普通教育学;以高等教育为研究对象的高等教育学;以农村教育为研究对象的农村教育学;以及教学法、体育、德育论、教学论等等学科都是这种分化的结果。

◆ 深化的视角——所谓教育理论研究的深化是指从教育学中抽出一些带有普遍性的问题,进行哲理性研究,继而发展成一门新的学科的过程。教育科学的深化往往与哲学原理的介入有关,从教育理论发展的历程看,从事教育科研的人无不以哲学,即哲学的观点、哲学的方法,来指导自己研究教育实践,构筑理念体系。夸美纽斯的教育理论是以培根的感觉论为思考的出发点;赫尔巴特把康德的理性主义吸收到他的教育理论中;英国实证主义哲学家斯宾塞则从实证主义哲学出发,论述其实科教育理论;杜威的教育理论就是对黑格尔哲学、詹姆斯的实用主义和达尔文的进化论的许多成分的借鉴与综合……如果说每门学科中都不可避免地带有哲学成分,那么从教育理论研究深化的角度上讲,教育哲学学科的产生应是一个极好的例子。1848 年,德国哲学家罗森克朗茨写了一本题为《教育学体系》的著作,后经美国人布雷克特译为英文,名为《教育哲学》,诞生出教育哲学一词。而这一门学科的真正确立,则是以实用主义哲学大师杜威 1916 年出版的名著——《民本主义与教育——教育哲学引论》为标志的。从上述案例中得出的基本结论是:任何一门学科都不能孤立地发展,它必须在吸收其他学科的先进理论和方法中,不断完善自身。如果我们把复杂的教育现象简单化,总是试图以一种方法、一种理论、一种模式去说明和解释问题,那么,教育科学就会陷入僵化的困境,得不到发展。更何况现代教育科学是一个开放的系统,它不仅不排斥各门不同的学科,而且努力凭借科学的方法论,最充分、最合理地博采众家之长,吸取诸多学科的精华所在。

◆ 实化的视角——所谓教育科学的实化,指的是采用自然科学中一些理论和方法,对教育实践和教育理论中的一些带有普遍性的问题,进行实证性的研究,继而发展成为一门新学科的过程。教育心理学作为一门独立学科的形成就是一个很好的例子。19 世纪末 20 世纪初,实验心理学创始人冯特在德国莱比锡心理实验室,对于感觉开展了广泛的大量的实验研究。他虽然没有直接研究教育心理学,但在他的门徒中却有几人为创立教育心理学作出了贡献。如德国的梅伊曼、瑞士的克拉帕雷德、美国的霍尔、卡特尔等。特别是梅伊曼的《实验教育学入门讲义》(1907 年)一书,几乎囊括了今日教育心理学的全部课题,待至美国心理学家桑代克《教育心理学》一书的出版,教育心理学便开始成为一门公认的独立学科。对此,科学之父贝尔纳在其《历史上的科学》一书中指出:"过去的教育学只是哲学的教育学,而不是科学的教育学。教育学具有科学气味并成为一门真正的科学,是由于智力测验引入到教育学中了。"

◆ 泛化的视角——所谓教育科学的泛化,是指把教育实践和理论中的一些带有普遍性的问题,置于一个更广泛的背景之中,考察教育系统与其外在环境的相互关系,从而逐渐形成一门新学科的过程。教育社会学这门分支学科的产生就是泛化的视角转换的结果。自从法国学者奥古斯特·孔德创建社会学以来,用社会学的观点和方法对教育的社会作用进行研究的学者,就不断出现。然而,教育社会学作为一项专门研究是从近代西方开始。美国于1883年出版了社会学家沃德所著的《动态社会学》一书,书中辟专章讲解教育与社会进步的关系,"教育社会学"一词,便是沃德在书中首次提出的。但是,公认的教育社会学的奠基人是法国社会学家埃米尔·涂尔干,他在《教育与社会学》、《道德教育论》等著作中,全面详尽地分析了社会发展与教育之间的各种关系,建立了一整套教育社会学理论。从上述过程中我们不难看出,一些社会学家是通过将教育学中的一些理论问题,一些讨论得相当肤浅的问题,置于更广泛的社会背景而不再限于就教育论教育的樊篱之中,从而,在讨论教育与其社会环境的关系时,建立起自己的整套体系,这一过程也就是泛化的过程。同样,教育经济学是从研究教育与经济的关系中泛化出来的;教育文化学是在研究教育与文化的种种关系的过程中逐步形成的;而教育政治学则是将教育同政治联系起来考察以弄清两者间的关系时产生的。

总之,变换思维角度法从本质说是一种不拘泥于传统的或通常的思维方式,它不拘泥于一种解决途径,不局限于既定的结论,而是立足于求异和创新;其背后反映的是研究者思维的灵活性、严密性等思维品质。"思维的灵活性使他能不囿于已有的结论,较易摆脱原有思路的影响,完成'调头转向'的任务。而严密的思维,一方面使他具有把握全局的能力,另一方面,可以帮助他对全局、整体作全方位、多侧面、多层次的'扫描',发现尚未研究过的角落,找到转换思维角度的方向。"[①]其具体的目的在于:通过变换思维角度,学会从正面和反面领会研究对象或问题,不仅要作多角度的理解,也要作多层次多角度的归纳和领悟。不仅对研究对象的局部作多角度理解,而且也要对研究对象的整体作多角度的归纳和领悟。其实角度本身并没有什么"奇妙"之处,"奇妙"的是如何转换角度。一个"好"的角度可能使研究变得事半功倍,而一个"坏"的角度则可能使研究变得事倍功半。善于转换研究的思维角度是一种创造,经过转换的思维角度可以发现一个个新问题,可以形成一个个精彩的创新点。

---

① 叶澜.教育研究及其方法[M].北京:中国科学技术出版社,1990.46.

第三节 "姆潘巴现象"的启迪
——创新点形成的大胆怀疑法

怀疑方法是一种深刻的治学和研究问题的方法,也是一种由来已久、且在自然科学及人文社会科学研究中被广泛证明了的简便易行且行之有效的创新方法。所谓怀疑,指的是"对已有结论、常规、习惯、行为方式等的合理性作非绝对肯定的或否定的判断,怀疑必然引起人们对事或物的重新审度,会在原来以为没有问题的地方发现新问题。"[①]任何真理都需要经受时间的反复检验,不存在终极的真理,科学是在不断纠正错误中一步步前进的。今天公认的常识,明天也许会因为发现新的证据、产生新的理论而被证明为谬误。

一、大胆怀疑法的成功案例与创新启示

在自然科学及人文社会科学发展历程中,通过大胆怀疑法而取得创新的成功案例比比皆是,教育研究中通过怀疑方法的运用而成功获得创新的例子也不胜枚举。"姆潘巴现象"[②]就是一个极好的案例,杨振宁和李政道的典型案例也作出了很好的说明,从中可以清晰地看出大胆怀疑作为一种方法在形成创新点中所能起到的作用。

1963 年,坦桑尼亚的马干巴中学三年级的学生姆潘巴经常与同学们一起做冰淇淋吃。校中的孩子们做冰淇淋总是先煮沸牛奶,待到冷却后再倒入冰格,放进电冰箱。有一天,当姆潘巴做冰淇淋时,冰箱冷冻室内放冰格的空位已经所剩无几,一位同学为了抢在他前面,竟把生牛奶放入糖后立即放在冰格中送进了冰箱。姆潘巴只得急急忙忙把牛奶煮沸,放入糖,等不及冷却,冒着弄坏电冰箱的风险而把滚烫的牛奶倒入冰格送入冰箱。一个半小时后,姆潘巴发现热牛奶已经结成冰,而冷牛奶还是很稠的液体。

他去请教物理老师,为什么热牛奶反而比冷牛奶先冻结?老师的回答是:"你一定弄错了,这不可能。"后来,姆潘巴进高中后,在学习牛顿冷却定律时,又向物理老师请教,得到的回答仍是:"你肯定错了。"当他继续与老师辩论时,在一旁的同学们也帮着老师质问他:"你究竟相不相信牛顿冷却定律?"他只好为自己辩解:"可定律与我观察的事实不符嘛!"老师讥讽他:"这是姆潘巴的物理问题。"

---

① 叶澜. 教育研究及其方法[M]. 北京:中国科学技术出版社,1990.40.
② 孔会真. 姆潘巴的物理问题[J]. 第二课堂,2001,(9).

一个极好的机会终于来到了,达累斯萨拉姆大学物理系主任奥斯玻恩博士访问该校,姆潘巴鼓足勇气向他提出问题:如果取两个相似的容器,放入等容积的水,一个处于35℃,另一个处于100℃,把它们放进冰箱,100℃的水却先结冰,为什么?

奥斯玻恩博士的回答是:"我不知道,不过我保证在我回到达累斯萨拉姆之后亲自做这个实验。"结果,博士的实验和姆潘巴说的一样。他高度评价了姆潘巴的观察,他说:"姆潘巴的观察,事实上提出了权威物理学家可能遇到的危险,同时也对物理教师提出了一个感兴趣的问题。"他同时邀请姆潘巴联名发表一篇论文,登载于《英国教育》,对热牛奶在电冰箱中先行冻结的现象作了介绍和解释。

第一,冷却的快慢不是由液体的平均温度决定的,而是由液体上表面与底部的温度差决定的,热牛奶急剧冷却时,这种温度差较大,而且在整个冻结前的降温过程中,热牛奶的温度差一直大于冷牛奶的温度差。

第二,上表面的温度愈高,从上表面散发的热量就愈多,因而降温就愈快。

基于以上两方面的理由,热牛奶以更高的速度冷却着,这便是热牛奶先冻结的秘密。

通过对姆潘巴现象的回顾,我们不难发现:姆潘巴之所以能够找到自己的创新点,是因为他的仔细观察的习惯,更是因为他的大胆质疑的意识。当他发现自己所看到的与已有的结论不相一致的时候,哪怕是与公认的定律不相一致的时候,他不是轻易地否定自己,而是大胆怀疑。实际上,姆潘巴观察到的现象,可能好多人都遇到过,可为什么姆潘巴的那么多同学、甚至老师都不相信他的发现呢?那是因为权威的定律支配着人们的头脑,所以很多人不但自己不去怀疑,甚至连别人观察到的事实也不敢相信。实际上,缺乏怀疑精神的人,在遇到自己的经验或者看到的事实与现有的观点、现有的理论不一致时,习惯于否认自己的经验,或者尽量用迁就理论的方式调和理论与事实之间的矛盾,同时也很少想到要对理论作逻辑分析。他们更相信权威与书本,而忽视自己的经验、观察、感受和独立思考。因此,一个人有没有怀疑的勇气,有没有怀疑的智慧,可以在很大程度上反映出这个人思维的敏锐性,也反映出这个人思维的广度与深度。通过怀疑提出问题的人,一般都具有批判性思维的品质。对此,杨振宁和李政道的案例作出了很好的说明。

1956年的夏天,杨振宁和李政道在一篇联名发表的文章《在弱相互作用中宇称守恒的问题》(Question of Parity Conservation in Weak Interactions)中对从来被视为金科玉律、没有人怀疑过的宇称守恒定律进行了大胆怀疑,首次提出:θ和τ在衰变过程中出现不相等的宇称,是因为在弱相互作用中,左和右其实是并不对称的。文章于6月22日寄至《物理评论》(The Physical Review)学报,在其10月1日出版的一期发表。由于杨振宁和李政道的这一研究,整个物理学界都震动了,他们也获得了后来的诺贝尔奖。

当然,在研究中实践怀疑的方法需要满足一些基本的前提条件,诸如,不迷信书本、不迷信权威、不迷信教师;也要建立无权威的学习与研究环境,要创造无批评的学习与研究气氛。因为过分信赖权威会从两方面构成对研究创新点形成的障碍:第一,接受了某一权威的"正确"途径,就永远不会再去寻求其他的途径或更好的途径;第二,对权威的判断过于信赖,就可能毫不迟疑地否定自己的可能行之有效的设想。所以,我们虽然应当承认权威的重要性,相信权威,尊重权威,但决不能发展到迷信的程度。诚如英国皇家学会的会徽上所嵌着那一行耐人寻味的文字:"不要迷信权威,人云亦云。"的确,我们需要权威,也需要对权威予以足够的尊重,但我们更需要拥有向权威挑战的勇气!向权威挑战,这是学术进步的动力,也是推动社会前进发展的源泉。没有对牛顿力学的怀疑,就不可能有相对论的产生;没有对欧氏几何的怀疑,就没有非欧几何的产生。没有向权威的挑战,哥白尼就不会发明日心说,人类就还沉浸在地球是世界万物中心的狂妄之中;没有向权威挑战,达尔文就不会创建进化论,我们就还得匍匐在上帝的脚下,对"创造人类的万能的主"感恩戴德……然而,即便是哥白尼,他的日心说也被后人突破;即便是达尔文,他的进化论也有人提出了新的质疑。柏拉图是亚里士多德的老师,但当老师和真理发生冲突时,他选择的是真理。所以他说:"吾爱吾师,吾尤爱真理。"对此,胡适先生指出:"科学之最精神的处所,是抱怀疑态度;对一切事物,都敢于怀疑,凡无真凭实据的,都不相信。这种态度虽然是消极的,然而有很大的功劳,因为这种态度可以使我们不为迷信与权威的奴隶。怀疑的态度是建设的,创造的,是寻求真理的唯一途径。"[①]

姆潘巴现象给我们的启迪在于:怀疑当中往往蕴含着创新,创新往往从怀疑开始。在教育研究和社会实践中,提倡合理怀疑,使用合理的怀疑方法,能促使研究者摆脱各种束缚,从而不断推进认识的科学化和实践的合理化。因为合理的怀疑方法就其本质而言是一种人们认识世界的思维方法,它并非一般的思维方法,而是一种创造性的思维方法,是人们在认识和实践活动中,对客观事物的真实性或具体认识、实践的科学性和合理性所作的反思、批判、评价和规范。从学术的发展来考察,怀疑是学术的起点,是创新的萌芽。世界上的任何真理都是具体的,而任何具体的真理都是相对的,它都有着自己特定的界限,一旦超出这个特定的界限,它就不一定是真理了。正是从真理的相对性的意义上,我们说一切知识、一切真理都是可以怀疑的。要对已有的理论、方法、结论,敢于怀疑。有怀疑才会有问题,有问题才会去研究。没有怀疑,就没有真理的发展。

---

① 胡适.胡适文集(第3卷)[M].北京:人民文学出版社,1998.11.

二、大胆怀疑法的特殊功能与本质特征

宋人朱熹说："读书无疑者须教有疑，有疑者却要无疑，到这里方是长进。"即读书之道要从"无疑"到"有疑"再到"无疑"。由此可见，怀疑作为研究创新点形成的一个行之有效方法，它具备了许多功能，概括起来有以下几个方面：[①]

◆ 解放功能。怀疑方法能帮助人们解放思想、破除迷信。当一种理论被大多数人信奉以后，当一种权威确立以后，它往往被误认为是尽善尽美的，而不允许人们对它进行批评、修正或否定，这必然严重阻碍科学理论的发展和社会的进步。要扬弃传统理论、取得创新的成果，就必须打破教条、迷信的束缚。

◆ 创新功能。怀疑方法能使人们在"批判旧世界中发现新世界"。怀疑是思之始、学之端，人们在进行质疑时，经常能在前人已有的成果中发现不足，从习以为常的现象中觅得真知，它能启发人们提出新的研究课题，引导人们开拓新的研究领域。没有对旧理论、旧观念、旧传统、旧模式、旧制度的怀疑，新理论、新观念、新时尚、新模式、新制度等也就不可能确立。

◆ 催化功能。怀疑方法是推动人类认识、科学研究和社会实践发展的内在动力。主观和客观的矛盾是怀疑方法产生的客观基础，而合理的怀疑方法则是人们活动科学化、合理化的必由之路。正是在一次次的怀疑方法的使用中，人们的各种规则及行为才愈发走向合理，人类的认识活动才不断取得进步。正如我国明代著名学者陈献章所言："学贵知疑，小疑则小进，大疑则大进。疑者，觉悟之机也。一番觉悟，一番长进。"[②]怀疑方法的催化功能不是短暂的，它伴随着人类认识、科学研究和实践过程的始终。

◆ 规范功能。怀疑方法既对现有认识与实践进行审视和批判，又对理想的认识与实践进行观念建构，从而具有独特的规范功能。一方面，怀疑方法对人的认识能力和认识成果持反思和批判态度，认为人对无限发展的物质世界的真理性认识必然具有有限性、相对性，一切把既有认识和经验教条化、绝对化的理论都是不科学、不合理的；另一方面，怀疑方法对人的认识能力和认识成果的怀疑和批判又是适度的。它强调在坚持唯物论和可知论的前提下进行唯物辩证的怀疑，这种怀疑也包含着不疑。

◆ 辨别功能。怀疑方法是辨别真伪科学、真伪问题的有力武器。面对伪科学与伪问题，就得有"凡事要多问个为什么"的怀疑精神，去质疑，去发问，去假设，去验证，正如中世纪的阿伯拉尔所说，怀疑是研究的道路，由于怀疑，我们就验证，由于验证，我们就获得真理。

---

① 参见张明仓. 怀疑方法：一种创造性思维方法[J]. 学习与探索，2001.(6).
② 陈献章. 陈献章集(上)[M]. 北京：中华书局，1987.168.

正是由于怀疑方法集上述解放、创新、催化、规范和辨别的功能为一体，因此，上述功能的发挥离不开其所具有的明显不同于其他方法的本质特征：

◆ 怀疑方法离不开研究者的相关背景知识。研究者要对某一理论或观点提出质疑，一定要以其现有的背景知识为前提，看这一理论或观点与当下的其他已受检验的理论或观点之间是否存在着矛盾，理论或观察之间是否一致。背景知识影响对象和信息的选择，影响研究者的观察和感受。

◆ 怀疑方法表现出研究者的辩证、批判思维和否定精神。怀疑方法是一种辩证否定的方法、批判的方法，它促进着研究者的思维，但这是一种痛苦之思，因为它内含着摆脱以前习以为常的思维定势乃至价值理念。不经历这样的痛苦之思，怎能在研究中见到创新点的诞生。

◆ 怀疑方法体现了研究者思维的至上性与非至上性的统一。该特点所表明的是，任何研究者都不能穷尽真理，他对某一事物的认识只是在一定程度上揭示了该事物某一方面的本质特征，而客观事物不是固定不变的，是不断发展变化的。任何真理性的认识都是绝对与相对的统一体，这不仅为怀疑提供了必要性，也提供了可行性。

三、大胆怀疑法的使用依据与运作程序

当然，怀疑不是乱疑，它是建立在相应的依据基础之上。怀疑的依据概括起来主要有两个：一是事实与经验，它是导致怀疑产生的有利条件。姆潘巴的物理问题毫无疑问有着创新的意味，请问他是怎么做到的？他运用了怀疑的方法，请问他怀疑的根据是什么？他根据的是事实，根据的是他自己所看到的、所思考到的与已有的定律不相一致的事实，并亲自加以验证，从而有了创新性的表现；二是逻辑，它是检验理论合理性的有效工具。逻辑的力量有时候是非常强大的，如果你这个人逻辑学学得比较好，逻辑的定理、规律、规则以及方法掌握得比较透的话，毫无疑问，你有了一个很好的创新的武器。因为问题的提出并不是一个毫无根据的猜测，它和问题的求解一样，往往需要运用归纳、类比等推理形式，往往需要遵循逻辑学的最最基本的定律。那么，在研究创新点的形成过程中，如何运用怀疑方法？或者说怀疑方法究竟有着怎样的运作程序？概括起来看，一般要经历大胆质疑、科学探疑、合理解疑、适时核疑等环节。①

◆ 大胆质疑。在研究过程中，不仅要作出判断、结论，而且要不断进行质疑。质疑和判断实际上是同一认识活动的两个方面。质疑一切先定的禁区和既定的、未经充分检验的结论，激发人们独立思考和探索的勇气。就某一具体活动来说，疑问既是先前活动的结果，又构成了进一步活动的重要出发点。它促使人们进一步

---

① 参见张明仓.怀疑方法：辩证与建构[J].广东社会科学，2001.(4).

探寻事物的产生原因、发展规律及促进活动的合理化。

◆ 科学探疑。在萌生和提出疑问之后,需要采取各种手段去探疑、析疑。在探疑过程中,重视遵循科学的认识方法和认识程序,自觉地破除各种传统成见和个人偏见,实事求是地对疑问进行探究。对所生疑问的起因、实质、功能、影响、出路等进行探讨、分析,为进一步解疑、释疑积累可靠的材料。

◆ 合理解疑。在通过科学探疑积累了大量素材之后,需要对这些材料进行选择、加工、处理,并提出各种合理的释疑模式,使人们对所生怀疑有比较满意的理解和把握。解疑的结果有两种情形:一是人们对怀疑对象的疑虑暂时消除:对之采取肯定的态度;二是人们对怀疑的对象由怀疑进一步走向否定,促使人们扬弃甚至抛弃某些已有认识,或通过实践改变现状。

◆ 适时核疑。在科学研究中,研究人员对怀疑方法的检验主要是检验其释疑模式,这里一般也会产生两种结果:一是释疑模式得到完全证实,从而强化主体的这种怀疑;二是释疑模式被部分证伪,它促使主体对已有模式本身进行再怀疑,从而促使主体修正、完善释疑模式,促进怀疑思维的发展。

需要明确的是,在研究开展过程中,通过怀疑方法的使用,有可能取得两个方面的结果:一是证明,即部分或完全证实了研究者的怀疑,提出了使人们对这个问题的认识向真理更逼近一步的结论;二是证伪,即研究者怀疑错了,研究者的怀疑被否决了,它维护了原有的结论,强化了研究者对某个问题的认同。可以欣慰的是,在研究中的每一次怀疑,每一次怀疑方法的使用,无论是证明还是证伪对研究者个人来说都是有价值的。即使是怀疑的被否决,"至少能使研究者对自己曾经怀疑过的理论的正确性,有更深入、确切的认识。发现自己的怀疑之所以不正确的原因,也可以锻炼研究者的研究能力。"[①]

总之,对研究而言,大胆怀疑法既是一种行之有效的形成创新点的方法,又是一种研究创新精神的体现。在教育研究的历程中,我们不难发现,有许多教育学者在尊重教育事实、尊重教育发展内在逻辑的基础上,秉持"大胆怀疑,小心求证"的基本原则,解决了一个又一个的教育难题,实现了一次又一次的教育创新,取得了一个又一个的进步。

第四节 教学"第三种"相长的诞生
——创新点形成的追根溯源法

当你确定你的研究领域以后,面对这个领域中诸多熟悉的话题而无法找到研

① 叶澜.教育研究及其方法[M].北京:中国科学技术出版社,1990.43—44.

究的创新点时,或你苦苦思索该领域的某一个关键概念而百思不得其解的时候,你不妨对这个话题所隐含的一些关键词来一番追根溯源,也许这么做了,创新点就会在不经意间出现,创新思维的闸门也会随之打开。不信吗?已有很多案例充分说明了这一点,在《民间俗语意趣》[①]这则短文中所涉及的一些俗话来历的探究中更是体现得淋漓尽致。

流传在民间的俗语,亦称口头语,都是有其缘由的,探索这些俗语的来源,颇富趣味。

"打破砂锅问到底":这是人们常挂在嘴边的一句口头禅。砂锅即泥烧制成的锅,多为人们熬制中药或冬季煨火锅的器具,这种锅稍不小心极易破碎,而且一碎就会一裂到底。"打破砂锅问到底"实际应为"打破砂锅璺到底",即裂璺直到底部,后来竟变成"问到底"了。

"嫁鸡随鸡,嫁狗随狗":这句俗语原为"嫁乞随乞,嫁叟随叟",意思是说,一个女人即使嫁给"乞丐"或"老叟",也要随其生活一辈子。后来"嫁乞随乞,嫁叟随叟"慢慢地转换了语音,变成了"嫁鸡随鸡,嫁狗随狗"了。

"三个臭皮匠顶个诸葛亮":意思是说三个普通人的智慧,合起来要顶一个诸葛亮。其实,臭皮匠和诸葛亮是没有丝毫联系的。"皮匠"实际上是"裨将"的谐音。"裨将"在古代是指"副将",其意指三个副将的智慧,能顶一个诸葛亮。后来人们说来说去,竟把"裨将"说成了"皮匠"。

"王八蛋":这是民间一句骂人的俗语。"八蛋"为"八端"的谐音。古时的"八端"指"孝、悌、忠、信、礼、义、廉、耻"。此"八端"为做人之根本,忘记了这"八端"即忘记了做人的根本。那些忘记"八端"的人即被骂为"忘八端",时间一长,竟被转音成"王八蛋"了。

由此,我们不难看出,很多看似没有问题的、习以为常的说法或观点,在追根溯源之后,往往又会呈现出另外一番景象,甚至呈现出我们怎么也不会想到的、与其原意相差非常大的景象,从而会对人的思维以强烈的冲击并给予新的启迪。因此,我们不得不承认"追根溯源"是一种非常重要的思维工具,尽管就其本身而言,更多的时候是当作一种正本清源的方法,但是,它也可以作为一种重要的、在人们所熟知的事物中发现新的问题、找到新的研究切入口或创新点的方法,同时它还是一种行之有效的研究态度与思维方式。对于教育研究者而言,一旦掌握了追根溯源的思维方法并养成良好的追根溯源的思维习惯就无疑多了一把研究的利器,并会因之对所开展的研究带来突破口。然而,长期以来,很多教育研究者习惯于"由此及

①　安朋.民间俗语意趣[N].黑龙江晨报,2003-11-21.

彼"的单向线性思维,擅长于"非此即彼"的二元对立思维,却缺少了追根溯源的探究性思维……这不能不说是一种很大的缺憾。

一、追根溯源法内涵的案例解读

在形成研究创新点的诸多方法中,所谓追根溯源法指的是面对打算研究的对象,从思考研究对象的来龙去脉或前因后果中或时空转换中来探寻其本来面目的一种思考问题的方式,通过这一方式往往可以发现古今对同一个对象的不同理解,也可以发现其演化的历程。在各门学科的研究中都有通过这一思维方式而找到研究的新问题,形成研究的创新点的案例,且越是源远流长的东西,就越容易通过追根溯源法而发现其演变中的差异。由此,我又想起了"教学的第三种相长"这个让我记忆犹新的事情。记得那是在十多年前指导一位学员的本科毕业论文中所发生的:

一个打算以"谈谈教学相长"作为毕业论文选题的学员找到我,要求我做他的毕业论文的指导教师。我看罢他带来的论文写作提纲,感到全是陈词滥调,且都是他人的观点,一点自己的想法都没有。

于是,我对他说:"教学相长是一个非常古老的教学原则,你为什么要研究它呢? 更重要的是它已经被人们研究透了,从你现在的写作提纲来看,基本上都是他人的观点,这样写出来的论文恐怕价值不大。"他告诉我说:"我对'教学相长'这个问题很感兴趣,因为我本来就是一名中学教师,我觉得在课堂教学中如果能充分做到教学相长的话,则会大大提高课堂教学的质量效益。"

"可问题在于作为一篇毕业论文,仅仅有兴趣是不够的,一定要能够形成哪怕一点自己的创新的观点啊,即使研究的是一个古老的话题,也要在其中找到创新点,不然的话,这样的研究、这样写出来的论文又有何价值?"

"老师,可我思考了很久,发现凡是我能想到的,都被他人说过了。那您能不能帮助我找到其中所蕴藏的创新点呢?"

他把这个难题推给了我。回去以后我在查阅相关研究材料的同时,对教学相长这一教学原则进行了仔细深入的思考,特别是当我追根溯源出其出处时,看着古人的观点,再对照今人的解释,顿时有了豁然开朗的感觉,创新点就在这一瞬间找到了。

什么是教学相长? 就其本意而言,指的是教与学相辅相成。按照今人的解释,指的是教师的教和学生的学是一个相互促进、积极影响的过程,即教师的教导使学生得到发展,而学生在学习过程中提出的问题和要求,又促使教师继续学习,不断进步。可是,当我们回到古人的说法时,我们会发现"教学相长"最初出现在《礼

教育研究方法

记·学记》:"学然后知不足,教然后知困。知不足,然后能自反也;知困,然后能自强也。故曰:教学相长也。"《兑命》曰:"'学,学半。'其此之谓乎。"郑玄注:"学则睹己行之所短,教则见己道之所未达。""自反,求诸己也;自强,修业不敢倦。"孔颖达疏:"教学相长也者,谓教能长益于善。教学之时然后知己困而乃强之,是教能长学善也。学则道业成就,于教益善:是学能相长也。但此礼本明教之长学。《兑命》曰'学,学半'者,上学为教,音效;下学者谓习也,谓学习也。言教人乃是益己学之半也。"①

从中我们不难看出,教学相长最初的含义是就教师自身的教与学而言的,说的是教师自己的教与学之间所发生的作用与影响,但该教学原则发展到今天,则被引申为师生之间的相互促进,"教"指的是教师,而"学"指的则是学生。如果我们把古人的说法当成是教学的第一种相长的话,那么今人的解释则可以看作是教学的第二种相长。第一种相长发生在教师个体身上,第二种相长发生在师生之间。这种演变尽管在"教学"二字的主体上发生着变化,但有其合理的演变逻辑。由此,我们似乎可作进一步的演绎,"教学"二字的主体能否转到学生身上?学生与学生之间是否也存在着"教学"关系?他们之间的交流与讨论在广义上是否也可以看作是一种教学?只不过传统的课堂教学忽略而已。有鉴于此,我们不妨把学生与学生之间所客观存在、但被我们忽略掉的教学关系称之为教学的第三种相长。在今后的课堂教学中,怎样充分把教学的第三种相长作用发挥出来,不仅是新课程改革给广大教师提出的挑战,同时也是每一位教师在课堂教学中应当努力做到的事情。

如果说上述教学第三种相长是通过对涉及"教学"的不同主体的转换而获得的新意的话,那么,"相长"这个词同样值得深入探讨。在不断追问之下,就会发现教学相长中的"相长"也客观存在着三种状态:一种是正相长状态,指的是教与学之间发生了积极的作用,正面的影响;另一种是零相长状态,指的是教与学之间并没有发生什么作用;第三种是负相长状态,指的是教与学之间所发生的是消极的作用、负面的影响。所以,理想的教学相长追求的是教与学之间的正相长,这样无论是教师还是学生都能从中受益;竭力消除的是教与学之间的零相长,这是提高课堂教学效益的保障;必须消灭的是教与学之间的负相长,这是从反向来保障课堂教学质量与效益的关键。

终于,我们在教学相长这一从古沿用至今的教学原则中发现了值得进一步研究的创新点,而这与追根溯源法的运用是密不可分的,从中我们所体悟到的不仅仅是其所具有的创新价值,而且我们还可以感悟出其内涵所在。

① 顾明远.教育大辞典(简编本)[Z].上海:上海教育出版社,1999.198.

二、追根溯源法的认识论功能

追根溯源法作为一种创新点形成的行之有效的方法，对研究者的研究能力的提升而言，有着重要的认识论功能与意义。

◆ 追根溯源法是创新点得以发现、形成的重要手段。创新点的发现与形成的过程，就是研究者在原有知识背景下，用古今对照的方式来相互比较，以寻求和捕捉与原有背景知识相矛盾的思想火花，从而找到并形成创新点的过程。具体地说，它有助于研究者考察和分析现有理解与原先解释不一致的情况，从而达到扩展现有知识的可能的意义，最终形成研究的创新点。

◆ 追根溯源法也是拓展已有观点从而形成创新点的重要手段。追根溯源法本身是一种拓展性的思维表现。它是通过对所研究问题的路线、程序、最终的答案等环节进行再分析、再评价，通过在次一层次或相关问题对研究对象进行再追究，从而形成创新点的一种拓展性的认识活动，这种拓展既可以表现在时间上，也可以表现在空间上；既可以采取整体性的拓展思维，也可以采取局部性的拓展思维。如前所述，教学相长中"相长"一词存在三种可能性的观点的提出就是一个极好的思维拓展的案例。

◆ 追根溯源法还是帮助研究者克服当下认知定势局限性的有效手段。由于研究者是生活在当下的时代，对研究对象的理解更容易受到当下观点的影响，因此，在研究问题的过程中，不免会形成一种当下的认知定势，包括认知背景、认知图式、概念框架、思维模式、价值取向、习惯心理、固有的潜意识等。它往往会妨碍研究者在发现、提出和解决问题时的敏感性与创造性，从而阻碍创新点的形成。而追根溯源法则是以一种超越当下认知定势的立场和角度来对研究对象进行深入思考，从而在具体的研究中能以一种超越性、深究性和拓展性的精神来提出新问题、形成创新点的方法，它可以克服当下认知定势的局限性。

三、追根溯源法的表现形式

在寻求研究创新点的过程中，追根溯源法又有着怎样的具体表现形式？相对于顺向思维而言，追根溯源思维是一种反习惯、反传统、反常规的逆向性思维方式，它与一般的、传统的或群体的思维方式相悖。这里的"逆向"，不仅仅是指思维顺序上的反向，而且还包括思维对象性质上的相反、思维主体和思维对象所处的时间和空间上的相反等。它有以下几种具体的表现形式：

◆ 基于思维顺序上的逆向。我们常用的"因果逆向法"就属于此类。事物之间存在着普遍的因果联系，将原认为是结果的因素作为原因去思考，原认为是原因的因素作为结果去研究。运用这种因果逆向思维形式，往往可以找到解决问题的新方法。这样思考问题，就会收到事半功倍的效果。

◆ 基于思维对象性质上的逆向。数学上常用的"反证法"就属于此类,它是从反面的角度思考问题的证明方法,即肯定题设而否定结论,从而导出矛盾推理而得。具体地讲,反证法就是从否定命题的结论入手,并把对命题结论的否定作为推理的已知条件,通过正确的逻辑推理,使之得出与已知条件、已知公理、定理、法则或者已经证明为正确的命题等相矛盾,从而发现矛盾的原因是假设不成立,所以肯定了命题的结论,进而使命题获得了证明。反证法的证题模式可以简要地概括为"否定→推理→否定"。即从否定结论开始,经过正确无误的推理导致逻辑矛盾,达到新的否定,其基本的思想就是"否定之否定"。

◆ 基于思维主体和思维对象时间上的逆向。生活中常说的"追忆"可归属于这类。追忆是一种倒计时的回忆,逐日、逐月、逐年地返归性追忆,也就是从研究问题的现有结论起,先追忆现时的观点,再追忆过去一段时间的观点,对研究问题的历史划分区间,进行回忆追寻……步步往回追忆,一直追忆至该问题的最初状态。经过此法,可以理顺相关研究的文献库,优化大脑记忆区,抛弃陈旧观点链,从而实现形成创新点的思维目标。

◆ 基于思维主体和思维对象空间上的逆向。心理学上的"情景知觉"、人们生活中常说的"换位思维"思考即属于此类。所谓研究中的换位思考,一种是在平面上的横向换位思考,把自己假想成别的研究者,站在他的角度、他的位置、他的立场、他的角色思考所研究的问题;另一种是研究空间上的纵向换位思考,跳出研究者所在的研究空间,站在更大的甚至是其他的研究空间思考所研究的问题。这样的思考会放大研究者的心胸,开阔其视野,就像"鱼跃龙门",让研究者走出自己的思维局限,获得更多的空间,拥有更大的创新舞台。

四、追根溯源法的思维条件

虽然追根溯源法有着广泛的认识论上的作用,但它能否在创新点的形成过程中得到很好的运用,尚需满足一定的思维条件,需要预先解决以下三个方面的问题:

◆ 竭力避免思维定势中的消极影响。由于研究者在长期思考某一个问题的过程中,很容易在头脑中形成固定的思路,思维完全定向运动,心理活动表现出较强的惯性和明显的趋向性。当沿着一个顺向的思路思考问题久无突破时,就需要调整思维,变换思维角度,甚至来一个逆向性的思考作为新的解决问题的途径,以避免思维定势所造成的消极影响。有这样一个笑话:

一个穷汉的妻子只有一条裙子,已经穿了很多年,又旧又破。于是她经常补裙子,补丁缀着补丁,原来的样子早看不出来了。一天,穷汉收工回家见妻子正哭着,便问她哭什么。妻子指着裙子说:"你看又破了几个洞啦,家里再没有东西可补,叫我怎么见人呀!"第二天,穷汉将挣来的全部工钱拿去买了一条新裙子回来。妻子接过裙子高兴极了,这天晚上穷汉叫妻子早点儿睡,可她就是不肯。没办法,他只好独个睡下,谁知一觉醒来,见妻子把新裙子剪成碎块儿,正在缝补旧裙子上的破洞,便气得大叫起来,没想到妻子却笑着对他说:"你看,我把所有的洞都补好啦,还剩下好几块哩,够一年缝补用的啦!"

毁掉新裙补旧裙,何等愚蠢! 这就是思维定势作怪的结果。故事中的妻子对裙子的思考就是固定在一个"补"的定势思维中。由于思维定势是人们在认识经验和习惯中无意识地产生的一种固定的心理倾向,表现在思维上就是僵固和呆板,给思维带来诸多的负面影响,因此,如果不在研究中予以避免的话,就无法有追根溯源意识的产生,创新点的形成也就无从谈起了。

◆ 努力克服思维的从众倾向。当研究问题确定并围绕它收集了相关的研究文献后,研究者在思考问题时,其思维是在已有材料的基础上进行的,因而容易受其束缚,在思路上自觉不自觉地陷入从众思维;同时,由于研究者又生活在具体的社会环境中,各种社会观念、特定的文化氛围不能不对他产生影响,也使其容易陷入从众的思维当中。对此,社会心理学家阿希于 1951 年曾经做过一个有关从众问题的实验。[①]

实验材料是 18 对卡片,每对左边的一张画有一条线段,右边的一张画有三条不同长度的线段,其中有一条同左边卡片上的等长。

参加实验的人坐在一群实验者找来的"托儿"当中,辨认哪两条线段一样长。在正常情况下,绝大多数人都能作出正确的判断,错误概率小于 1%。但是,当其他"托儿"纷纷故意作出错误的判断时(这是实验者的安排),参加实验的人就显得犹豫不决,怀疑自己的判断能力。

在一次实验后,实验者访问了发生从众行为的那些人,了解他们当时的想法。有个始终表现出从众行为的人说:"我看到别人怎样讲,自己也就怎样讲,有几次我看出是不对头,但别人都这么说了,我也就跟着讲。"有的人则说:"开始我坚持,后来看着大家都讲的与我不一样,怀疑自己眼睛有问题,有点害怕自己是错的,所以也就随大流了。"有的说:"开始我相信自己是对的,后来发现我一个人与别人不同,觉得奇怪,于是就随从了。"

从众是一种由于群体的引导或施加的压力而使个人的行为朝着与群体大多数人一致的方向变化的现象。这是一种常见的社会心理现象,但在寻求研究创新点

① 刘儒德. 教育中的心理效应[M]. 上海:华东师范大学出版社,2006. 252—253.

的过程中需要加以克服。如果不能克服的话,显然是无法产生具有明显个性追求的追根溯源思维意识的。

◆ 认真反思"群体极化现象"。面对一个研究问题所得出的诸多观点与看法时,常常会看到这一情形:群体对某一个问题广泛讨论后,会对群体原来支持的意见变得更加支持,而群体原先反对的意见变得更加反对,最终使群体的意见变得极端化。群体讨论使群体的态度倾向于朝两极化方向运动,原来赞成的更加赞成,原来反对的越发反对。这种现象被社会心理学称为群体极化现象。群体成员中原已存在的观点或态度倾向得到加强,从原来的群体平均水平,加强到具有支配地位。有例为证:①

你与朋友刚刚听了一场演讲,虽然你觉得演讲不是太坏,但在与别人讨论后你会发现,自己似乎接受了这样的想法:该演讲几乎是垃圾。或者本来你认为这场演讲不是太好,讨论之后,却觉得这简直就是最精彩最伟大的演讲。

这种情形不仅在日常生活中常见,在研究中也屡见不鲜。在阅读相关文献时,面对经过广泛讨论而形成的某些观点,如果不作认真反思,不消除这种群体极化意识的话,也就无法产生追根溯源思维的行动,也就难以形成具有独立思考、独立判断特色的创新性观点。

① 参见刘儒德. 教育中的心理效应[M]. 上海:华东师范大学出版社,2006.267—268.

第四章
教育研究实施的要领

当我们选择并确定了教育研究领域中有价值、有创新性并急需解决的问题作为自己的研究方向后,下一步工作就是实施研究了,而实施研究的首要工作就是要做好研究设计。这一工作贯穿于整个教育研究过程,既有整体上的设计,也有在每个研究环节上的设计。就教育研究实施的整个流程而言,它是研究的整体思路的说明,往往会反映出一个研究者的研究设计能力,且研究设计的整个思路往往是通过研究计划书或开题报告来体现的;就教育研究实施的局部而言,它是对研究中一些容易出现的问题通过设计来加以规避,并为达成研究目标奠定良好的基础,它往往是通过变量的设定与控制、研究对象的设计、核心概念的界定以及抽象概念的可操作化来实现的。对于初涉教育研究领域的大学生或中小学教师而言,理解研究设计的基本思想与要素是进入教育研究实施层面的第一要领。那么,究竟什么是研究设计? 它在研究中是以何种形式体现出来的? 怎样着手教育研究设计? 其中又有哪些注意事项? 如何才能提高自己的研究设计能力?

对于什么是研究设计的问题,或许我们可以通过对蜜蜂与建筑师之间本质差异的比较找到一些启迪。蜜蜂的蜂巢看似精美无瑕,却不是整体设计的结果;建筑师的作品哪怕再差,却能从中充分体现其设计的意识与能力。实际上,研究设计的内涵有广义和狭义两种:广义的研究设计指的是进行课题研究的基本设想或思路,也就是如何开展研究工作的基本框架;狭义的研究设计指的是为实施研究所制定的具体计划。一项研究的开展既需要有广义层面上的研究设计,也需要有狭义层面上的研究设计。在进行研究设计时有两个相关概念显得非常重要——内在效度和外在效度,良好的研究设计在这两个方面都应同时具备。通常有两种类型的教育研究设计:一类是定量研究设计,另一类是定性研究设计。尽管二者之间有着诸多的不同,但在具体的教育研究中往往都会表现出研究设计所涉及的一些共性的基本内容与环节:研究目的与假设设计、收集资料方法设计、研究变量设计、操作定义设计、研究对象设计等等。当上述内容与环节完成后,就可以进入教育研究设计的最后一项工作——形成研究计划,它构成了一份课题研究或学位论文开题报告

x

教育研究方法

中所要陈述的内容。

　　所谓学位论文的开题报告,指的是学位论文选题可行性计划的研究报告,它是为阐述、审核和确定学位论文题目而做的专题书面报告,是大学生或研究生实施学位论文研究与写作的前瞻性计划和依据,也是监督和保证大学生或研究生学位论文质量的重要措施。通过对一份开题报告前后修改的对比分析,可以发现学位论文开题报告的一些基本注意事项。它涉及五个最最基本的问题:研究的问题是什么、为什么研究这个问题、研究的创新点何在、如何研究这个问题以及研究结果如何呈现。必须明确的是,开题报告是学位论文的"总设计",高质量的开题报告是获得优秀论文的先决条件。没有科学、周密的开题报告,没有对研究设计的精心准备,就没有研究活动的发生,更不会有什么真正意义上的学术突破。

　　由于在研究的开展过程中总是伴随着各种各样的概念,因此需要对一些核心概念作出特别的界定与说明。这是我们在今后的研究与写作中需要予以特别注意之处,然而又常常是初搞研究的人所普遍缺失的一个意识。要知道:概念的界定是所有研究领域的关键所在,任何一种界定都会清楚或暗含地说明自己研究领域的概念框架、研究边界和焦点。通过分析有影响和代表性的某一概念的定义,我们不仅可以更准确、更简捷地描述出概念所涉及的研究领域,而且有可能获得一些自己的创新性观点,例如,什么是考场不倒翁? 对这一看似没有疑问的概念,经过一番界定就会找到新意。就概念界定的具体方法而言,常见的做法有以下几种:一是借助引用权威性的定义或解释来实现核心概念的自我界定;二是通过同一概念不同界定的罗列与比较进行核心概念的自我界定;三是根据《逻辑学》下定义的方法进行核心概念的自我界定。

　　虽然研究离不开各种各样的概念及概念的界定,但社会科学使用的概念与自然科学的概念不同,它们通常是模糊的或含义不清的,因此,对社会现象的测量要从概念的操作化开始,这是一种将抽象的概念和命题逐步分解为可测量的指标与可被实际调查资料检验命题的过程,即用可感知、可度量的事物、现象和方法对抽象概念进行界定或说明,使得抽象的概念能够转化为可观察的具体指标。至于如何展开这一工作,我们可以从红娘在给他人介绍对象时的一些聪明做法中得到很好的感悟。从成功红娘的做法中,我们可以发现,介绍对象的过程实际上就是把双方内心抽象的想法转化成可以具体提问并能作出明确回答的问题的过程。对于成功的教育研究实施而言,就是一个如何把抽象概念进行可操作化的过程,就其具体的操作手法而言,就是一步步从抽象层次(概念)下降到经验层次(指标),使概念操作为可观察的事物的实践过程。这一过程具体可以分为以下几个操作步骤:第一,定义概念;第二,列出概念维度;第三,发展测量指标。只有将抽象的概念转化成具有可操作性的概念,并形成一系列的可操作性的指标,这样方能设计成一个个具体的问题,才有可能进行广泛而深入的研究。

第一节　蜜蜂与建筑师的本质差异
——研究设计的能力训练

任何一项研究的开展都离不开研究设计，它是研究工作顺利进行并最终完成的前提条件。研究设计本身是一项很复杂的工作，通常是研究者的大脑缜密思考的结果。众所周知，在人类的建筑行业，建筑师地位之所以要远远高于施工人员的地位，是因为其设计工作是为整个工程建设绘制施工蓝图，这一施工蓝图决定着一幢建筑物的全部，而施工人员只不过是照图施工而已。但在动物界，也有很多类似人类建筑的行为，我们常常看到诸如蜘蛛结出来的网和蜜蜂筑出来的巢这样仿佛经过精妙设计的东西，甚至不只一次地听到、读到这样一则趣闻：

长久以来，蜜蜂以其能够"建造"精美的六边形蜂巢而享有"建筑大师"的美誉。一位英国数学家在检验"蜜蜂课题"的答案时说：蜜蜂在建筑蜂房时稍微搞错了一点，本应该做成 $70°34'$，但是却做成了 $70°32'$。然而经过进一步的检查，发现原来是数学家出错误了，因为他所使用的对数表印错了，事实上蜜蜂是正确的。而且，所有蜂房底部六边形的每一个钝角都有一个锐角作为其补角。这两个角互补，并不是偶然的巧合。通过数学计算表明，这种奇特的形状和角度，可使建造蜂房的蜂蜡用得最少，而又能适合于蜜蜂生长、酿蜜的需要。小小蜜蜂，真是昆虫世界最会"精打细算"的建筑师啊！

我们不得不惊叹蜜蜂的伟大，但却不能歌颂它已超过了人类建筑师的智慧。马克思对此曾经感叹："蜜蜂建筑蜂房的本领使人间的许多建筑师感到惭愧。"在建筑设计这方面，人类在一定意义上还不如蜜蜂，但人比蜜蜂的高明之处在于：人在建筑之前，在大脑里已有了通盘考虑，有了整个模样，而蜜蜂则是糊里糊涂的。正是在这一意义上，我们认为最蹩脚的建筑师一开始就比最灵巧的蜜蜂不知要强多少倍。毕竟，建筑师是有头脑有想法的，他可以根据别人或自己的意愿，在头脑中浮现建筑物的结构，并把结构画在图纸上。而蜜蜂筑巢以及蜘蛛织网，只是出于本能，并没有计划好哪里应该建成什么样子，或是改变一下角度，因为它们没有像人一样的意识。然而遗憾的是，在众多教育研究的实践中，我们可以轻而易举地找到很多勤劳的"蜜蜂"与"蜘蛛"，却不太容易找到伟大的"建筑师"。这些勤劳的"蜜蜂"与"蜘蛛"往往率性而为地做着所谓的研究，事先既不作通盘的考虑，也不对其中的研究环节进行设计。

一、研究设计的基本意旨

在进行教育研究时,怎样才能成为伟大的"建筑师"呢? 怎样才能使将要开展的教育研究达成预计的目标呢? 进行怎样的研究才能解决期望解决的问题呢? 上述问题的答案是显而易见的,那就是研究者在开展研究时要有明确的研究设计意识,不断提升自己的研究设计能力,不能仅凭着"蜜蜂"式的建筑本能来进行研究,而要对教育研究本身事先作出精心的设计与安排,要明白研究设计在教育研究中的意义和价值,也要清楚研究设计所包含的基本内容,以及研究设计中的注意事项。

实际上,研究设计是在研究者已经确定了所要研究的问题并且完成了一些文献资料的准备后应进行的工作,即研究者必须根据研究课题或问题的性质、研究目的进行合理的研究设计。所谓设计,按其本意,指的是在正式做某项工作之前,根据一定的目的要求,预先制定方法、图样等。通过对所研究课题的设计,不仅可以更好地规范后续研究的流程,而且可以有效地找到问题的答案或检验所构想的假设。有鉴于此,研究设计的内涵可以从广义和狭义两个方面来思考。广义的研究设计指的是进行课题研究的基本设想或思路,也就是如何开展研究工作的基本框架;狭义的研究设计指的是为实施研究所制定的具体计划。 如果说研究的最终目的是解答问题,那么研究设计的任务就是明确解答问题的途径、策略、手段和方案。一项研究的开展既需要有广义层面上的研究设计,也需要有狭义层面上的研究设计。研究设计的完善与否对整个研究的实施具有重要影响,它直接影响到研究目标的实现以及结果的科学性,良好的研究设计是顺利进行研究的基本保证。

由于有两种范式的教育研究:一种是基于演绎推理的定量研究,另一种是基于归纳推理的定性研究。前者旨在对因果关系进行研究,从而对现有的理论或研究假设进行检验,常用的方法有实验研究与调查研究,它要求在研究开展之前定义概念、变量,并在整个研究过程中不能改变。后者则要求利用占有的资料,对其进行分析归类,由获得的信息归纳出有助于解释现象的模式或理论,常用的方法有个案研究,深入访谈等。因此,教育研究设计也相应有两类:一类是定量研究设计,另一类是定性研究设计。"定量研究的研究设计更倾向于结构化和规范性。同样,顾名思义,定量研究的结果通常是由大量的数据来表示的,研究设计是为了使研究者通过对这些数据的比较和分析作出有效的解释。"[①]与定量研究设计相比,"定性研究设计在具体的研究中,其结构化的程度比较低。一般认为它更具灵活性。"其基本

---

① [美]威廉·维尔思曼著,袁振国译.教育研究方法导论[M].北京:教育科学出版社,1997.108.

组成部分可由下图所示。①

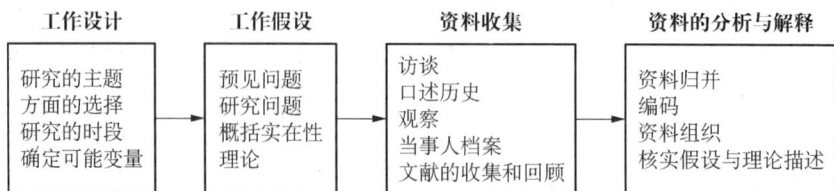

工作设计	工作假设	资料收集	资料的分析与解释
研究的主题方面的选择研究的时段确定可能变量	预见问题研究问题概括实在性理论	访谈口述历史观察当事人档案文献的收集和回顾	资料归并编码资料组织核实假设与理论描述

图4-1　定性研究设计中研究设计的组成

二、研究设计的内容与环节

尽管定量研究设计与定性研究设计有着诸多的不同,但在具体的教育研究中通常都会表现出来研究设计所涉及的一些基本内容与环节:研究目的与假设设计、收集资料方法设计、研究变量设计、操作定义设计、研究对象设计等方面。

目的与假设设计。如同建筑师在设计之前需要知道建筑物的功能一样,研究者在进行研究设计之前必须先要搞清楚自己的研究问题,因此,进行研究设计的第一步是明确研究目的,它是为了描述解释或预测某种现象的行为,并根据不同的研究目标采取不同的研究路线,选用不同的研究方法,并在此基础上进一步提出研究假设。好的假设不仅可以揭示哪一种研究设计才能配合研究的需要,甚至揭示需要哪种被试、研究工具、统计方法和实施的过程;研究假设可指导研究者收集解决问题所需要的证据和资料,使研究者对有用的重要的材料更加敏感,而免于浪费时间或收集不需要的资料。

◆ 研究假设的来源看起来是由研究人员提出的,但它不是凭空臆造的,而是由以往的实践经验、或是由初步观察、或是由理论文献得出的。按研究假设的形成方式,可分为归纳性假设、演绎性假设和研究性假设三种。归纳性假设是基于观察基础上的概括,是人们通过对一些个别经验事实材料的观察得到启示进而概括、推论提出的经验定律。演绎性假设是从教育科学的某一理论或一般性陈述出发推出新结论,是根据不可直接观察的事物现象或属性之间的某种联系的普遍性,通过理论综合和逻辑推演而提出的理论定律和原理的假设。研究性假设陈述的是两个变量间所期望的相关(或不同)。

◆ 研究假设的形成是从观察发现到理论发现的中介环节,是由个别特殊的发现过渡到普遍一般发现的方式。一般需要经过下列步骤:第一,在搜集一定数量的事实、资料基础上,提炼出科学问题;第二,寻求理论支持,形成初步假设。为了回答问题,要充分运用各种有关的科学知识,并且灵活地展开归纳和演绎、分析和综

---

① ［美］威廉·维尔思曼著,袁振国译.教育研究方法导论［M］.北京:教育科学出版社,1997.254.263.

合、类比和想象等各种思维活动,形成解答问题的基本观点,并以此构成假设的核心;第三,要推演出各相关现象的理论性陈述,使假设发展成比较系统的形态,具有严谨的系统和稳定的结构。

方法设计。这里的方法设计与选题时确定研究方法的构思是有区别的,选题时着重的是方法的可行性,即确定采用何种方法能达到目的以及是否可行,而在方法设计中则要对该方法的个体运用细节与各种技术性问题进行周密的思考。确定研究类型以后,研究者接着就要考虑采用什么样的方法来获取本研究所需要的数据。方法设计是获取正确、可靠的研究资料的前提。

◆ 获取数据的方法很多,有文献资料法、教育调查法、测量法、自然观察法、实验法、经验总结法等。不存在绝对"最优方法",每一种方法都有其长处和局限性,因此选择的根据是具体的研究目的和具体条件。

◆ 在对收集资料的方法进行设计时,还应考虑各种方法的独立性及相互之间的联系。每一种方法都有其特点及不同的适用条件和范围,不能互相替代,这是需要注意的方法的独立性,同时,还要注意方法间的联系,注意配合使用。比如,问卷调查在获取数据的广度上有其优势,但在深度上却有局限,而访谈调查在获取数据的深度上有其优势,却在广度上有其劣势,二者配合起来使用,就有可能达到比较好的数据收集的效果。

◆ 一般说来,文献法为主的研究,应设计出具体的文献阅读计划、资料分类计划;调查法为主的研究应设计出详尽的调查提纲、问卷表及资料分类整理方法;观察法为主的研究应设计出观察计划、备用方案及观察结果的分类整理方案;测量法为主的研究应设计出测量的细则;实验室法为主的研究则需要更高要求的实验设计。

变量设计。变量指的是在质或量上可以变化的概念或属性。变量是相对常量而言的,常量指的是在一个研究中所有对象都具有相同的状态或特征,具有一个值;而变量则是指在一个研究中研究对象具有不同的状态或特征,具有不同的值。在教育研究中,自变量、因变量和无关变量是广泛采用的变量描述语。研究者在进行研究设计时,要根据研究目的确定研究变量,考虑研究变量的性质特点和相互关系,并且要对该研究中自变量与因变量将呈现什么样的关系进行初步判断。

◆ 自变量是引起或产生变化的原因,是研究者操纵的假定的原因变量。因变量是受自变量影响的变量,是自变量作用于被试后产生的效应,是研究者要测定的假定的结果变量。无关变量也称为控制变量,是与特定研究目标无关的非研究变量,由于它会影响到研究进程,因此是需要加以控制的变量。

◆ 由于自变量的变化能引起或影响因变量的变化,因此自变量与因变量的关系可以看作是某种因果关系,而无关变量也许会对因变量发生作用,有可能会成为研究过程中的干扰因素,使得自变量与因变量的对应关系的解释变得困难,因而需要加以控制,通过控制来达到能够辨别、平衡、缩小或减少它们的影响的目的。

操作定义设计。课题题目或论文题目以及研究内容本身都有可能包含若干概念,它们是一些初始概念,通常可以分为两大类:即常量和变量,常量是理解起来没有歧义的概念,一般不需要界定,大家都明白,不会有不同的看法和认识。而变量由于其歧义性必须首先加以澄清,需要加以界定,才能为后续的研究开展奠定基础。变量的界定包括下抽象定义和下操作性定义两种。变量的抽象定义是对变量共同本质的概括,其作用是揭示变量的内涵;变量的操作性定义指的是"根据可观察、可测量、可操作的特征来界定变量的含义,即从具体的行为、特征、指标上对变量的操作进行描述,将抽象的概念转换成可观测、可检验的项目。从本质上说,下操作性定义就是详细描述研究变量的操作程序和测量指标。在实证研究中,操作性定义尤为重要,它是研究是否有价值的重要前提"。[①] 没有操作性定义,研究就不具体、不可操作,研究只能停留在"浅谈"层次,缺少实践依据。在研究中,通常有两种方式获得操作性定义:一种是从他人观点中选择一种观点作为本研究的操作性定义;另一种是自己另外提出一个操作性定义。下操作性定义的方法很多,常见的做法有以下三种:[②]

◆ 条件描述法。它是通过测量操作程序来界定的一个概念,是对所解释对象的特征或可能产生的现象进行描述,对要达到某一结果的特定条件作出规定,指出用什么样的操作去引出什么样的状态,即规定某种条件,观察产生的结果。例如,"竞争关系"——两个以上的同伴,所处环境相似,大家都有相同的目标,但只允许其中一人达到目标,这时同伴之间的关系为竞争关系。

◆ 指标描述法。它是通过陈述测量操作标准来界定一个概念,是对所解释对象的测量手段、测量指标、判断标准作出规定。例如,"青少年"——可以界定为"年龄在 7 岁以上,18 岁以下的人"。至于如何将抽象的变量转变成为可操作化的指标见本章第四节的内容。

◆ 行为描述法。它是通过陈述测量结果来界定一个概念,是对所解释对象的动作特征进行描述,对可观测的行为结果进行描述。例如,"合作"——对别人的活动给予支持,并直接参与活动,成为其中一员。

对象设计。教育研究对象可以是一个人或一件事,也可以是多个人或多件事。在具体的研究中,就需要对研究对象进行设计。在研究对象的选择上,如何选择有代表性的研究对象,主要涉及抽样的问题,它是研究设计的重要环节,不仅与研究目的、研究内容紧密相关,而且直接关系到资料的收集、整理与分析,以及研究结果的应用范围。在定量研究中,研究对象是指被选择的研究个体,一组研究对象就称

① 郑金洲,陶保平,孔企平.学校教育研究方法[M].北京:教育科学出版社,2003.62.

② 郑金洲,陶保平,孔企平.学校教育研究方法[M].北京:教育科学出版社,2003.62—64.

为研究的样本,而样本是从一个大的群体中选择出来的,这个群体就称为总体。抽样是指遵照一定的规则,从一个总体中抽取有代表性的一定数量的个体进行研究的过程。对象设计的一般步骤是:第一,确定研究的总体;第二,确定抽样的方法;第三,确定样本的大小;第四,进行抽样;第五,评估所选样本在总体中的代表性。随机抽样的方法是多种多样的,其基本方法包括简单随机抽样、等距抽样、分层抽样、整群随机抽样、多阶抽样、双重抽样以及有目的的抽样等。[①]

◆ 简单随机抽样。按照等概率的原则,直接从含有 N 个元素的总体中抽取 n 个元素组成的样本($N>n$)。通常可采取两种具体方式:一种是抽签的方式;另一种是使用随机数目表。

◆ 等距抽样。把总体的单位进行排序,再计算出抽样距离,然后按照这一固定的抽样距离抽取样本。第一个样本采用简单随机抽样的办法抽取。K(抽样距离)$=N$(总体规模)$/n$(样本规模)。前提条件:总体中个体的排列对于研究的变量来说,应是随机的,即不存在某种与研究变量相关的规则分布。可以在调查允许的条件下,从不同的样本开始抽样,对比几次样本的特点。如果有明显差别,说明样本在总体中的分布成某种循环性规律,且这种循环和抽样距离重合。

◆ 分层抽样。先将总体中的所有单位按照某种特征或标志(性别、年龄等)划分成若干类型或层次,然后再在各个类型或层次中采用简单随机抽样或系统抽样的办法抽取一个子样本,最后,将这些子样本合起来构成总体的样本。通常有两种方法:一是先以分层变量将总体划分为若干层,再按照各层在总体中的比例从各层中抽取;二是先以分层变量将总体划分为若干层,再将各层中的元素按分层的顺序整齐排列,最后用系统抽样的方法抽取样本。

◆ 整群随机抽样。抽样的单位不是单个的个体,而是成群的个体。它是从总体中随机抽取一些小的群体,然后由所抽出的若干个小群体内的所有元素构成调查的样本。对小群体的抽取可采用简单随机抽样、系统抽样和分层抽样的方法。优点:简便易行、节省费用,特别是在总体抽样框难以确定的情况下非常适合。缺点:样本分布比较集中、代表性相对较差。

◆ 多阶抽样。按照元素的隶属关系和层次关系,把抽样过程分为几个阶段进行。适用于总体规模特别大,或者总体分布的范围特别广的情形。其缺陷在于:每级抽样时都会产生误差,解决的办法是:增加开头阶段的样本数,同时适当减少最后阶段的样本数。

◆ 双重抽样。这是指进行两次抽样,抽取两个样本进行比较的方法。

上述是教育研究设计中经常需要做的工作,教育研究设计的最后一项工作是形成研究计划,它主要说明你要研究的问题、这些问题值得探讨的原因、你的研究

---

① 李方.现代教育科学研究方法[M].广州:广东高等教育出版社,1997.57—61.

假设、你的研究方法及选择这些方法的原因、你的研究的程序与步骤以及你的预期的研究成果等。对这些问题的设计与回答就构成了一份开题报告中所要陈述的内容，也就是本章第二节中所要展开论述的内容。

三、研究设计的关键概念

需要指出的是，在进行研究设计时有两个相关概念显得非常重要——内在效度和外在效度。一项好的研究设计在这两个方面都应同时具备。结论的得出不但要建立在有数据证明的基础上，而且更应在非研究的特定条件下，有可应用性的价值，才是正确的和有意义的。因此，内在效度是指"因变量的观察差异与自变量有直接关系，它并不是由某些其他偶然变量引起的"[①]。由此可见，内在效度与无关变量的控制有关。有一些基本的方法可以增加我们对所做研究的解释的可靠性，即提高内在效度。[②]

◆ 实验室研究。研究人员的研究是在实验装置中进行的，注意认真调节环境条件。

◆ 双盲实验。它是在用两种或更多的方法进行比较的情形下展开的。无论研究中的受试者还是实验人员（如教师、研究助理）都不清楚研究的假定，也不清楚采用的方法是否比期望更加有效。

◆ 悄然取样。人们在不知情的情况下，行为被记录下来。例如，在大学的图书馆里，通过看地毯上的磨损来判断学生和教师对图书馆不同部门的使用情况。

◆ 三角分析。在研究同一经验性问题时，通过比较两种或两种以上的途径做研究分析，确定它们是否相互证实、互补，以提高评价数据的真实性。可能的途径是：理论、方法、研究者、数据来源、数据类型等。

外在效度是指，"除了研究本身外，其结论能应用到其他情形所表达的一种程度。换言之，我们所总结的结论也能推广到其他情况的一种程度。从普遍意义上来说，当我们的研究成果除了适用研究本身情形外，还能用于其他情况，那么我们就对人类认识世界作出了贡献。"下列三种常用的策略有助于提高研究的外在效度。[③]

◆ 真实生活情景。在非实验条件下进行的实验，尽管没有实验室中那么严格的控制，但是当你将其得出的结论应用到其他情形时，在可用性方面也许会更为有效。

◆ 典型样本。在研究中，为了了解关于某一类物质或生物时，常常会从某一

---

① ［美］杰克·R·弗林克尔等著，蔡永红等译. 教育研究的设计与评估［M］. 北京：华夏出版社，2004.180.

② 参见［美］保罗·D·利迪等著，顾宝炎等译. 实用研究方法论：计划与设计［M］. 北京：清华大学出版社，2005.119—120.

③ 参见［美］保罗·D·利迪等著，顾宝炎等译. 实用研究方法论：计划与设计［M］. 北京：清华大学出版社，2005.121—122.

教育研究方法

类中找出一个样本来研究,然后得出关于这一整体的结论,如果我们期望研究中的受试者是我们期望做出结论的人群的典型样本,就会大大提高研究的外在效度。

◆ 不同情形的重复性。如果一位研究者通过特定情形的特定研究得出的一个结论,与另一位研究者在相同条件下进行同样的研究,得出了同样的结论,甚至其他研究人员在不同条件下进行同样的研究也得到了这样的结论。这样的话,就为在不同内容和条件下所得结论的正确性和可应用性提供了证据。

第二节　一份开题报告修改前后的比较分析
——学位论文开题报告的注意事项

对于课题研究而言,开题报告的制定是其中一个不可或缺的环节,它在很大程度上决定着该研究的进程及研究目标的实现程度;对于大学生或研究生的毕业论文而言,开题报告的撰写在很大程度上决定着后续研究的广度、深度、创新度及论文的质量,其中的创新点的提出、研究方法的使用和论文大纲的拟定是决定学位论文质量的关键环节,它们将直接决定未来学位论文能达到什么样的水平;而对大学生或研究生本人而言,开题报告又是学位论文的前期训练,不仅为学生顺利完成学位论文的撰写提供有力的保障,而且也对学生的研究能力与写作能力的提升提供规范的训练。那么,学位论文的开题报告究竟是什么? 撰写学位论文之前为什么要进行开题报告的论证? 学位论文开题报告有哪些组成部分? 每一个组成部分应当怎样表述才合适? 这些是我们撰写开题报告时必须予以思考的问题,而对上述问题理解的好坏也在很大程度上表明了你的学位论文开题报告的质量。

一、学位论文开题报告的要义与案例分析

所谓学位论文的开题报告,指的是学位论文选题可行性计划的研究报告,它是为阐述、审核和确定学位论文题目而做的专题书面报告,是大学生或研究生实施学位论文研究与写作的前瞻性计划和依据,也是监督和保证大学生或研究生学位论文质量的重要措施。通过它,开题者可以把自己对论题的认识理解程度和准备工作情况加以整理、概括,以便使具体的研究目标、步骤、方法、措施、进度、条件等得到更明确的表达;通过它,也可以有效地训练大学生或研究生科研能力与学术作品撰写能力。此外,在当今的大学学术文化中,开题报告更是一种制度性的训练。通过开题报告的撰写与论证,师生一起讨论选题,不仅可以达到集思广益、互相启发的效果,而且有利于形成一种学术氛围,延续一种学术传统。

学位论文的开题报告通常为表格式,它把要报告的每一项内容转换成相应的栏目,这样做,既便于开题报告按目填写,避免遗漏;又便于评审者一目了然,把握

要点。其内容一般包括:题目、立论依据(问题的提出、概念的界定、研究的意义以及国内外研究现状)、研究方案(研究目标、研究内容、拟解决的关键问题、研究思路、研究方法、研究过程)、论文大纲、研究基础(相关研究经历、相关成果发表、具备的研究条件)以及导师或指导小组意见。

通常,开题报告涉及五个最最基本的问题:

◆ 研究的问题是什么。在开题报告当中,研究者应明确地表述课题要研究什么,要使自己及他人能清楚地知道这个重要问题。因此,在开题报告中要有合适的题目,要有明确的问题,要有研究的变量和关键概念,甚至包含研究的范围与研究的方法。

◆ 为什么研究这个问题。在明确了研究的问题之后,还要说明选择研究该问题的理由,即要回答研究的背景、研究的意义、研究的目的等。

◆ 研究的创新点何在。它意味着必须围绕研究主题及范围全面收集已有相关研究成果,在此基础上进行一次详细的文献综述,以明确国内外在该方向的研究现状、问题与突破口。

◆ 如何研究这个问题。当研究者清楚地阐明了研究什么、为什么研究以及研究的突破口之后,接下来就需要回答如何进行研究了,即要说明研究目标、研究内容、拟解决的关键问题、研究的思路与方法、研究的进程步骤、研究的条件等等。

◆ 研究结果如何呈现。学位论文的研究结果通常是以论文的方式来表达的,在开题报告中主要是列出详细的论文提纲,最好能够达到四级提纲的程度,并附上主要参考文献。这样为后续的研究开展、研究资料的进一步收集与整理以及研究成果的表达明确一个写作的框架。

下表是一份学位论文的初始开题报告(研究与写作提纲部分)及修改后的开题报告(研究与写作提纲部分),通过比较,我们从中不难发现研究者前后问题的确定及研究思路变化发展的心路历程,同时我们也能从中感悟出开题报告撰写时应该引起重视的一些注意事项。

表 4 - 1　一份初始的开题报告及修改后的开题报告之比较①

初始的开题报告	修改后的开题报告
"灰色管理"地带的民工子弟学校的生存逻辑(拟定) ——兼论不同社会组织的互动分析 前言(学术兴趣的缘起) 1. 支教的实践经历(校方以教委微词为理由拒绝我们提出的"挂牌"要求)	"灰色管理"地带的民工子弟学校的生存逻辑(拟定) ——基于 N 个民工子弟学校的生存分析 引言

① 该表是根据朱志勇与邓猛的相关论文中的内容编写的,其中前后修改过程中的师生对话相信对正在撰写学位论文开题报告的学生而言有较大启示。详见朱志勇,邓猛.教育研究方法(论)的"科学化"抑或"本土化"——兼论学位论文的开题报告[J].教育研究与实验,2006,(1).

初始的开题报告	修改后的开题报告
2. 南大有关教育公平的论坛 3. 学校社会工作的教学经历 **第一章　导论（背景化的描述）** 一、问题的提出（民工学校市场化的形成） 二、文献综述 1. 国内目前有关民工学校的学术进展（研究的角度、内容等） 2. 国家与社会 3. 灰色理论/韦伯：形式合理性与实质合理性 4. 社会资本与社会网络（关系的构建与网络的形成，资源的获得等） 三、相关概念的界定 1. 民工子弟学校；2."灰色管理"模式；3. 生存逻辑；…… 四、研究假设 五、研究方法：文献法，口述史，个案分析，比较研究，横向比较，纵向深剖…… **第二章　（民工学校与不同社会组织的互动，题目待定）** 一、互动逻辑之一：与政府部门的交集：（中央、教育局、地方政府……） 1. 描述；2. 分析 二、互动逻辑之二：与非政府主体的交集（NGO，媒体，志愿者） 1. 描述；2. 分析 三、互动逻辑之三：与其他办学主体的交集（同行，即其他民工子弟学校） 假设：不存在博特所说的社会资本的竞争关系，而是互动、共享关系。 **第三章　民工学校面临的困境与机遇** 一、困境： 1. 流动性：学生的流动、校址的流动、教师的流动 2. 排斥与不适：公办学校吸纳民工学校毕业学生的高门槛（赞助费等） 3. 文化差异：学生进入公办学校后一方面存在学业进度的不适应，另一方面存在不同文化的适应，学业进度的不适应进而可能出现心理问题 4. 学校与家庭的互动不足：家长对子女教育的低期望 二、机遇：相关政策的出台/NGO 的逐步健全/…… **第四章　结论与讨论** 一、民工学校是中国特定的户籍制度、教育制度与城市化进程等多方因素共同作用下的特殊产物。其存在具有一定的长期性。 二、对不同社会组织间的互动模式分析 三、相关建议：对政府/对非政府主体/学校社工的推动/自身 结语	**第一章　导论** 一、研究问题的提出（选题意义） 二、国内外研究文献综述（研究角度、研究内容、研究趋势） 三、研究假设与相关概念的界定： 1. 研究假设；2. 相关概念界定 四、研究的理论支点 五、研究的方法 六、论文结构 **第二章　生存背景与生存空间** 一、生存背景 学校出现的制度化背景： 1. 二元结构、户籍制度限制教育资源的流动 2. 义务教育的"缺位"（未包括城市流动人口子女） 二、生存空间 1. 市场的需求 2. 道义的理性：从存在合理性、教育的无差别性、教育公平分析 3. 法律上的地位（三种类别：A. 合理合法：为公办的补充，有正式的办学证；B. 合理不合法：非正规的办学，无证；C. 不合理不合法：纯粹盈利，卷款私逃） **第三章　生存价值** 一、学校现状；二、功能分析（正负功能） **第四章　生存模式** 一、适应性（流动性强，历次搬迁……） 二、自主性（市场经营主体，自我组织，自负盈亏……） 三、互动性（多方社会资本的运用：人脉，人力，财力，物力，精神……） **第五章　生存展望与讨论总结**

从上述这份开题报告修改前后的对比中,可以看出其中的一些变化,能紧紧围绕"生存逻辑"这一核心概念展开全方位的研究,题目的修改使研究的问题、对象与范围等更明确了,思路的修改使得问题意识更加聚焦了,创新点更为突出了,整体的研究与写作思路更为清晰了,研究方法的运用也更为合理了……我们不妨以此为例,总结归纳一下学位论文开题报告各组成部分撰写时的一些注意事项。

二、学位论文开题报告的组成部分及注意事项

题目部分。题目是开题报告必不可少的组成部分,它是学位论文中心思想的高度概括,要注意的是,题目本身并不仅仅是一个标题而已。一个好的题目,能够明确研究的问题,指明具体的研究方向,划定适当的研究范围。其基本要求:一是准确。要将研究的问题准确地概括出来,反映出研究的深度和广度,反映出研究的性质,反映出实验研究的基本要求——处理因素、受试对象及实验效应等;二是规范。遣词造句要科学、规范;三是简洁。要用尽可能少的文字表达。更为具体地说,一个好的题目,要尽可能体现五大意识:

◆ 问题意识——研究的根本目的就在于解决问题,要么解决一个理论问题,要么解决一个实践问题,要么二者兼而有之。要尽可能把蕴藏在问题背后的一些规律性的认识——问题意识揭示出来,并放在标题上。

◆ 创新意识——通过研究综述工作所明确的研究的突破口——创新点——尽可能也体现在题目中,而且很多时候问题意识与创新意识是合而为一的。

◆ 对象意识——研究对象是指本研究行为针对的目标和对象,对象的指明表明了研究者良好的限度思维意识。选取和确定科学的研究对象意味着对研究对象群体的规模、层次、数量等给予科学的确定。

◆ 范围意识——研究总是在某一范围之内展开的,明确研究范围实际上是划定研究的边界与落脚点。边界的缺失是"研究"的大忌,这将直接导致"研究"的不可操作性,甚至使得"研究"从起点就面临着"偷换概念"或随意夸大或缩小研究范围的危险。

◆ 方法意识——它是研究者在探索一个具体问题或接触一项实际研究时,思想上能够随时意识到"要从方法的角度作些分析、判断和选择"。研究方法本身很有可能就是研究的一个创新点,因此,好的题目要能明示或隐含着某种研究方法。

立论依据部分。开题报告的立论依据部分实际是要回答为什么要研究,需要研究什么。依此作为衡量研究者对该领域的了解程度、相关知识水平和选题的科学依据。它需要在查阅大量国内外文献资料、广泛调研的基础上,对该问题及其所在领域的研究现状、水平、发展趋势和存在问题以及对此的思考进行综合和分析,证明该问题确有研究的必要。在做研究综述工作时,应做到客观公正、实事求是,还应列出与立论相关的参考文献,且文献应当涵盖该问题所涉及研究领域发展的

各重要阶段的成果及发展方向。

◆ 问题的提出——也可以说课题提出的背景，即为什么提出研究这一问题。它要明确的是，研究者为什么要研究这一问题而不是其他问题？为什么要研究的是这个问题的这个方面而不是其他方面？提出研究问题的来源并不仅仅是一种写作手法上的需要。相反，问题的缘起在某种程度上决定了该项课题是否有价值。

◆ 概念的界定——明确了研究问题后，对其中所涉及的核心概念进行界定是立论依据中一个不可或缺的内容。对一项严谨的科学研究来说，明确界定自己研究范围内一些概念的属性和范畴，可有助于理清研究内容，把握研究方向。如果核心概念是抽象的概念，还要注意尽量分解其维度，使其具体化、可操作化。此外，由于不同的人对同一概念的理解和界定有可能是不同的，因此通过对核心概念的明确界定可以避免引起不必要的争论和麻烦。

◆ 研究的意义——也可以称为研究价值，这也是立论的一个非常重要的部分。课题的研究意义实质上决定了你有没有必要进行这项研究，也是研究本身所具有的功能的体现。显然，没有任何研究意义的研究，根本没有开展的必要。研究意义通常可以从理论意义和实践意义两个维度进行分析。理论的意义反映的是这项研究拓展知识的功能，如完善了某一项研究理论，或是丰富了某项理论，或是填补了某项空白等；实践的意义反映的是这项研究解决问题的功能，如解决了在实践中发现或存在的某个问题，或者对实践中问题的解决提出了一种科学、合理的解释等等。

◆ 研究的综述——研究综述也称文献综述或国内外研究现状。研究综述是整个论文构想与写作的基础，通过它往往可以找到已有相关研究的优点、缺点、盲点，从而凝炼出有价值的问题，找到研究的突破口并确立起自己论文研究的起点与创新点。即你所做的研究应该是在此基础上的提高，是对此问题的进一步说明；或者反映出你的研究的新意，即研究的创新点或贡献点是什么。实际上，"只有全面、深刻地阅读、理解了国内外同行的最新研究进展，才能明确自己工作的起点；只有清晰地梳理出以往学科发展的历史脉络和主要路径，才有可能把握学科发展的未来趋势和走向；只有敏锐地发掘出学术界共同面临而又亟待解决的问题，才能正确选择自己研究的方向和切入点。"[①]研究综述的具体写作思路请参见第二章第二节的内容。

研究方案部分。研究方案是课题确定之后，研究人员在正式开展研究之前制订的整个课题研究的工作计划，它是开题报告中的核心，也是一项研究能否落到实处的关键。它初步规定了课题研究各方面的具体内容和步骤，它对整个研究工作的顺利开展起着关键的作用。一个好的方案，可以使我们对研究避免无从下手，或

---

① 刘凤朝. 撰写文科博士学位论文开题报告应注意的几个问题[J]. 学位与研究生教育, 2005, (12).

者研究一段时间后不知道下一步干什么的情况下,从而保证整个研究工作有条不紊地进行。研究方案越详细,条目分解越具体,操作起来就越容易,也越能出研究成果。研究方案所包含的内容是研究目标、研究内容、拟解决的关键问题、研究思路与方法以及研究的进程安排等。

◆ 研究目标——它与所要解决的研究问题是紧密相关的,也是与研究问题背后的规律性的认识的揭示是一致的,它表明的是研究者在这次研究中想要达到的境地或想要得到的结果。确定研究目标要和提出研究问题紧密联系,存有因果关系。因为目标本身就是试图为解决所遇到的实践问题服务的。从研究方案的角度来说,研究目标一定要具体、明确,不能模糊,不能泛化。必要时在总目标下写次级目标,但次级目标之间要符合研究的进程逻辑。

◆ 研究内容——它是实现研究目标的各个相关要素或组成部分,甚至是实现研究目标所不可或缺的步骤或条件。它是针对研究目标,简述你将要开展的各项工作,每一部分研究内容要与研究目标保持逻辑对应关系,即一个研究内容解决一个研究问题,达成一个研究目标。换句话说,研究内容要具体,切合实际,并为实现研究目标服务,要根据研究目标从不同的维度将研究内容进行分解,越详细越容易操作。

◆ 拟解决的关键问题——它实际上就是论文的主攻方向、研究目的。它是在综述本课题国内外研究动态的基础上提出来的,论文正文的各个部分都是为了论述这一主要问题,具体是指开题者预先设想的、将要在论文中证明的某一个新的理论问题,或某一个新的技术问题,或某一个新的方法问题等,以及开题者对这个问题的基本观点(赞成什么,反对什么)。此栏目的填写,就是要求研究者用明确、具体的文字(力求用一、两句话)把论文题目中的上述信息传达出来。

◆ 研究思路——它是研究者在构思论文过程中所设定的讨论问题的程序,也就是作者为了实现写作意图而建立起来的分析问题的顺序和要点。所谓讨论问题的顺序,是指为了贯彻论文的主题思想,先讨论什么,后讨论什么,这个次序要预先确定下来。所谓要点就是按照论文的主题思想,沿着这些次序所安排的大小不同的问题,或者叫做论题进行讨论。即沿着一定的先后次序逐步讨论某些问题所串联起来的线索就是研究思路。所以,研究思路也可以解释为按照一定次序把大小不等的议题串联起来,逐步深入展开讨论以解释主题的计划。完整的思路有四个要点:"第一,有基本内容的预设。要有论文的总体框架,解决什么问题,文章规模有多大,要心中有数。第二,有中心观点的确立。作者把问题提出来之后,要有答案,让读者了解你的看法。只提问题,不给结论,不能算一篇完整意义上的论文。第三,有讨论问题的顺序。作者先讨论什么,后讨论什么,不可以随意决定,而要按照一定逻辑顺序,由浅入深地展开。这不仅是作者清晰表述的需要,也是便于读者理解的需要。第四,有关键环节的安排。在讨论问题的时候,要有重点,在关键的地方把疙瘩解开,使读者如同隔岸观火,豁然开朗。"①

◆ 研究方法——它是针对具体的研究内容,为实现研究目标所采用的方法总和,既涉及方法论的层面,也涉及具体的研究方法或研究技术、手段层面。通常包括收集数据的方法与分析数据的方法。前者主要包括抽样、工具(如问卷设计、访谈)、研究程序等,后者包括对量的数据的统计分析、文字材料的内容分析、归类等。一项研究过程最好根据该研究所属的方法论,选择其相应的某种研究方法为主,辅之以其他的研究方法。既要说明研究方法是什么,又要说明为什么采用这种研究方法,即对这种研究方法的优劣有清醒的认识,还要明确如何运用,每一种方法的使用都要针对你所提出的研究问题,但每种方法都要细化,如访谈法,你必须告诉我们,访谈哪些人,多少人,访谈问题是什么,采用何种方法,访谈的资料如何分析等等。

◆ 研究进程——它是对整个学位论文的研究与写作在时间及顺序上的安排。它既要对整个的研究时间作出明确的规定,又要有明确而具体的研究阶段划分,要表明每个阶段的起止时间节点,以及每一时间段内所要做的研究工作及成果,且越具体越好。研究进程可以按时间分阶段,也可以按研究类别或研究条目分类,但要把不同阶段中所要做的研究工作设计好,明确每一阶段的具体任务。阶段之间不能间断,以保证研究进程的连续性。要预设这些不同阶段中可能出现的研究成果和预期目标,还要厘清可能存在的问题,并提早做好预案。

研究基础部分。所谓研究基础,指的是研究者在明确自己所要研究的问题后,对自身是否具有相应的研究条件作一个充分的说明,它通常包括客观条件和主观能力两大要素。就客观条件而言,诸如要充分占有文献资料,要有必要的仪器、设备、材料、场所,要有充足的研究经费等,如果在这些方面存在一定的困难,你需要思考采取什么办法加以解决,否则研究难以进行;就主观能力而言,诸如是否具备开展本研究所必需的一些研究素养、能力等。

论文大纲部分。就学位论文的开题报告而言,论文大纲是其核心内容之一,它更加系统化与逻辑性地表达出整个的研究与写作思路,它是研究者遵循研究的思路所拟定的学位论文内容的章节体的写作方案。一份完备的论文大纲必须达到五个要求:"一是扣题性强。提纲必须紧扣主题,不能偏离主题。偏离了主题,按照提纲写出来的初稿就要报废,叫做无效写作。二是层次性强。要一层一层地把问题说清楚,最好有节奏感,结构紧密,区分又很明显。三是与资料完全匹配。拟出来的提纲不能与材料脱节,两者不吻合,拿这样的提纲说那样的事,完全不靠谱,这样的提纲就没有可行性。四是文字明了而且优美。纲目清晰,文字简洁是提纲的基本要求之一。五是根据选题、体裁的不同,文字风格多样化。选题、体裁不同,提纲

---

① 李良玉.博士论文开题报告刍议——以历史学为例[J].江苏大学学报(社会科学版),2007,(5).

就不同,不能千篇一律。"①

参考文献部分。学位论文开题报告在文献综述之后应列出主要参考文献目录,可附在开题报告最后。参考文献目录在编排时要注意分类和排序以及格式规范,通常分为中文资料类和外文资料类两类,其中又可进一步分为著作类与论文类;排序通常按照参考文献发表的时间先后顺序以倒序的方式进行;格式规范应参照参考文献的国家标准进行。这里需要着重指出的是,参考文献的引用与编排要遵循"三不要"的工作原则②,即没有认真阅读过的文献不要引用,非一流期刊上的论文不要引用或慎重引用,虽然读过,但对学位论文研究工作没有借鉴意义的名人之作不要勉强引用。

总之,开题报告是学位论文的"总设计",高质量的开题报告是产生优秀论文的先决条件。它既是研究者确定研究题目后所表现出来的研究知识与能力的"缩影",也是后期完成研究的"指南"。没有科学、周密的开题报告,没有对研究设计的精心准备,就没有研究活动的发生,更不会有什么真正意义上的学术突破。

第三节 "考场不倒翁"的真正含义
——核心概念的界定意识

对于经验丰富的教育研究者而言,概念界定意识实际上已成为其研究中不言而喻的,甚至是带有一定本能色彩的习惯性行为。然而,通过对初涉教育研究领域的研究者及广大中小学教师所写的教育研究论文及所做的教育研究课题的调查与分析,发现其中存在的一个最大的问题就是对研究中所涉及的核心概念或一些关键性概念不作界定,从而在造成了许多不必要争论的同时,也常常模糊了自己所从事的教育研究的边界以及所要解决的问题,不仅弱化了研究的价值,而且也很难让自己的观点自圆其说。有鉴于此,在教育研究中养成概念界定的意识,不仅十分必要,而且在对概念进行界定的过程中常常可以发现其新意。对此,我们不妨从一位"考场不倒翁"的故事中来感悟概念界定的妙处。

有这样一人,在长达二十余年的读书生涯中,大大小小的考试经历过无数次,几乎每次的考试都取得了比较高的分数,没有哪一次考试考砸过,所以自称为"考场不倒翁"。按照一般的理解,"考场不倒翁"的内涵是指在考试中总是能取得高分甚至满分之人,但这位仁兄对"考场不倒翁"有着特别的理解。有人愿闻其详:

① 李良玉. 博士论文开题报告刍议——以历史学为例[J]. 江苏大学学报(社会科学版),2007,(5).

② 刘凤朝. 撰写文科博士学位论文开题报告应注意的几个问题[J]. 学位与研究生教育,2005,(12).

他举例说明道:"如果有一个人要参加一场考试,走进考场拿起考试卷一浏览,每道题目都看了一遍后,高兴得差点没笑出声了,因为几乎每一道题目他事先都准备到了,而且准备得相当充分,于是他拿起笔来奋笔疾书,答完后交上去,最后成绩一公布,果然得了个满分。这样的人在我看来,不能称为'考场不倒翁',哪怕每一次考试都是如此仍然不能称为'考场不倒翁'。那我是一个什么样的'考场不倒翁'呢?我所说的'考场不倒翁'究竟是什么样的含义呢?比如,今天你要参加某一场考试,走进考场拿起考试卷一浏览,每道题目都看了一遍以后,傻眼了,为什么?因为这一道题没有准备到,那一道题也不会做,但是你依然能够考出来,并且取得好成绩,把没有准备到的题目做出来,甚至把不会做的题目做出来并且得高分。这才是我所说的'考场不倒翁'的含义,而我就具备了这样的能力。"

听者在哑然失笑之余,倒也不住地点头,觉得这样的界定不仅有一定的道理,而且还颇有新意并给人以一定的启迪。

由此,我们不难发现,尽管"考场不倒翁"这几个字大家都认识,也都会写,但需要作特别的界定与说明,否则,你从字面上所理解到的意思与别人所要表达的意思有可能大相径庭。它给我们以启示:在今后的教育研究中,无论是课题研究还是论文写作,研究者一定要养成对核心概念进行界定的意识,形成对核心概念进行界定的习惯,培养对核心概念进行界定的能力。

一、概念界定意识的内涵与本质

既然核心概念的界定如此必要,那么,我们不得不问:究竟什么是概念的界定意识?

"界定"一词是由两个字构成,一是界,即划定界限的意思;二是定,即进行定义的意思。"界定"一词的本意,按照现代汉语词典的解释,指的是"划定界限确定所属范围:两个单位的分工有明确的界定/是优是劣自有客观标准来界定"。① 简言之,界定是一种用简洁明确的语言对事物的本质特征作概括说明的方法。界定时必须抓住被定义事物的基本属性和本质特征,多采用判断单句的形式。界定既是对相关内容的高度概括,又要符合格式上的要求,在内容上要抓住事物的本质特征,形式上要把被定义的概念放在一个大的概念中,再加上对其本质特征进行描述的限制,即:被定义的概念+对其本质特征进行描述+大概念。

因此,所谓概念的界定意识,它既是研究者研究能力的反映,也是研究者的研究思维习惯与行为方式的反映。具体地说,指的是研究者在进行教育研究与论文写作的过程中,对一些核心或关键性概念的内涵与外延的自我认知能力与认知的

---

① 中国社会科学院语言研究所词典编辑室.现代汉语词典[Z].北京:商务印书馆,1996.651.

清晰程度,以及所养成的对概念进行特别说明的研究思维习惯与行为方式。经过界定了的核心概念贯穿整个研究与论文写作的逻辑,在后续研究与写作中直接指引着研究者的研究与写作行为。

界定意识有其自身内在逻辑联系的层次结构,其核心内涵是研究者的身份意识,即意识到自己的研究者角色;其具体内涵则包括研究者的责任意识(对自己观点的负责)和规范意识(对研究规范的遵循);其延伸内涵包括研究者的独立人格、创新精神、自主理性等等。研究者概念界定意识的养成与增强有利于研究秩序的建立、研究规范的遵循、研究中创新观点的形成以及研究价值与功能的实现。

二、核心概念界定的意义与功能

为什么在教育研究与论文写作中要对核心概念进行界定? 或者说概念界定在研究中究竟是否必要? 如果在研究中不对核心概念进行界定又会发生什么? 这一系列问题的背后涉及的是概念界定的必要性问题。对于这一类问题的回答,我们不妨先回想一下《西游记》里孙悟空三打白骨精故事中的一幕,看看从中我们能得到何种启示。

孙悟空在保护唐僧去西天取经的途中,出于安全的考虑,每当孙悟空要离开唐僧去探路或寻找食物的时候,他总不忘将师傅唐僧安顿下来休息,然后用自己的金箍棒围绕唐僧划一个圆圈,由于他的这根金箍棒具有特异功能,用它所划的那个圈仿佛是个屏障,妖魔鬼怪无法逾越。圆圈划好后,孙悟空告知师傅,一定要呆在圈内,不要走出这个圈子,而且,只要呆在圈内,就会非常的安全,任何妖魔鬼怪也奈何不了他;如果走到圈外,则有很大的危险……因此,妖怪为了抓住唐僧,总是想方设法地、三番五次地引诱唐僧走出圈子,最终得手。若不是每次孙悟空及时赶到,唐僧的性命则休矣!

妖怪为什么要千方百计地引诱唐僧走出那个圈子? 孙悟空划的那个圈子究竟有什么用? 这一做法与教育研究中概念的界定意识究竟有着怎样的关系? 其实,相对于教育研究的开展而言,孙悟空给唐僧划的那个圈子有两个方面的功能意味:第一个功能是确认安全的边界。因为用金箍棒所划的那道圈线本身就是一道安全警戒线,对唐僧具有提醒作用,对妖怪具有警示作用,从而更好地保护了唐僧的安全。从中得到的启示在于:在研究中也需要给自己的所要展开的研究划一个边界,限定一个范围,而且要不断提醒自己不要随便超越这个边界与范围,否则就有可能使自己的研究由于超越了边界而错漏百出。正如俗语所言:橘生淮南则为橘,生淮北则为枳矣! 这样做的另一个好处是可以集中更多的精力聚焦于某一问题展开深入的分析。同时,这样做还可以区分于其他相关的研究,避免陷入面面俱到,面面不到的尴尬境地；第二个功能是突出唐僧安全问题的解决。划圈的根本目的是通过设置安全屏障而达成唐僧安全问题的解决。同样的道理，研究就是要解决问题的，要么解决一个理论问题，要么解决一个实践问题，要么兼而有之。有鉴于此，在研究中也需要明确要解决的问题，并想方设法突出研究者对某一问题的独特的观点与看法，从而区分于其他相关的观点与看法。由于对于同一个概念，不同的人往往有不同的认知，因此，这样做了以后，应该可以在相当大的程度上避免引起不必要的争论和麻烦。由此可见，不对概念进行界定就仿佛孙悟空不用金箍棒划圈，失去了安全警戒线保护的唐僧就难免会被妖怪吃掉了，而未经界定的概念必然会使自己的研究不仅失去了立论的基点，分散了所要研究问题的重心，削弱了他人对你的研究的信服，而且也丧失了一次很好的形成研究创新点的机会。

总体来看，既然概念是理论思维和表达的基本单位，所以一切研究都离不开概念，一切研究都始于对概念的界定。概念又是一类事物共同特征和本质特征的表达，概念的界定和关键概念范围的界定规定了研究的范围。概念的创新是研究创新的重要组成部分，其中界定往往是获得创新的一种重要方式。也就是说，概念的界定是所有研究领域的核心所在，任何一种界定都会清楚或暗含地说明自己研究领域的概念框架、研究边界和焦点。通过分析有影响和代表性的某一概念的定义，我们就可以更准确、更简捷地描述出概念所涉及的研究领域。这里的"有影响"的标准指的是它们必须出自经典之作，或出自权威专业机构的媒体，或出自及引用于概念所属领域的核心期刊上。"有代表性"的标准指的是必须代表多学科性，是从不同的视角去进行定义的。通过对有影响、有代表性定义的分析，可以帮助我们得到一个精简的概念框架，但研究涉及的具体变量尚不清楚，研究边界也不明确。因此需要在精简概念框架的基础上，通过数据库检索或查阅相关的概念所涉及的研究论文，整理出各个研究主题，从而进一步完善已有的概念框架，并在此基础上界定出某一概念所涉及的研究的边界。

三、核心概念界定的策略与方法

怎样对教育研究中的核心概念进行界定呢？怎样才能通过核心概念的自我界定而获得某一概念的新意呢？这一类问题的背后涉及的是概念界定的路径与方法问题。就概念界定的路径而言，可从以下几个方面进行思考：一是从现代汉语中寻找这个概念的中文含义，如果是外来语需要寻找一下它的来源和本意；二是从相关研究中了解人们对这一概念的不同理解；三是从相关研究成果确定本研究使用本概念的角度，并用词语表达出来；四是从反复思考分析界定的概念与自己研究的关系，是否完全覆盖，是否有内在冲突；五是从梳理与相关概念的关系中准确地使用概念。就概念界定的具体方法而言，可以尝试一下以下几种常见的做法：

◆ 借助引用权威性的定义或解释来实现核心概念的自我界定。这里的权威性的定义或解释,判断的标准是它们必须出自经典之作,或出自权威专业机构的媒体,或出自及引用于核心期刊上,具体体现在两个方面:一是如果你研究中的核心概念是专有名词的话,那就先查找工具性的图书,诸如《教育大辞典》之类,需要注意的是查阅辞典最好找两本:一本是中国人编写的,另一本是外国人编写的且最好就是外文版的;二是如果你研究中的核心概念是教育大辞典之类的工具书中没有的词条,那就查阅该研究领域中的核心期刊上所发表的文章中的解释,或者一些大家、名家对这一概念或词语的解释,从中引发出自己对这一概念的理解。在教育研究与论文写作中不要随便就引用某个人所界定的概念或对概念的解释,除非你找到的是权威性的解释或某个人的解释能更好地说明你所要研究的问题。

◆ 通过同一概念不同界定的罗列与比较进行核心概念的自我界定。首先围绕概念从多种途径将相关的研究成果找到,罗列出对某一概念界定的不同人的不同观点;其次进行对比性阅读并作归纳整理,分析其共同点与差异点;第三从共同点中进行概括,从细微的差异中找到新意的突破口。同时,也可仔细思考本研究领域的一些专家学者对这一概念的界定,尤其是他们对概念内涵及外延的演绎,从中可以从思路或方法上找到自己的研究中所涉及的概念界定的启示。此外,通过分析有影响和有代表性的某一概念的定义,我们就可以更准确、更简捷地描述出这一概念所涉及的研究领域。我们根据定义的焦点将其进行分类,然后再找出定义中的关键修饰词,以便进一步分析。

◆ 根据《逻辑学》下定义的方法进行核心概念的自我界定。只要翻开众多的《逻辑学》著作,我们不难发现这样的文字:"传统逻辑认为定义是揭示概念所反映的事物本质的较为简短而明确的命题,又称实质定义或真实定义。任一定义总有被定义的东西和用来定义被定义的东西的东西;前者叫做被定义项,后者叫做定义项。逻辑史上最早的定义公式是由古罗马逻辑学家波爱修提出的。该公式是:概念＝概念所归的属＋种差。这种下定义的方式,后来被称为通过属和种差下定义。所谓种差,就是属下面一个种不同于其他种的特征。传统逻辑认为,属加上种差,构成事物的特有属性(本质属性或固有属性)。同时,传统逻辑指出正确的定义必须遵守以下规则:①定义项和被定义项的外延是全同关系;②定义项中不能有含混或比喻的语词;③定义项中不能直接或间接包括被定义项。违反这条规则的错误叫做循环定义;④除非必要,定义项不应包括负词项。但被定义项的本质或特征就是缺乏某些属性时,定义项中则可以包括负词项。名词定义或称名义定义,指规定或说明语词含义的定义。名词定义的系词代表语词与语词之间的人为的规定。实指定义或称指示定义,是直接指出被定义项所反映的事物。由于不能用属加种差的方式给因和果下定义,可以通过两者之间的关系给它们下定义。"在今后的研究中,当需要给核心概念下定义时,不妨采用这一基本的定义公式,当找到该概念的本质属性与特有属性时,实现核心概念的自我界定就变得简单了。

为了更好地理解这一界定的方法,我们不妨再来看一看下面这则有点俏皮的概念界定的案例[①],也许又可以给我们些许的启迪。

不同的人对同一概念的理解和界定是不同的:
我们先看几个对"什么是学生?"这个问题的分析与回答——
1. 什么样的人是学生?(学生是人)
2. 什么样的动物是学生?(学生是动物)
3. 什么样的生物是学生?(学生是生物)
4. 什么样的物质是学生?(学生是物质)

显然,"学生"和"人"两个概念的内涵不同,所衍生出来的外延就不同,即:"学生"的内涵大,其外延就小;"人"的内涵小,其外延大。换言之,"学生是人";"正在读书的人是学生"。于是有下面的推理:

因为:"人"="人"(即:内涵相同)
又因为:"正在读书的人">"人"(即:"学生"的内涵比"人"的内涵多)
所以:"正在读书的人"≥"人"(或"人"≤"正在读书的人")
也就是:"学生"≥"人"(或"人"≤"学生")

由此可见:"正在读书的人是学生","学生"这一概念是定位在"人"的概念之上的。没有对"人"这一概念的认识就没有对"学生"这一概念的认识。

再看:
因为:"动物"="动物"(即:内涵相同)
又因为:"会劳动、会说话的动物">"动物"(即:"人"的内涵比"动物"的内涵多)
所以:"会劳动、会说话的动物"≥"动物"(或:"动物"≤"会劳动、会说话的动物")也就是:"人"≥"动物"(或"动物"≤"人")

于是我们说:"会说话、会劳动的动物是人"。
什么样的动物是学生呢? 那就是"会说话、会劳动的正在读书的动物是学生。
至于什么样的生物是学生呢? 我就不再细说下去了……

需要强调的是,不论采用上述哪种方式进行概念的自我界定,都不要忘记进一步强调甚至重复说明在本研究中或本论文中你所要表达的概念的内涵以及外延。特别要指出的是,采取上述路径与方法对核心概念进行自我界定,得到的往往是某概念相对抽象的内涵,在具体的研究或写作过程中尚需将抽象的概念进行分解,找到组成这一抽象概念的各个具体的维度,再将具体的维度转化成可操作性的指标,

---

① cl_26. 概念的界定. http://blog. cbe21. com/user1/4824/archives/2008/42178. shtml. 2008 - 10 - 20.

这样才能展开全面而深入的研究,否则只能做一些哲理式的思辨而已。与此同时,我们还需要弄明白概念界定意识的背后是认清某一个概念"是什么"的问题,它通常又内含着三个层面的思考,即理论上是什么、实际上是什么以及应该是什么。"理论上是什么"的问题反映的是这一概念背后的本质属性,"实际上是什么"的问题揭示的是这一概念在实践中的真实表现,而"应该是什么"的问题追求的则是这一概念的理想状态。

殊不知,对于教育研究能力的提升而言,有许多好的教育研究习惯需要养成,其中之一便是核心概念的界定习惯,这一好习惯的养成虽非一日之功,却是每一位研究者都必须且能够做到的行为。在教育研究与论文写作的实践中,应养成概念界定的良好习惯,即概念的界定意识,它内含着彼此紧密相关的四部曲:理解概念界定的内涵是养成界定意识的基础,承认概念界定的必要性是养成界定意识的催化剂,学会概念界定的方法是养成界定意识的关键,实践概念界定的行为则是养成界定意识的标志。一旦养成了这样的好习惯,就离成功的、规范的乃至创新性的研究不远了。

果如是,你不仅可以成为"考场上的不倒翁",而且可以成为教育研究实践中的"不倒翁",乃至教育研究论文写作与发表方面的"不倒翁"。

第四节　聪明红娘的成功"秘诀"
——抽象概念的可操作化策略

研究离不开各种各样的概念,但社会科学使用的概念与自然科学的概念不同,它们通常是模糊的或含义不清的,如"生活质量"、"社会规范"、"价值观"等等概念。社会研究如果不对这些概念作出界定,也就无法对现象进行观察和度量,因此,对社会现象的测量要从概念的操作化开始。然而,在教育研究中,尤其是在教育测量和教育调查研究中,频繁遇到的一个问题就是如何将抽象的概念转化成具有可操作性的概念,并形成一系列的可操作性的指标,这样方能设计成一个个具体的问题,才有可能进行广泛而深入的研究。这恰恰也是教育研究者,尤其是初学者及广大中小学教育实践者们在研究实践中颇感头痛的一件事情,当面对一个抽象概念时,往往不知道如何将其转化成具体的可操作化的概念,也不知怎样才能找到可以测量的具体的经验性指标,最终的研究也往往只是一些概念对另一些概念的不断替换或解释,研究的效果也就可想而知了。

一、抽象概念可操作化的案例解剖

事实上,抽象概念的可操作化是一个颇具理论色彩的问题,但为了更简明易懂地解释这个问题,我们不妨先来看一看许多出色的"红娘"们是怎么成功地进行"拉郎配"的。曾有这样一个"红娘",经她介绍的对象最后步入婚姻殿堂的成功率非常高。人们很是好奇,不断向她打听成功"秘诀"。她沉思良久,道出了这样一个故事:

我是一个很热心的人,在我的身边有许多单身的大男大女,于是有人就托我给他或她介绍对象,刚开始给他们介绍对象时,本来信心百倍,结果却不怎么令人满意,成功率非常的低。于是,我就反复思考了这个问题:为什么我认为很般配的一对最后没成事呢? 原来,我没有很好地理解他们的择偶要求,对他们的择偶标准作了想当然的过于简单的处理。比如,介绍前总是问双方都有什么样的要求啊,他们给出的回答几乎是一致的,没什么特别的要求,只要对方"人好"就行。可我寻思,我给他们彼此介绍的对象都挺好的,可为什么不成呢? 后来,我终于明白了,原来,"人好"是一个高度抽象的词,这个词的背后有着丰富的内涵,它包含着很多要素。经过一番仔细的思考,终于找到了解读"人好"的组成要素的基本思路。当下次再有人请我介绍对象时,我就问:"你对对方有什么特别要求?"如果得到的答案是"没什么特别要求,只要'人好'就行"时,我就进一步追问:"什么叫'人好',你能不能说得再具体一点。"此时,他或她往往不好意思说,我就把"人好"这个词进行了分解,说道:"这样吧,我来问,你来答。第一,你对对方的长相有什么要求,比如说身高,低于哪一个高度你就不能接受,1米70还是1米75? 第二,你对对方的文化水平有什么要求,比如说学历,低于哪一个层次你就不能接受,专科? 本科? 硕士? 还是博士? 第三,你对对方的收入水平有什么要求,比如说月收入,你不能说越高越好,你得告诉我低于哪一个额度你就不能接受,3000元? 4000元? 还是5000元? 第四,你对对方的家庭有什么要求,比如说你希望他是来自农村的还是城市家庭的? 还是无所谓对方的家庭出身? 第五,你对对方的性格特征有什么要求,比如说喜欢外向一点,还是内向一点的? ……"经过这一番将"人好"的抽象概念具体化的过程,我把它们转化成一个个可操作化的经验性指标,这样一来,在后面的"红娘"工作中更加有的放矢,成功率就直线式地提高了。

应该说上述事例中的红娘是一个聪明的红娘,其聪明之处就在于她本能地运用了我们社会科学研究中常用的一种方法——抽象概念的操作化,通过这一方法解决了介绍对象成功率的问题。在日常生活中,类似于这样的案例比比皆是。比如说"健康"是一个高度抽象的词,我们怎么来断定一个人"健康"与否呢? 到了医生那里,他就会把这一抽象的概念可操作化,转化成一个个可操作的"健康指标"。他会量心跳,测血压,称体重,量身高,测腰围,还有血液化验等等项目,根据测量的综合数值,得到一个确定的"健康"与否的结论。比如,"社会阶级"是一个抽象概念,通过操作化,我们可以用一组指标,诸如职业、收入、文化程度等来测量它。再比如,"智力水平"也是一个抽象概念,通过将学生的语文、数学、外语三门课程的成绩按 3、2、1 的权重分别加权,然后相加并计算出平均值,也是将其可操作化的方式。在教育研究中,通过可操作化而解决一些教育方面的难题或争论的案例也是非常多的。

二、抽象概念可操作化的内涵分析

何谓抽象概念的可操作化? 在教育研究中,所谓概念的可操作化,指的是将抽象的概念和命题逐步分解为可测量的指标与可被实际调查资料检验命题的过程,即用可感知、可度量的事物、现象和方法对抽象概念进行界定或说明。也就是要把我们无法得到的有关教育的理念、思想和特征的内在事实,用代表它们的外在事实来替换,以便于通过后者来研究前者。或者是将抽象的概念转化为可观察的具体指标的过程。众所周知,"概念是抽象的,而指标是具体的;概念是人们的主观印象,而指标则是客观存在的事物。……概念只能想象,而指标则可以观察和辨认。"[①]它是对复杂的教育现象进行定量研究的一种方法。"概念"、"变量"和"指标"这几个既相互联系、又有所不同的概念之间的关系,可以用图作一粗略的区分。

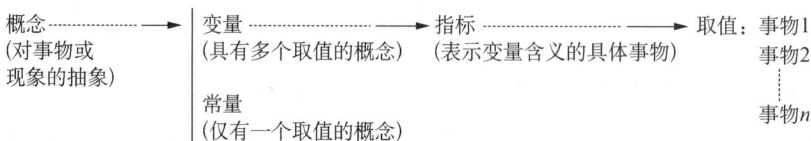

图 4-2　概念、变量、指标及取值关系图[②]

将抽象概念变成可操作化的概念在教育研究中有着极为重要的作用,其好处在于:第一,可以使概念或命题具体化,使研究得以进行。"存在于研究者头脑中的各种概念、意识,研究者用以构建其理论大厦的各种基本变量,都只有经过合适的操作化之后,才会在普通人可以看得见、摸得着的现实社会中显现出来"[③];第二,可以使概念或命题量化,对教育现象与问题的分析,从定性、定量两个方面进行,避免了对教育现象与问题的分析的片面性;第三,可以把对教育现象与问题的分析建立在量的基础上,使定性分析即结论建立在科学的基础上,而不是一种主观的臆断。

① 风笑天.社会学研究方法[M].北京:中国人民大学出版社,2001.101.
② 风笑天.社会学研究方法[M].北京:中国人民大学出版社,2004.102.
③ 同上.

三、抽象概念可操作化的流程示范

抽象概念的操作化过程实际上就是一步步从抽象层次（概念）下降到经验层次（指标），使概念操作为可观察的事物的实践过程。其基本流程如下图所示：

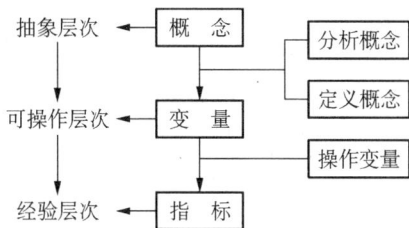

```
抽象层次 ←——    概念    ——→    分析概念
  ↓                              定义概念
可操作层次 ←——   变量    ——→
  ↓                              操作变量
经验层次 ←——    指标
```

图 4-3　概念操作化流程①

概念操作化流程具体可以分为以下几个操作步骤：

第一，定义概念。在具体操作上，首先要弄清概念定义的范围，可通过其他研究者对这一概念所下的定义是怎样的。当我们通过收集和查询，了解到有关这一概念的各种不同的定义，从而对这一定义的大致范围有所理解以后，便可以对这些定义进行分类。这种方式可以帮助研究者形成对这一概念范围的总的理解和把握。其次可进行探索性研究，确定概念操作化的框架。例如，"我如何为教师士气这个构想下一个操作性的定义呢？首先，我阅读他人的研究报告，查看是否已经有个很好的指标存在。如果没有现有指标存在，我就要凭空发明一个。士气是一种心理状态或感觉，因此，我只能通过人们的谈话与行为，进行间接测量。我可能设计出一份教师问卷，调查他们在我的定义下，对士气的各个层面有何感觉。我可能到学校去，观察在教室休息室中和学生互动时，以及在学校活动中的教师行为。我可能通过学校所保存的教师为人为事记录，查阅显示士气的一些陈述（例如，缺席、要求提供申请其他工作用的推荐信、考核报告）。我可能对学生、学校行政人员，以及其他人展开调查，以了解他们对教师士气的想法。不论我选择哪个指标，我都要随着概念定义的发展，逐步锤炼这个定义（例如，写下特定的问卷项目）。"②概念转化为变量形式后就可以进入科学研究的领域。因此，这一步实际上要完成从抽象领域到经验领域的第一步——从概念到变量。

第二，列出概念的维度。将概念分解，从不同的角度或维度将概念所表示的现象进行分类。所谓分解就是以理论为依据，分解中心概念，将整体分解为部分，将复杂的事物或命题分解为简单的要素，然后对各个部分或要素进行研究的一种方

---

① 胡仕勇，叶海波.操作化流程及其在社会研究中的应用探讨[J].武汉理工大学学报（社会科学版），2003,(5).

② [美]劳伦斯·纽曼.社会研究方法[M].北京：中国人民大学出版社,2007.224—225.

法。如对性别的分解，我们就可以直接地用"男"和"女"进行；对抽象层次较高的要逐步地分解，如"人的素质"概念，可将其分解为智力、体力、思想等，然后对这些分解概念再进行逐一的分解（如图4-4所示）。如果在教育调查研究中，对概念或命题进行第一次分解，还达不到概念的操作化或具体化，可进行第二次或第三次分解。在分解过程中，必须注意到概念或命题的明确程度，所囊括的范围，构成的结构因素，以及层次性等。通过分解可大致了解一个概念的基本内容和各种分类，根据这些分类，就可以了解这些各种类型因素的共同属性和特征，从而对概念下定义。再比如，"人的素质"就是一个复杂的变量，它需要用多个指标去度量。

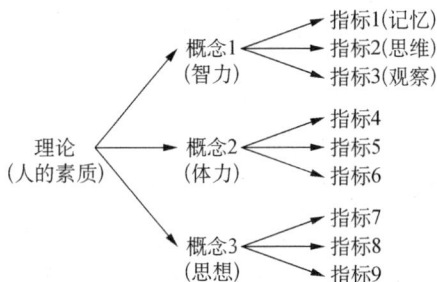

图4-4 "人的素质"概念指标分解图

第三，发展测量指标。这一阶段是确定如何测量变量，而选用哪些指标来测量变量，这是概念层次内涵的指标标志，它直接表示经验层次的现象。比如，要考察一个地区的经济实力，我们就可以使用地方财政收入，地方人均 GDP、GDP 增长状况等指标来衡量。再比如，如决定一道考试题目出得好不好，我们就可以使用考试题目鉴别力来衡量。按某科考试的得分，先把学生分为高分组、中分组和低分组三组。然后分别计算高分组和低分组的学生在某科考卷上的平均得分，计算出这两个平均分的差值，再除以某科考卷的满分得分。所得的数值就是某科考卷的鉴别力的值。一般认为，如果此题的鉴别力的值大于 0.4，考题的质量为优；鉴别力的值小于 0.2，题目的质量为劣；大于 0.2 而小于 0.4 则为中等。每年高考以后，在报纸杂志上都会看到一些评论诸如作文题的优劣。所有这些评价，都是从作者自己的经验认识出发的，因此，都属于主观判断。这是一种定性的认识，往往是公说公有理，婆说婆有理，不具有普遍的意义。通过抽象概念的可操作化可以对研究对象获得深入、全面的认识。它把人们对试卷质量的评价从定性判断上升为定量测算，增强了说服力。总之，发展测量指标，一般都是以一定的理论假设为指导，每一个理论假设是由若干个概念组成的，每一个概念又需要通过若干个调查指标来反映社会现象，这样就形成一个完整的调查指标体系设计指标的过程，就是由理论→概念→指标的分解过程。

通过上面的分析，我们认识到了概念的可操作化是什么、在教育研究中的重要意义、基本流程以及具体方法,最后,再以美国著名社会学家英克尔斯及其合作者对"人的现代性"这一抽象概念的可操作化①为例作为总结,以此作为我们今后开展研究时,特别是将抽象概念转化为具体的可操作性概念时的参照。

美国著名社会学家英克尔斯及其合作者在研究"现代人"时,需要对"人的现代性"这一概念进行测量。为此,他们进行了非常周密细致的操作化工作。最终将人的现代性操作化为具体问题(即指标)的访问问卷。这 24 个维度是:

1. 积极参与公共事务　　　　2. 年老者的角色
3. 教育期望与职业期望　　　4. 可依赖性
5. 对变革的认识与评价　　　6. 公民权
7. 消费态度　　　　　　　　8. 对尊严的评价
9. 效能　　　　　　　　　　10. 家庭大小
11. 意见的增多　　　　　　　12. 与国家的认同
13. 信息　　　　　　　　　　14. 大众传播媒介
15. 亲属义务　　　　　　　　16. 社会阶级分层
17. 新经验　　　　　　　　　18. 妇女权力
19. 宗教　　　　　　　　　　20. 专门技能
21. 对时间的评价　　　　　　22. 计划
23. 工作信念　　　　　　　　24. 了解生产

每一个维度下面,又分解成若干个更为具体的指标。比如,第一个维度"积极参与公共事务"下面,就又分解成下述 6 个指标:

1.是否属于某一个组织;2.所参加的组织的数目;3.哪一个组织在政治上持有自己的观点;4.是否用谈话或书信方式向政府官员表明自己的观点;5.参加投票的次数;6.是否曾高度关心某件公共事务。

①　参见[美]英克尔斯.从传统人到现代人[M].北京:中国人民大学出版社,1992.146.461.转引自风笑天.社会学研究方法[M].北京:中国人民大学出版社,2004.107.

第五章
教育研究常用方法的运用

在教育研究过程中,离不开相应的研究方法。从一般的认识论意义上说,有了正确的研究方法才能达到预想的目的,正确地使用研究方法是取得研究成果的前提,而从教育研究尤其是初涉教育研究领域或中小学教师开展的教育研究而言,学会正确地选择与运用教育研究方法是提升其教育研究质量以及解决实践问题并最终促进其专业发展的有效手段。那么,有哪些研究方法是中小学教育研究实践中使用频率较多的方法?哪些研究方法更适合为中小学教育实践者所使用?对中小学教师的专业发展起着更加直接的作用?每一种研究方法的关键点何在?在本章中,将选择一些学校日常教科研工作中常用的教育研究方法进行案例的解剖分析,并据此阐明常用的教育研究方法的应用之道。通过对中小学教育研究实践中常用的教育研究方法的调查与归纳,发现应用频率较高的研究方法主要有教育调查研究法、教育比较研究法、教育实验研究法、教育行动研究法与教育叙事研究法。

教育调查研究法根据不同的分类标准有着不同的类型,但问卷调查法是人们经常采用的一种获取相关信息的有效手段,是调查研究法的主要类型之一,它是研究者通过事先设计好的问题来获取有关信息和资料的一种方法。研究者以书面形式给出一系列与所要研究的目的有关的问题,让被调查者作出回答,通过对问题答案的回收、整理、分析,获取有关信息。调查研究的根本在于获得一种真实的存在,然而,不同的问卷设计就会带来不同的问题。在《水煮三国》这部著作中就有一个有趣的有关"员工调查表"的案例,或许我们能够从中得到一些感悟与启示。除问卷调查法以外,访谈调查法、实地观察法等都属于调查研究法的范围。只不过访谈调查法是以口头形式,通过访问者与被访问者间的交流和互动,搜集有关态度、情感、知觉或事实性材料的方法;而实地观察法则是观察者有目的、有计划地运用自己的感觉器官或借助科学观察工具,能动地了解处于自然状态下的社会现象的方法。上述三种调查研究的主要方法都有其优点,也有其不足。它们彼此互补,通常在一项调查研究中交互使用。

教育比较研究法,指的是针对两个或两个以上的事物,找出它们的共同点和差异点,从而确定事物的特别属性和一般属性,并在此基础上发现其内在规律的一种方法。它既有一般的思维方法的属性,也是一种具体的研究方法。作为一种研究方法,比较在人类的生活和研究中扮演着重要的角色,起着重要的作用。"情绪好坏与癌症发病率之间关系的研究"对比较研究的运用作出一个很好的范例。在教育研究中运用比较法的目的可区分为现实的目的和理想的目的两种。现实的目的是理解教育,找出差异与问题,而理想的目的则是找到教育发展变化的规律,从而改善教育。

教育实验研究法源于对自然科学实验法的借用,因而天然具有实验的一般特征:包含理论假设、变量控制、变革等因素。作为一种力图超越思辨局限和经验局限的探索性研究活动,教育实验研究要体现出研究人员在理论指导下的主动干预——不同于调查、人种学等"描述"式的研究。它对因果关系的预见性、推理模式的完整性、对教育活动的主动干预性以及在时间维度上对事物变化的洞察力等是它的主要特点;而探悉自变量与因变量间的因果关系是实验的本质所在。在顾泠沅领导的长达二十余年的青浦大面积提高数学成绩的实验研究中,对教育实验研究作出了一个很好的诠释,其研究设计、研究假设、自变量与因变量关系的揭示、研究的实施流程以及研究中无关变量的控制等等,充分展现出教育实验法在解决中小学实际问题、揭示教育教学的规律上的魅力。

教育行动研究法是将纯粹的教育科研实验与准教育科研实验结合起来,将教育科研的人文学科的特点与自然科学的实验的特点结合起来,用教育科学的理论、方法、技术去审视、指导教育教学实践,将教育教学经验上升到理论的高度,但依托的是自身的教育教学实践。教育行动研究法是一种适应小范围内教育改革的探索性的研究方法,其目的不在于建立理论、归纳规律,而是针对教育活动和教育实践中的问题,在行动研究中不断地探索、改进和解决教育实际问题。台湾学者所展示的"田小妹是如何克服写'聽'字困难的案例"充分体现出教育行动研究在教育实践中解决问题的价值,它所追求的是将改革行动与研究工作相结合,与教育实践的具体改革行动紧密相连。

教育叙事研究法是质的研究取向下的一种进行教育研究的方法,它通过叙事的方式来寻找教育的意义和价值所在,它是研究者(主要是教师)以叙事、讲故事的方式开展的教育研究。教师通过对有意义的学校生活、教育教学事件、教育教学实践经验的描述与分析,以发掘或揭示内隐于这些生活、事件、经验和行为背后的教育思想、教育理论和教育信念,从而发现教育的本质、规律和价值意义。教育叙事研究不直接定义教育是什么,也不直接规定教育应该怎么做,它只是让读者从故事中体验教育是什么或应该怎么做。在教育叙事研究中,往往通过一件件生动活泼、耐人寻味的事件、故事与案例,让他人从中感悟出故事背后的教育意义,一位留学生的"'急诊室'与'急症室'的比较思考"给我们提供了一个叙事研究与写作的案例。此外,古今中外一个个流传至今的寓言,应该说也是一篇篇好的叙事研究,我们不妨从中体味一下教育叙事研究的要旨。

第一节 《水煮三国》里"员工调查表"中的问题
——教育调查研究法的说明

在《水煮三国》这部畅销书中有这样一个场面,说的是刘备新官上任,苦于稳定军心无策,于是陈登就给他提出一个建议,即做一次员工满意度调查,把员工们的注意力从目前让他们恼火的事情上转移,并引到那些看起来是他们自己做错了的地方……陈登在提建议的同时仔细观察着刘备的脸色,知道他已经心动了,于是20分钟后再次走进了刘备的总经理办公室,递给他一份调查问卷的设计稿:

员工调查问卷(A)
请根据下面的提问给出答案:

1. 你认为公司在管理上存在哪些问题?

2. 您认为新任总经理在能力上有哪些不足的地方?你希望新任总经理怎么做?

3. 你认为还有哪些同事在能力或品德上有问题?公司应该如何对他们进行处理?

4. 您认为公司应该在工作环境上做出哪些改善?

5. 你的工资够用吗?如果不够,您希望达到什么标准?

刘备看了半天,迟疑地说:"要说,这么问也确实有必要。可是,对于我个人而言,好像是在自讨苦吃吧?"

陈登说:"是啊,这种开放式的提问确实容易惹麻烦。您再看看下面一页,我换了一种封闭式的提问办法,就会得到另一种完全不同的效果。"一边说,一边递给他第二份问卷:

员工调查问卷(B)
请在你选择的答案后面打√:

1. 与领导齐心协力的员工才是好员工,对吗?　　　　对____不对____

2. 有时候你并不理解领导的良苦用心,对吗?　　　　对____不对____

3. 忠诚的员工总是对公司的未来充满信心,是吗?　　是____不是____

4. 在过去的一年里,你是一个称职的员工吗?　　　　是____不是____

5. 为了公司的前途,你愿意牺牲个人利益吗?　　　　是____不是____

刘备看着有趣,一张苦脸终于开颜笑道:"你这样问,不是让人害羞吗?"

教育研究方法

陈登回答说："是啊,这人一害起羞来,哪里还会攻击别人呢?这员工们一害起羞来,也就顾不上说您的闲话啦!"①

在这里,我们不去讨论陈登给刘备先后设计的这两份调查问卷背后目的的是与非,只就其所采取的寻找工作或管理中的问题而言,他使用了调查研究的方法,而且是问卷调查的形式,第一份使用的是开放式问题,第二份使用的是封闭式问题。所谓开放性问题,指提出的问题没有任何限制条件,可以根据自己的情况自由回答。开放式问题没有答案限制,应答者可以畅所欲言,当然也就无法把被调查者的思维引向调查者主题的轨道,它虽然可以提高调查资料的质量,但不便于资料的整理和统计。所谓封闭式问题,指问题的答案事先由调查者拟定,应答者只须在这些答案中选择合适的一个或几个答案。封闭式问题回答方便,被调查者的思维是被限定在调查者所设定好的选项中,从资料的整理的角度来看,它比较方便,但它对调查者所设计的问题本身的信度、效度等有着严格的要求。

一、调查研究法的基本类型与功能

问卷调查法是人们经常采用的一种获取相关信息的有效手段,从归属来说是调查研究法的类型之一,它是研究者通过事先设计好的问题来获取有关信息和资料的一种方法。研究者以书面形式给出一系列与所要研究的目的有关的问题,让被调查者作出回答,通过对问题答案的回收、整理、分析,获取有关信息。除问卷调查法以外,访谈调查法、实地观察法等都属于调查研究法的范围。只不过访谈调查法是以口头形式,通过访问者与被访问者间的交流和互动,搜集有关态度、情感、知觉或事实性材料的方法;而实地观察法则是观察者有目的、有计划地运用自己的感觉器官或借助科学观察工具,能动地了解处于自然状态下的社会现象的方法。

上述三种调查研究的主要方法都有其优点,也有其不足。它们彼此互补,通常在一项调查研究中交互使用。问卷调查法的优点在于可以进行大规模的调查,节省时间、经费和人力,调查结果容易量化,便于统计处理与分析。其缺点在于:调查问卷设计难,调查结果广而不深,问卷的回收率难以保证。与问卷调查法相比,访谈调查法的优点在于:较多使用开放性问题,便于受访者充分表达内心所想,容易了解问题的核心;响应效果较好,易获取完整的资料;可判断受访者回答的真实性,对研究目的的解释就更有说服力;访员对访问可做立即的处理,可减少误解,特别是当受访者误解问题时,访问者可采用另一种更易懂的方式表达问题;可适用于特殊对象,如盲人学习者或文字表达困难的人群等;可控制访问的环境,访问者可将访问的情境标准化,即在相对一致的环境中访问不同的受访者,如在会议室进行团

① 成君忆.水煮三国[M].北京:中信出版社,2003.48—49.

体访问。访谈调查法的局限在于人力、财力投入较高，也比较费时间；访问者的主观或偏见对访谈结果构成干扰，或者受访者一味迎合访问者的期望，或访问者与受访者间造成的对立，或访问者竭力寻求支持先入为主的答案等等因素，都可能对研究结果造成偏差等。而实地观察法虽然具有直观性、可靠性、简便易行，适应性强，灵活性大，可随时随地进行的优点，但也具有表面性和偶然性，受时间、空间等客观条件的限制，需要花费较多的人力和时间，获得的资料往往不利于进行定量研究等缺点。

总体来看，调查研究法是一种由来已久的研究的方法，这一方法有着重要的价值，它常常是人们发现问题、辨别真假、弄清事实真相的有力武器。有例为证：

在我国的《诗经》中有"螟蛉有子，蜾蠃负之"的诗句，讲的是有一种叫作蜾蠃的昆虫，只有雄性的没有雌性的，它只好把另一种昆虫螟蛉衔回窝内抚养。后人便借用此意把收养的义子也称为螟蛉之子。南北朝时梁朝的医学家陶弘景，对这首诗中关于蜾蠃无后代的说法抱有疑义。他查阅了古书，发现其他书的提法与《诗经》都是相同的。于是他决定带着这个问题进行实际考察，便去找了一窝蜾蠃来抚养着。调查的结果令人大吃一惊，蜾蠃不但有雌性的，而且并不是把螟蛉作为"义子"来抚养的，它们把螟蛉衔回窝内，先用尾巴上的针把螟蛉刺得半死，等自己产的卵孵出幼虫来，幼虫就把螟蛉当作食物。

陶弘景正是通过运用调查研究方法获得了这一崭新发现，不仅纠正了古人的误解，也为后人防治农作物病虫害提供了宝贵的资料。无独有偶，在《吕氏春秋·察传》中有这样一个"穿井得一人"的故事。

有闻而传之曰：丁氏穿井得一人。国人道之，闻之于宋君。宋君令人问之于丁氏。丁氏对曰："得一人之使，非得一人于井中也！"翻译成现代汉语，意思就是：宋国有户丁姓人，自己凿了一口井，告诉人家说，我家打井得了一个人。听到的人传出去说，丁家凿井挖出一个人。于是全国都传开了，最后连宋国国君也听到了。宋国国君派人去问丁家。丁家的人说："是节约了一个劳动力，不是挖井挖出一个人来啊！"

宋国人只不过一句话听错了意思，传来传去，以讹传讹，就竟然和事实有了这样大的出入。好在宋国国君派人去问丁家才明白真相，不然就成了谬误。毛主席说："东张西望，道听途说，决然得不到什么完整的知识。"从这则故事中我们也可以认识到，只有深入到基层中去进行实地调查，才能掌握比较全面和真实的材料。

通过上述的文字介绍与案例分析，可以对调查研究法作一个归纳总结。所谓调查研究法，指的是人们在实践中，通过一定的途径和方法，对特定客观事物进行有意识的探索和把握,从而获得关于客观事物规律性认识的活动过程。它内含着"调查"和"研究"两个关键成分,"调查"是指通过各种方式和手段,有目的地了解和掌握客观事物实际情况的一种感性认识活动;"研究"是指对"调查"所获的材料进行科学的分析综合,从中把握客观事物的内在本质及其发展规律,得出正确结论的一种理性认识活动。"调查"和"研究"既有区别,又有联系。调查是研究的前提和基础,没有调查,研究无从开展;研究是调查的发展和升华,没有研究,缺乏深入的提炼,调查也就失去了意义。而且,由于认识过程是一个不断反复的过程,因此调查和研究从表面来看虽然有先后之分,但实际上它们是不可分割的,而是一个互相贯通、彼此渗透、协调运行的有机整体。

由此,在教育研究中运用调查研究的方式便构成了教育调查研究法。它是在科学方法论和教育理论的指导下,通过运用问卷、访谈、观察、测量等方式,有目的、有计划、系统地收集有关教育问题或教育现状的资料,从而获得关于教育现象等科学事实,并形成关于教育现象的科学认识的一种研究方法。它是一种经过精心设计与规划的科学研究,是一种基于教育现实的描述性、经验性研究,人们对教育事实的规律性认识,特别是以理论的方式表述出来的认识,有相当一部分是抽象性的,要达到对这种关于规律的抽象性认识的验证,教育调查研究必须借助"逻辑"(logic)和"实证"(empirical)两个方面的支撑。逻辑体现为研究者将抽象性的认识或观点转换成可经验认识的命题或假设;实证体现为研究者必须建立在观察和实验的经验事实上来揭示一般结论。而这种"逻辑—实证"的程序体现的正是所谓科学的程序与规则。一般来说,教育调查研究法所要考察的教育问题或教育现状主要包含四个不同的层次:一是作为个别教育要素的存在,如学生、教师、教材、教法、教育经费等单个教育要素的状况;二是两个或两个以上要素之间的关系或联系的存在,如师生关系的状况、教材与教法关系的状况、学校教育结构状况等;三是教育活动中各种要素相关联而表现出的教育实践及其中所包含的思想观念状况;四是教育要素综合体现的教育存在,如一个地区、一个学校的教育状况与全貌。

二、调查研究法的基本步骤

调查研究法尽管有上述各种不同的类别,调查的教育问题或教育现状有各种不同的层次,程序上虽也各有所侧重,但基本上都要遵循以下几个步骤:

◆ 确定调查对象。根据研究课题的性质、目的任务,确定调查对象、调查地点,选择相应的调查类型和调查方式。

◆ 拟定调查计划。在拟定调查计划时主要考虑以下几个方面:一是确定所采用的调查方法。调查的方法依所要收集的资料的种类而定。态度方面的资料用问卷调查法;行为方面的资料可用观察法;智力、个性以及学业表现方面的资料可用测量法。有的研究用单一的调查方法,有的研究可能同时采用几种调查方法。二是确定调查项目。先从几个大的方面确定调查项目,并检验调查项目能否有效地反映所要研究的问题,再由此逐层分解成具体的小项目。最后分出的小项目要具有可操作性,即调查获得的资料能进行统计处理。三是确定调查进程,拟定实施的步骤和时间的安排。

◆ 进行试探性调查。调查的目的不是为了得到关于调查对象的详细资料,而是为了得到一些一般性的了解,从而考察调查项目和调查程序的合宜性,对调查项目和程序作出相应的调整修改。

◆ 选择和编制调查工具。制定调查表格、观察记录表、问卷、访谈提纲或编制测验题目。在问题设计中要遵循一定的技术要求,以保证调查工具的科学性、实用性。一般地说,调查表侧重于事实及数字材料的搜集,问卷则侧重于意见的征询。编制调查表要注意:标题应简明醒目、表中须能容纳所有的调查项目、复杂表应有填表说明。问卷和访谈中的问题力求做到:要清晰,没有难懂或含糊的地方,回答应比较简单具体等。

◆ 实施调查。用编制好的调查工具,根据各种调查方法的具体要求开展调查。

◆ 整理调查材料。对收集的调查材料进行统计、整理、分析,得出结论性的意见。调查材料整理的步骤主要有检查、汇总、摘要和初步分析四步。在对调查材料进行收集整理时应注意:尽可能保持材料的客观性;多个调查人员采用座谈会或谈话等手段收集资料时,必须采用统一的标准、统一的表格做调查记录,否则会影响材料的信度和效度;在收集材料时还要注意不能把事实和意见混在一起,对被调查者提供的材料,需进行核实,以保证材料的可靠性;尽可能地采用多种手段或途径,从不同角度和侧面,不同层次和环境较广泛地收集材料,材料的分析应该从定性研究和定量研究入手,并尽力使两者结合起来。既要从数量方面对事物进行计算、观察和分析以掌握数量特征和数量变化(通常运用统计学的数据处理方法求绝对数和相对数,平均数和相关数等等),又要进行理论分析,以求更精确、更深刻、更具体地掌握事物性质的特征及其变化的规律。

◆ 撰写调查报告。对所研究的问题作出解释,提出问题的意见和建议。其内容通常包括:研究背景选题价值说明,主要说明为什么要搞调查,目的是什么;调查的工具、方法、对象及过程的简要说明;对调查过程及结果进行分析、讨论,要把调查出来的事实与数据分项列出来,并作深入细致的分析比较,找出因果关系或其他相关关系;研究结论及提出有关对策,就是在客观分析的基础上得出调查的结论与观点,或提出关于这一问题的建议。只调查问题、说明原因和规律而不提建议也是不行的。

三、调查研究法的使用技术与技巧

无论是问卷调查还是访谈调查,在其运用过程中,作为直接关系到调查质量好坏、直接影响到资料收集的问卷与访谈提纲,其设计是十分关键的一环。在设计过程中需要把握住一些基本原则:一是有明确的主题。根据主题从实际出发拟定题目,适合研究的目的和内容,重点突出,没有可有可无的问题;二是结构合理,逻辑性强,先易后难,先简后繁,先具体后抽象。一般封闭性问题放前,开放性问题放后;三是通俗易懂。语气亲切,语言符合调查对象的文化水平、社会环境、心理特征。避免主观性和暗示性。此外,在把握这些基本原则的基础上,对问卷设计而言,应了解问卷设计的基本结构,通常一份问卷由前言、指导语、问题、编码等几部分构成。

◆ 前言。主要向被调查者介绍和说明调查者的身份、调查的内容、目的、意义等。其目的是消除被调查者的顾虑,赢得信任,争取合作。如果是邮寄的问卷,还要写明最迟寄回问卷的时间。具体内容包括:介绍调查主办单位和调查人员的身份;简要说明调查的目的和内容;承诺对涉及个人内容的调查结果的保密;对被调查者的合作与支持表示感谢。

◆ 指导语。主要是用来指导被调查者填写问卷的一组说明或注意事项,有时还附有样例。指导语要简明易懂,使人一看就明白如何填写。这部分有时与前言部分合在一起。

◆ 问题。这是问卷的主体部分。题目是问卷的核心内容,编制的题目要简洁明了,要适应被调查者的程度,符合研究的目的要求。至于用开放性问题还是封闭性问题,则应根据实际情况而定。采用封闭性问题要按标准化测验的要求设计题目和答案,答案要准确,符合实际,便于选择。

◆ 编码。对于样本数量较大的调查,为了便于计算机的统计、汇总和分类,一般应设立编码栏。编码就是给每个问题及其答案编上数码。一般编码放在问题的右边,编码的序号与问题的序号相一致。当然,如果样本数量较小的调查,或采用手工汇总的调查,可不设编码栏。

在了解问卷设计的一般结构基础上,还需要遵循问卷设计须知:[①]

1. 尽可能使问卷简短。
2. 不要使用调查对象有可能不理解的术语、行语或复杂的措词。
3. 避免使用"问卷"或"清单"之类的措词,许多人对这类术语持有偏见。
4. 用诸如鲜艳的彩色墨水或彩纸及激光打印技术等使你的问卷产生吸引力。
5. 使问题条理化,使之便于阅读或完成。
6. 给问卷编上页码,题目编上数码。

---

① [美]梅雷迪斯·D·高尔等著,许庆豫等译. 教育研究方法导论[M]. 南京:江苏教育出版社,2002.248.

7. 把问卷返还人的姓名、地址写在问卷的开头或末尾,即使是附有注明发信人姓名、住址的回信信封也要这么做。

8. 说明要简洁明了,用醒目的小写印刷字母(全部使用大写字母的词很难读)。

9. 问卷按逻辑顺序排列。例如,你可以把内容相同或答案相同的选择项目放在一起。

10. 当论题转换时,用上个转折句,以帮助调查对象转换思路。

11. 用一些有趣但不带威胁性的问题作开头。

12. 把难题放在问卷末尾。

13. 不要把重要的项目放在较长的问卷的末尾。

14. 给这些题目提供理论依据,让调查对象明白他们同该研究的关系。

15. 对那些可能会搞错或难于理解的题目,要举例说明。

16. 避免使用像"几个"、"大多"及"通常"之类意思不明确的词语。

17. 以尽可能简洁的形式说明每一个问题。

18. 避免消极陈述的题目,因为这会使调查对象产生误读。忽略了这一点,调查对象可能作出的回答就会与他们真实的想法相悖。

19. 避免"双重意义"(要研究对象用一个答案说出两个观点)的题目,例如:"尽管工会在大部分领域是需要的,但是,在教学领域却没有一席之地"之类的回答。

20. 当一般性的问题和相关的具体问题一起提问时,倾向于先问一般性问题。如果先问具体问题,再回答一般问题,就有可能限制调查对象的视野。

21. 避免带有偏见的或引导性的问题。如果就回答类型给调查对象以某种类似答案的暗示,那么就有可能出现与暗示一致的答复。

同样,在进行访谈调查时,也需要了解访谈的一些常用类型及其要求。访谈常用的类型有两种:一种是标准式访谈,另一种是自由式访谈。标准式访谈也称结构性访谈,它是严格按事先拟定的访谈计划进行的访谈调查。这类访谈有统一设计的调查表或访谈问卷,访谈内容已在计划中做了周密的安排。访谈计划通常包括:访谈的具体项目、程序、重点、提问形式、分类方式、指标系统、记录表格等。标准式访谈要求访谈人员在选择访谈对象、提问的方式和顺序、对被访者回答的记录方式上都保持一致。标准式访谈中,调查表或访谈问卷是访谈人员的主要工具。调查表的结构主要有:

◆ 导语。访谈员的自我介绍、访谈目的,内容的简要说明。

◆ 表头。用于了解被访者的基本情况,如年龄、学历、职业等。

◆ 正题。需要调查的主要问题,问题可以是开放性的,也可以是封闭性的。

◆ 结束语。对被访者的合作表示感谢。

◆ 附记或备注。对访谈中其他重要信息的记录。

自由式访谈也称非结构性访谈。与标准式访谈相反,它事先不制定统一的调查表或访谈问卷,而是按一个粗线条的访谈提纲或某一个主题,与被访者交谈。这种访谈双方在比较轻松、自由、随便的气氛中进行,谈话有弹性,能灵活地转换话题,变换提问方式和顺序,追问重要线索,可获得深层次的比较真实可靠的信息。但是这种访谈较费时、费力,容易离题,难以作定量分析,对访谈人员的谈话技巧要求较高。

访谈的另一种常用类型是个别访谈和团体访谈。个别访谈是一对一的面谈,访谈不受第三者的直接影响。访谈者只要控制好谈话环境,就能较好地打开被访者的言路。个别访谈是访谈法中最常用的形式。团体访谈指调查者邀请若干被调查者,通过集体座谈的方式收集有关资料的方法,就是通常讲的开座谈会,开调查会。团体访谈是教育调查研究中一种很好的方法。通过座谈的方式进行调查,可集思广益,互相启发,彼此对证,能在较短的时间里收集到较全面的材料和信息。

不论采用哪种访谈形式,都应将下列的"访谈须知"作为开展访谈调查的指导方针。①

1. 访谈前以日常小对话的形式营造融洽的氛围。

2. 造出融洽氛围后将复杂或有争议的问题留到访谈后阶段。

3. 向对象解释研究对其潜在的好处。

4. 访谈者应比对象谈得少,常规讲访谈者说得越少,所获信息就越多。

5. 用适合对象的、清晰明了的语言提问。

6. 提问仅含一种简单内容的问题。

7. 在问题的措辞方面强调你想要对象回答时使用的参考结构,例如,问"你认为你孩子的老师处理家长会的方式如何?"而不是"你认为你孩子今年的老师怎么样?"前者在访谈目的为决定对象主要参考模式的谈话中可能是合适的。

8. 尽可能使用简单询问,例如,"你能告诉我更多的情况吗?"

9. 避免反驳和盘问对象。

10. 不要暗示(不要通过特别的言辞、声调或非语言暗示,诸如摇头等)对某一问题的回答表示偏爱或期盼。

11. 对象如对某一话题感到威胁,换一个话题。试着呆会儿再换一种措辞回到该话题。

12. 当提出忌讳或敏感的问题时,询问采访者的朋友的表现和采访者自己的

① [美]梅雷迪斯·D·高尔等著,许庆豫等译.教育研究方法导论[M].南京:江苏教育出版社,2002.267.

表现。

13. 不要连续问许多"是"和"不是"的题目。

14. 不要经常更换访谈话题。

15. 避免诱导性询问,例如,问"你对联邦政府对教育的资助如何看?"而不是"你赞成联邦政府对教育的资助吗?"然而,在某种情况下为了从对象处得到某类问题的真实答案也需诱导提问。

第二节 "情绪好坏与癌症发病率"研究的借鉴
——教育比较研究法的剖析

俗话说:不怕不识货,就怕货比货;货比三家不吃亏;不比不知道,一比吓一跳;人比人,气死人……黑格尔曾说:"我们不能离开别物而思考。"[①]毛泽东也曾说:"有比较才有鉴别。"[②]诸如此类的话语无一不透露出"比较"的意蕴,它与我们的生活息息相关,也是人们在从事各种研究活动中频繁采用的一种研究工具。通过比较来识别事物,从古至今一直是人们常用的方法,同理,通过比较来理解、分析教育,也是我们开展教育研究的一种有效的方法。让我们不妨先来看一项研究中运用了比较法的例子。

情绪好坏与癌症发病率[③]

美国某大学的几位科学家,为了弄清情绪好坏与癌症发病率的关系,精心地设计了一个实验。他们将癌症细胞注射进老鼠体内,然后将这些老鼠分为三个对照组分别放入三只不同的笼子内。第一只笼子内,老鼠不断地受到脉冲电击。这种电击不会伤害老鼠的肌体,但却使鼠时时处于恐惧和沮丧之中;第二只笼子内,老鼠也受到同样的电击,不过这种电击可由老鼠自己触动一根开关棍而停止;第三只笼子内的老鼠则不受电击。

实验结果表明:第一组老鼠因癌症发病而死亡的比率比另外两组要大一倍;第二组略小于第三组。因为,第一组老鼠的恶劣情绪使他们的免疫系统受到了抑制,所以癌症发病率最高;第二组有战胜苦难的经历,这种情绪增强了老鼠的免疫能力。可见,情绪好坏与癌症发病率有一定关系。

---

① [德]黑格尔.小逻辑[M].北京:商务印书馆,1980.205.

② 毛泽东.毛泽东选集(第1卷)[M].北京:人民出版社,1952.262.

③ 林康义,唐永强.比较·分类·类比[M].沈阳:辽宁人民出版社,1987.4—5.

在这个科学实验中,科学家们除了使用了移情法(即人设身处地想象老鼠的"情绪")、类比法(用老鼠类推人类)和统计归纳法等多种方法之外,其中使用的最基本的方法就是比较研究法。正是通过比较研究方法得出了研究结论:情绪好坏虽然不是癌症发生的根本原因,但对癌症发病有一定的影响。

一、教育比较研究法:定义与功能

究竟什么是教育研究中的比较法呢? 它在研究中能起到什么样的作用呢?

在中国乃至世界上第一部教育教学著作——《学记》中就有"比物丑类"的用法,意思是以同类事物相比方从而达到理解相近事物的目的。在英文单词中,compare 一词即是我们说的比较。其词头 com 来自拉丁文 con-(后接 p,变为com-)意为"在一起"、"共同"之意,其词根为 par,意为"做好准备","准备好"。词头词尾合起来便是 compare,本意为"做好准备在一起",在一起作什么呢? 比较是也。牛津英汉双解辞典释之为:"比较,即研究评判人与人或物与物之间的相同或相异程度"的概念。从英汉词源上看"比较"(compare)一词的共性相当鲜明,无论"比物丑类"或"做好准备在一起"都是为了比较人与人或物与物之间的相同或相异程度。

因此,所谓比较研究法,指的是针对两个或两个以上的事物,找出它们的共同点和差异点,从而确定事物的特别属性和一般属性,并在此基础上发现其内在规律的一种方法。它既有一般的思维方法的属性,也是一种具体的研究方法。作为一种研究方法,比较在人类的生活和研究中扮演着重要的角色、起着重要的作用。只要恰当地运用,就可以取得很好的研究效果。

◆ 初步整理事实材料。具体体现在:一是辨认事物,正如俗语所言"不怕不识货,就怕货比货";二是给事实定性定量,在上述情绪好坏与癌症发病率的关系研究的案例中得到了很好的体现;三是给事实分类,我们常说的"物以类聚,人以群分"实际上就内含着比较。

◆ 发现新的事实。科学史上的许多发明发现都与此有关。我国的墨子就认为,人类获得知识的途径是"亲知"、"闻知"和"推知"。所谓"推知"就是通过逻辑而形成的新认识,产生新的发现,带有很强的比较色彩。例如:

我国大学生分配中,女大学生"找工作难"已是一种普遍现象,但这种现象如何会出现? 是什么社会因素在起作用? 如果我们浅尝辄止地讨论问题,无疑会简单归结为,诸如:妇女的社会地位没有根本改善,人们社会观念没有彻底转变,歧视妇女、轻视妇女的成见远未肃清等。这些看法没有一点是错误的,但没有一点是有用的。如果展开深刻的比较,便可以深化认识,产生新的发现。美国盖·施拉赫特尔等搜集了 1970—1981 年全美有关图书馆学博士论文 660 篇,从中比较了有关的五个方面。其中第五项是论文作者性别的比较,女性撰写博士论文仅占 26％——这个图书馆专业还是女性攻读博士学位最多的专业。此外,科学著述能力也有所不同,科学论文作者的性别之比大约为 9∶1(男∶女)。不仅在科学劳动智力上存在差异,而且某些社会学的调查结果表明:在家务劳动中工作量的男女比为 3∶7。通过这些比较,就可以明显看出,单纯谴责"轻视妇女",还是无助于问题的解决。解决问题的根本途径是:家务劳动社会化,健全社会妇幼福利事业,加强与扩大并科学地规定妇女社会就业的领域,这样就会减少人为地限制妇女就业的社会行为。譬如,目前,护士职业大多数就是由女性来从事,就无排斥妇女的现象;纺织工人居多的也是女性。通过比较使人们认真思考,深化认识,产生新的发现,否则就会停留在事物的表面而不得真谛。

◆ 更好地揭示事物普遍规律。有例为证:1958 年英国著名政治学家和历史学家帕金森,出版了一本政治小册子——《帕金森定律》。尖锐地批评了英国行政机构充满的矛盾——人浮于事,办事效率低下。帕金森定律可以表示为:$X = (2Km + I)/n$。其中,X 为行政部门每年增加的职员数,K 表示一个要求增派助手、逐步达到提升的人,I 为 K 被任命到退休期间的年龄,m 是部门内部互相扯皮而耗费的劳动时间,n 是被管理的单位数。这一定律是否正确,我们可以通过对历史事实的比较来加以验证。

我国的官冗问题,如果单独讨论官民比,尚不能看出问题的严重性;如果有相关的事物的比较,那么问题就更清晰了。日本官民比为 1∶236(1983 年),前苏联为 1∶44,我国为 1∶37(根据 1983 年人口普查资料分析)。再从历史的角度来看,我国官员人数几乎呈线性增加,官民比随着历史的发展越来越小:西汉为 1∶7945,东汉为 1∶7464,隋朝为 1∶3658,唐朝为 1∶7927,北宋(欠缺),元朝为 1∶2513,明朝为 1∶2299,清朝为 1∶911,现代为 1∶37。从比较中可知,"长"字号人数逐渐增多。我国历史上"官冗"的因素复杂,但是以北宋的"分化事权"、"互相维制"最具有代表性。明明一个人可以做的事,偏偏要分给几个人去做,其结果"或事无专责,致生相诿,或人无专事,致多废弛"。时至今天,这种"为官之道"仍有一定的市场。1988 年 4 月 27 日的《中国青年报》发表一篇题为《倾斜的金字塔》的报道,某大学有副校长 7 人,27 名在职处级干部,80 多个部门,行政部门就有 40 多个,还未包括党委系统的管理部门。80 年代与 50 年代比较,教学部门增加 4 倍,非教学部门增加 10 倍。当然不独中国如此,可以说是一个全球问题。比较法可以使我们看清这一现象的古今发展大概过程。如此看来,帕森斯定律还是有一定道理的。

◆ 建立起一些科学概念和学科。诸如此类的概念：比重、比容、比热、正电与负电等；诸如此类的学科：比较管理学、比较政治学、比较地理学、比较解剖学、比较法学、比较教育学等，差不多所有的学科领域都有因比较研究法的引入而产生的新的学科。

在教育研究中运用比较法的目的可区分为现实的目的和理想的目的两种。现实的目的是理解教育，而理想的目的则是找到教育发展变化的规律，从而改善教育。通过和外国教育的比较，掌握本国教育的特点，这是比较教育学主要目的之一。我们研究外国教育，不只是要了解外国的教育情况，而是要更深入地理解本国教育，使之有所改进。换言之，是和外国教育的比较中开始明辨本国教育的特点，以期充分地掌握其所存在的问题的。"例如，我们考虑学校扫地这件事情，把世界学校扫地这件事比较研究一下，可以分为'清扫员型'、'清扫员和学生型'、'学生型'三个类型。第一种的清扫员型是学校清洁卫生由清洁员负责的国家，欧、美各国属之；第二种的清扫员和学生型是学校清洁卫生由清扫员和学生共同担当的国家，社会主义国家属之；第三种学生型，是指由学生打扫清洁卫生的国家，这个类型主要是指以日本为首的亚洲具有佛教传统的各国。就日本来说，学校的清洁卫生，理所当然是学生承担的。很多西方国家都不安排学生打扫除。这样看来，通过学校打扫除的比较研究，可知由学生打扫清洁卫生，这是日本学校教育的特色之一。"①

比较研究方法虽然有重大的作用，但也有其局限性，这是因为：由于只是将所比较的对象的一个方面或几个方面来比较，而暂时有条件地撇开其他方面，所以比较的结果只是事物整体的某一方面或某几个方面的共同点和差异点的比较，或者只是某种属性的程度上的相比较。如果把一次比较的结果绝对化，乃至以偏概全，就易产生片面性。所以应注意事物的全面性、整体性、系统性，尽量对事物进行多方面、多角度的比较。

二、教育比较研究法：前提条件与逻辑规则

比较研究方法的使用需要满足一些基础性条件。所谓基础性条件是指先于比较而存在的事物。譬如，我们要对美国的高等教育和德国的高等教育进行比较，美德两国的高等教育是早在我们对之进行比较之前就已存在的。探讨这一问题很有意义，如果我们细分一下便可得知，这个先于比较而存在的事物实际上可从客观与主观两方面来加以探讨。

第一，事物之间的差异性和同一性是比较研究的客观基础。"传说十七世纪末，普鲁斯女王索菲·莎萝德有一天在花园里散步的时候，同她的随从争论过有没

---

① ［日］冲原丰. 比较教育学新论［M］. 江西教育出版社，1985.6—7.

有完全相同的两片叶子的问题。这位女王受过科学家和哲学家莱布尼茨的熏陶，有点哲学头脑，她不相信会有两片完全相同的叶子。随从的一个贵族却争辩说，他可以轻而易举地在花园里找到完全相同的叶子。结果这个贵族失败了。"①这个故事告诉我们，世界上一切事物之间都存在着差异性。黑格尔也说过："凡物莫不相异"，"天地间没有两个彼此完全相同之物"。需要指出的是，世界上虽没有完全相同的叶子，但其基本生理结构和基本生理功能大抵具有相同的特征。由于世界上一切事物之间都存在着差异性和同一性，所以一般说来，一切事物原则上是可以比较的。比如，1卡热量与1千克米机械功，乍一看来是无法比较的，在焦耳发现并测定了热功当量（1千克米＝2.34卡）之后，就可以比较了。再比如，1克质量与10万度电的能量相比，简直异想天开，但在爱因斯坦发现了质能转化关系式 $E＝MC^2$ 之后这种比较就很得当了。

第二，作为认识主体的人的大脑中所存的已知经验是比较研究的主观基础。由于比较是一种对人与人或物与物之间的相似或差异的研究和判断，因而，比较也是一种人（作为主体）的认识活动。所以，作为认识主体的人的大脑中所储存的已知经验便是比较研究的主观基础。所谓仁者见仁，智者见智是也。

在教育研究中运用比较法时，应当根据什么样的原则？具体实施时又需要遵循什么样的逻辑规则？

如何理解比较法的总原则，我们可以从这个问题的提问开始：一支笔和一头骆驼可不可以进行比较？答案是肯定的。借助于尺子或长度的概念，笔与骆驼在长度上是可以比较的，即具有可比性。但把笔与骆驼联系起来的尺子并不是笔或骆驼的内在的深刻本质。因此，通过比较揭示出来的共同点与差异点，也不是它们的本质属性。我们可以找一个与它们的本质有关的第三者把它们联系起来进行比较，说它们都是由分子构成，但又是不同的分子。如果它们都是商品，我们又可以用价值的概念把它们联系起来比较它们的交换价值。

索菲·莎萝德的故事及上述的这个案例告诉我们：世界上一切事物之间都具有同一性和差异性，它们在原则上都是可以比较的，这是比较的无条件性和绝对性；两个事物之间又必须找到第三者作为中介，把他们联系在一起才能具体地加以比较，每一次比较只能有一个第三者作为中介，这是比较的条件性和相对性。这就是所谓的可比性原则。一句话，可比性原则乃是比较的无条件性与条件性、绝对性与相对性的辩证统一。

但在一次比较中，只能有一个第三者。例如：这里有三份关于三国课程的资料：（1）日本学校传授花道；（2）犹太人要求小学生背诵犹太法典；（3）美国学校开设钻孔课。从"特殊课程"的观点看，是可以求得统一的，而且是可以相互进行比

① 林康义，唐永强. 比较·分类·类比[M]. 沈阳：辽宁人民出版社，1987.15.

教育研究方法

较的。

总之，为了保证可比性，必须做到：比较的标准要统一；比较的范围、项目要一致；比较的客观条件要相同。

在充分理解比较的总原则的前提下，我们再来感悟一下比较的逻辑规则，它是避免我们今后陷入比较误区的一个重要保证。概括起来说，以下四条基本的逻辑规则需要我们在比较时加以考虑。

规则一：必须在同一关系下对事物进行比较。只有从同一关系去比较不同对象或对象的不同属性，这种比较才是合理的；反之，就是不合理的。这个道理很简单，但有时不注意就会弄出错误来。举个例子来说，报纸上经常刊登与下例类似的例子：

某医院一个肝病研究组在"综合疗法治疗慢性肝炎133例临床观察"的研究报告中，详细地介绍了他们运用比较法来研究这一课题的过程。他们将病人分为三组，分别采用不同的治疗方法。第一组以中医治疗为主，这组的病人病情较重，病程为 2—10 年，病人 41 人，结果治愈率为 70.7％；第二组以西医治疗为主，这组病人的病情一般，病程为 1—3 年，病人 62 人，结果治愈率为 80.6％；第三组以泉泥疗法为主，这组的病人病情较轻，病程为 0.5—2 年，病人 30 人，治愈率为 30％。根据上述结果的比较，可以作出这样的判断：第二组疗效较高，第一组的疗效次之，第三组的疗效最低。

我们可以从这个观察报告中看出明显的问题：三个对照组的病人病情程度不同，病程不一，因而三个对照组的治疗方法与治愈率的关系各不相同，这样就无法肯定哪一种疗法好。与此相类似，目前我国各地普遍存在的以升学率作为评判学校好坏的唯一标准的做法至少违反了这一原则。

规则二：要就事物的内在关系进行比较。笔和骆驼虽然可以比较长短，但这是外在关系，对于我们揭示笔和骆驼的属性不会有多大的帮助。松树的针叶和梧桐的阔叶虽然在外在形象上有着显而易见的区别，但在生理功能上进行比较时就会发现它们有着根本的一致性，那是因为结构与功能同这两种叶子的关系是内在的关系，因此，这样的比较可以达到揭示叶子属性的目的。

需要指出的是，看出同中之异，异中之同，才是最为重要的。黑格尔说得好："假如一个人能看出当前即显而易见的差别，譬如，能区别一支笔与一头骆驼，我们不会说这人有了不起的聪明。同样，另一方面，一个人能比较两个近似的东西，如橡树与槐树，或寺院与教堂，而知其相似，我们也不能说他有很高的比较能力。我们所要求的是要能看出异中之同和同中之异。"所谓看出"异中之同"，就是在表面上差异极大的事物之间，比较出本质上的相同之点，获得科学的认识。例如，鲸、蝙蝠、狼,体态上相差极远,但是生物学家通过比较,在现象差异很大之中,看到它们本质上有相同的一面,即都属于哺乳动物。所谓看出"同中之异",就是在表面上看起来相同或极相似的事物之间,通过比较,看出它们在本质上的差异之点。例如,鲨鱼、鱼龙和海豚,外貌十分相似,身体都是梭形,都有胸鳍、背鳍,一般人往往误以为它们都同属于鱼类。生物学家透过这些表面现象经过本质的比较,看到了本质上的差别,确认鲨鱼属鱼类,鱼龙属爬虫类,海豚属哺乳类,从而确定出它们的特殊属性。

规则三:要有确定的标准。没有标准,不能进行比较;标准不同,不能进行比较;标准不精确、不稳定,也不能进行比较。比较的标准可视具体的情况而定,但一定要明确化、具体化,使比较具有可操作性。例如,"汉、藏儿童数学思维能力发展差异性的比较研究"这个主题,比较的指标有三个:数学思维能力、文化背景、个性特征。数学思维能力分为比较能力、分类能力、概括能力、运算能力、问题解决能力等五个标准。文化背景分为父母的职业、文化程度、对子女学习的关心程度、对子女学习的指导程度、对子女学业的期待程度、对数学的态度、家庭学习环境、学校教育环境、教师对学生的期待水平等标准。个性特征分为数学学习动机、兴趣、态度等标准。

规则四:要在充分了解比较对象背景知识的基础上进行比较。俗话说得好,橘生淮南则为橘,生淮北则为枳矣。在运用比较的方法进行教育研究时,更要充分注意到这一点。它意味着,用于比较研究的资料必须是真实可靠的,具有客观性;能反映普遍情况,具有代表性;能反映研究对象的本质,具有典型性。这就需要研究者对国内外教育有较为深刻的认识了解,具有较扎实的教育理论基础以及掌握相应的工具和方法。

三、教育比较研究法:常见类型与运用程序

在实际的教育比较研究中,按照不同的分类标准,比较研究又有着不同的类型,既有定性的比较研究,也有定量的比较研究;既有静态的比较研究,也有动态的比较研究;既有纵向的比较研究,也有横向的比较研究。

通过反映事物本质属性的某些特征的比较来确定事物的质的规定性(成分、结构、性质、功能等)的研究,称为定性比较研究;而通过表现事物某些数量特征的比较,确定事物的量的规定性的研究,则称为定量比较研究。所谓静态比较研究,就是对象或其属性处于相对静止、相对稳定状态中的比较研究;动态比较则是比较事物在运动过程中的先后状态、属性的变化,揭示事物的某些性质、规律及历史的渊源和顺序的研究。横向比较即空间上的比较,就是对空间上同时并存的事物的既定形态进行比较,从而认识事物的异同的研究。纵向比较研究即时间上的比较研究,就是比较同一事物在不同时期的形态,从而认识事物的发展变化过程。

在教育研究中运用比较法,其特定的程序与步骤又是怎样的呢?

与其他研究方法一样,比较研究法同样存在一个基本的实施程序。各国学者对此发表了不同见解。美国乔治·贝雷迪(George Bereday)提出比较研究区分为描述、解释、并列、比较四个阶段:

- ◆ 描述——收集整理有关研究对象的资料,客观地描述事实。
- ◆ 解释——多元地解释所描述的事实的含义。
- ◆ 并列——将判明了的事实加以整理,放在一起,揭示其异同,提出比较分析所必需的假说,作出结论。
- ◆ 比较——通过比较研究,验证所提出的假说,作出结论。

英国的布赖恩·霍尔姆斯(Brian Holmes)仿效杜威的"反省思维",提出教育比较研究的"问题研究法",具体分为四个阶段:

- ◆ 问题的选择与分析——一类是教育内容的问题,另一类是教育与社会其他领域有关的问题;
- ◆ 解决对策(政策)的计划——分析说明哪些政策和办法更适合于哪些地区、哪种环境,或者提出对某一国家更为现实有效的办法;
- ◆ 相关因素的确认——详尽地描述、分析教育制度及与其相关的政治、经济、文化和社会背景,筛选出与具体问题紧密相关的决定性因素,严肃评判这些决定性因素;
- ◆ 政策结果的预测——对有关资料进行了筛选、分类和相关分析,借此作出某种一般的教育预测。

综上所述,运用比较研究法,基本步骤是:[①]

- ◆ 明确比较的目的,选定比较的主题。其基本含义是:第一,根据研究课题确定比较的内容,限定比较的范围,从而使比较目标明确而集中;第二,按比较主题统一比较标准,且比较标准既有可比性又有稳定性。
- ◆ 广泛搜集、整理资料。通过查阅文献、调查、实验等多种方法,尽可能客观地搜集所要研究的教育现象的有关材料。
- ◆ 对材料的比较分析。从初步分析到深入分析,要对搜集的资料进行解释、分析和评价。分析时要注意事物间的因果性和全面性。
- ◆ 作出比较结论。最后要通过理论与实践论证所得的结论。

以上这些步骤是相互联系,不可分割的。确定比较的问题是运用比较法的前提;制定比较的标准是运用比较法的依据;资料的分类整理是比较法的基础;比较分析是运用比较的重心;作出比较结论是运用比较法的目的。

---

① 参见裴娣娜.教育研究方法导论[M].合肥:安徽教育出版社,1995.233.

第三节　上海青浦"大面积提高数学
教学质量"研究的历程

——教育实验研究法的介绍

　　教育实验研究法作为众多教育研究方法之一,从理论上来说已有成熟的研究思路,根据中小学广泛开展的教育实验研究实践的观察,可以将教育实验研究法界定为:"为了解决现实的教育问题,提出一定解答的假说(或理论构想),并加以科学论证,有计划地干预教育过程,对实验对象(学生)施以新的教育影响(包括创设条件、控制无关变量、操纵自变量),从中收集、整理事实材料(数据),进行定性和定量分析以确定实验影响(自变量)与实验结果(因变量)之间的因果依存关系,并就假说的验证(结论)和效果作出理论上和实践上的价值判断的一种综合性的教育研究方法。"①尽管教育实验研究法业已成为众多中小学校展开课题研究所广泛使用的一个研究方法,但在研究实践中却存在着诸多问题,影响所开展的实验研究的信度和效度,其主要原因在于未能很好地弄清该研究方法的基本原理、基本程序以及基本规则。

一、教育实验研究法的案例展示

　　在中小学教育实践界,也有不少通过开展教育实验研究而取得良好效果的案例,其中,顾泠沅所主持的上海青浦"大面积提高数学教学质量"的实验研究就是其中一个很成功的例子。我们不妨通过回顾这一教育实验研究的历程,从中来直观形象地理解教育实验研究的方法。

　　"青浦实验开始于 1977 年,完成于 1992 年。实验的前期侧重于在实践中调查和试探,后期侧重于作深层次的理论探讨。"②该实验研究缘起于全县范围内的数学教学方法的改革,旨在通过"尝试指导,效果回授"等让所有学生都能进行有效学习的教学措施,大面积提高数学教学质量。该实验研究主要有四个阶段:三年教学调查(1977 年 10 月—1980 年 3 月)、一年筛选经验(1980 年 4 月—1981 年 8 月)、三年实验研究(1981 年 9 月—1984 年 9 月)、三年推广应用(1984 年 9 月—1987 年 8 月)。③

　　在教学调查阶段,主要是了解青浦全县学生的数学基础知识、基础能力的现状

　　①　张定璋. 教育实验的历史考察和本质探讨[J]. 华东师范大学学报(教育科学版),1991,(4).

　　②　顾泠沅. 教学实验论——青浦实验的方法学与教学原理研究[M]. 北京:教育科学出版社,1994. 前言.

　　③　参见上海市顾泠沅数学教改实验小组.青浦县改革数学教学的一项实验研究[J]. 华东师范大学学报(教育科学版).1986,(4). 以及上海市顾泠沅数学教改实验小组. 大面积提高数学教学质量的改革实践与理论探讨(上、下)[J]. 教育研究,1989,(9)、(10).

及其中存在的问题以及教师的教学状况及其中的经验与问题。在调查中，主要采取的办法是：

（1）采取听汇报、查教学计划、看历年教学总结、抽查学生作业和试卷、开座谈会、个别交谈等方式取得调查素材。

（2）围绕七个因素考察一堂课：教学目的、教学要求、内容组织、概念教学、能力培养、师生配合、方法特点和教学效果。

（3）通过测验和考查来了解学生成绩分布情况，将不同学习水平的学生进行比较，以了解他们学习分化的情况以及知识能力的不同特征。

（4）进行专门的测量，如体质测定、思维测定、理解力测定等，来了解学生的总体数学学习情况及学生之间的差异。

（5）以听课、观察等方式调查教师的教学状况，找到数学教师在掌握教材、教学方法方面的问题。

在筛选经验阶段，研究小组决定引入当时在国内还较少采用的"行动研究法"，并通过注入新的机制，探索了一种"实践筛选"的研究方法，其一般程序是：

（1）分析和总结优秀的教学经验，了解学科教学以及与它有关的其他学科（如心理学、逻辑学和哲学认识论等）的研究成果，然后运用这些经验和成果，结合施教对象的现状和要求提出计划；

（2）按预定计划，在课堂教学中体现这些经验和成果；

（3）组织有经验的教师深入课堂，对执教情况进行系统的考察和评价；

（4）根据考察评价的结果，对原有的经验或成果进行淘汰、发展以及优化处理；

（5）通过再计划、再实施、再评价，多次往复，直至筛选出有效的教学措施。

经过这样反复地实践筛选，研究小组提出了"在采用讲授法的同时辅之以'尝试指导'的方法"以及"及时获取教学效果的信息，随时调节教学（简称'效果回授'）"。这样，经过一年约五十次循环，筛选出四条比较有效的教学措施：一是让学生在迫切要求下学习；二是组织好课堂教学的层次；三是指导学生亲自尝试；四是及时提供教学效果的信息，随时调节教学。

在实验研究阶段，将"尝试指导"和"效果回授"在不同类型学校、不同程度班级中进行实验，具体的做法是：

（1）设置实验班和对照班，并在此基础上设置对偶比较组。尽可能使得实验班与对照班在学生预测成绩的平均分和分布状况上几乎一致，教师的教学水平也尽可能接近。

（2）在实验班采取实验处理措施，在对照班维持一般教学方法。即在实验班运用"尝试指导"和"效果回授"的方法进行教学，其步骤大致为："诱导—尝试—归纳—变式—回授—调节"，而对照班用常规方法进行教学。

（3）对实验班和对照班进行相同的检测。实验中,每个教学单元以及学期结束都进行统一的考试,每学年进行一次阅读能力与思维能力的测验。

在三个学年的三次阅读能力测验中,实验班与对照班的成绩差异都非常显著。而在三个学年的三次思维能力测验中,实验班与对照班的成绩比较情况是:第一次和第三次差异非常显著;第二次差异显著。从而得出结论:采用"尝试指导"和"效果回授"的教学方法,确实能产生更好的教学效果。

在推广总结阶段,从1984年9月起,实验小组正式开始传播教学经验和推广科研成果。先是从数学向各学科迁移,德智体各育并进,强调经验的内化和再创造;然后把数学教改成果编制成教师的职务培训课程,使经验传播逐步趋向课程化;最后是实行教学、科研、进修三位一体制度,建立教研室与实验学校的"教学—科研"联合体,以保证教学改革实验的顺利进行。

青浦实验是教育实验研究法在中小学教育研究实践中成功运用的范例之一,它同已有的相关教育实验研究成果一道,对我们深入理解教育实验研究法并在今后的教育研究实践中运用此法提供了很生动的案例。从这些案例中也可以看出教育实验研究法的一些本质特点:第一,教育实验研究的目的是揭示教育现象或教育行为之间的因果关系;第二,教育实验对因果关系的预先调查是以假说形式表现出来,实验过程围绕假说展开操纵、控制等一系列干预活动,经观察、分析,最后检验假说。此外,通过对已有相关教育实验研究理论与实践成果的归纳总结,也发现了三个方面的基本共识:"第一,都承认教育实验是一种科学研究方法,因而它具有研究性;第二,教育实验主要在教育实践中进行,须臾离不开教育实践,它具有教育性;第三,教育实验具有理论假设、控制、变革等因素,它有着实验的一般特征。"[①]而且,假设、控制与验证成为教育实验法必不可少的三个组成部分,三者之间环环相扣:假设是起点,没有假设就无实验可言;控制是实验过程的关键,没有控制就无法显现假设中提出的因果关系,实验也不可能验证;验证是实验的重点,实验的结论没有验证,就不可能作为认识的成果被确认,整个实验活动就没有实现认识的任务。教育实验假设是"在教育实验进行前,根据一定的教育经验和教育事实,以已有的教育理论和方法为指导,对诸种教育现象或教育事实之间的内在关系作出推测性的或预见性的说明或解释"。[②] 教育实验假设的形成,一方面要建立在一定的教育理论及事实等基础之上;另一方面,它是对某一教育现象或问题的推断猜测,要通过实验将其验证。概括起来说,教育实验"研究假设"的形成通常有两大途径:

◆ 从教育实践出发建立实验研究假设。具体的策略有:一是经验分析与综合

①　潘洪建.教育实验研究述评[J].克山师专学报,2001,(4).
②　张鸿,李玉文.教育实验假设的意义及建立[J].成都教育学院学报,2004,(4).

策略。研究者首先要养成留心观察、积累经验的习惯,从教育实践中去发现问题、分析问题,还要注意那些意外的或不明显的关系;其次,在积累经验的基础上,善于对经验进行加工,以发现它们之间的联系,并对这种联系作出初步推测,以形成研究假设。这类策略包含两种方法:其一是偏离分析法,它要求研究者找出那些不明显的例外,思考这些偏离的情况,梳理变量间的关系,就能产生新的假设;其二是综合提炼法,它是建立实验假设的一种最常用的方法,它要求研究者占有大量的教育经验资料,并善于从零散、个别的资料中发现共同的东西。二是问题—发现式策略。该策略也包含两种方法:其一是逆向思维法,它是根据观察到的实际问题,用与此相反的途径来解决问题的方法;其二是顺向思维法,它是目前产生实验假设的最基本的方法,这类方法主要是针对教育实际中出现的问题,要求研究者顺藤摸瓜,顺着问题本身寻求解决问题的办法,从而建立实验假设。

◆ 从教育教学理论研究中建构实验假设。具体的策略有:一是命题分析策略。在理论构思这一阶段,由于思维的习惯化,人们对自变量的关注往往更多。如果我们转移一下思考的视角,根据特定的教育研究背景,对教育命题中概念的意义进行重新厘定,就能产生一些新的假设,它包括:猜测一个命题相反的假设也存在。一个命题即使有广泛的生态效度,相反的例外情况在某种情境下也可能存在。二是归纳演绎策略。该策略具体表现为:其一是整合发现法,运用这种方法不仅可以使我们对于某一问题的研究和思考更深入,产生更有价值的研究假设,而且可以进一步检验已有研究成果的正确性,例如,教育心理学上对于迁移问题的研究,持形式训练说的研究者认为学习迁移就是通过对组成心理的各种官能的训练而实现的;其二是验证推广法,它是一项应用教育心理学研究成果,改革现行教学体制,创建结构化和定向化教学体制的探索性实验,结构—定向教学原理是这一实验的理论依据。三是借鉴吸收策略。该策略具体体现在:其一是移植借鉴法,它不仅包括移植国外的先进教育理论或教育实验,探索其在中国教学实践中的适用性,而且还包括借鉴其他学科如心理学、社会学、生理学的研究成果,以这种成果为启示产生实验假设;其二是吸收创造法,即从对新理论新思潮的主动吸收和创造性发展中提出假设。

二、教育实验研究法的实施要素分析

虽然假说的形成在教育实验研究中有着举足轻重的作用,但是,在教育实验研究的开展中,尚需弄清两个基本概念:即常量和变量。而就教育实验研究的假说本身而言,它揭示的就是两个变量之间的关系。因此,常量与变量这两个概念在教育实验研究中非常重要,对它们的理解与把握会影响到教育实验研究的成败。在教育实验研究中存在着诸多变量,可以细分为自变量、因变量、中间变量等几种。通过列表的形式来更清楚地表明它们各自的内涵与特征。

表 5-1　教育实验主要空间变量的含义和特征①

因素名称	含　义	例　子	特　征
常量	实验中所有个体都具有的特征或条件	1. 两种教法对五年级学生科学成绩的效果研究,其中"年级水平"是常量。 2. 三种教法对九年级学生代数成绩的影响研究(同一校、同一教师),其中"年级"、"学校"、"教师"是常量	1. 每个个体都具有相同的特征 2. 在研究中都具有不变的条件
变量	实验中不同个体所具有的不同特征或条件	自变量、因变量、无关变量等	可变性。在研究中可进行"有或无"、"大或小"、"增或减"、"稳定或变化"的处理
自变量 (刺激变量、输入变量、实验处理)	由实验者主动操纵,并通过独立的变化而引起其他变量发生变化的条件或因素	运用口头、书面、口头书面结合的三种教学方式来确定抽象数学的教学效果,其中"教学类型"是自变量,即三种不同水平。作为自变量的一般有:教学计划、大纲、教材、教学组织形式、方法、模式和教师学生身心因素等	1. 新颖性 2. 有效性 3. 可变性 4. 可操作性
因变量 (反应变量、输出)	随实验者引入、排除或改变自变量而出现、消失或变化的条件和特征	一个有关辅助教学材料对阅读行为影响的实验,其中"阅读测试的成绩"是因变量	1. 可变性 2. 外依性 3. 先进性 4. 时序性 5. 可测性
调节变量 (特殊自变量、次要自变量)	在实验中,研究结果难以确切反映因果关系时,研究者通过调节自——因变量的关系,使自变量对因变量的影响发生变化,从而产生实验效果	探讨视觉与听觉两种教学方法的实验效果。开始将两种处理水平平均施于全体学生,结果无差别;后根据学生的适应性(喜好)分组实验,结果发现两种教法有明显差异。这里的"适应性"是调节变量。选择确定调节变量可通过提问"欲使自变量的作用产生因变量的预期反应,存在哪些制约因素"或"因变量的反应除了自变量外,还有哪些因素在起作用"而得到	1. 潜在性 2. 间接性 3. 可引导性
干扰变量 (无关变量、混淆变量)	对实验效果产生干扰作用的因素	一项旨在评价新教材的研究,其中要考虑的干扰变量有:学生原有基础水平;教师教学水平和方式;学生学习环境与学习条件;学生的情感态度;是否按规定操作处理等	1. 多样性 2. 二重性 3. 复杂性

教育研究方法

---

① 丁可民.教育实验空间变量的构成关系和特点[J].教育科学研究,2005,(12).

因素名称	含　义	例　子	特　征
有机变量	用来表示研究中个体的先天特征,它不是一个随机分配到个体中的变量	三种不同教法对学生代数成绩影响的研究。假如男女性别对因变量影响的差异被确定,那么"性别"既是有机变量,又是可控变量	1. 以自变量的形式出现 2. 有机变量多属可控变量,而可控变量必须是当它们的效果被确定、能控制时才是可控变量,否则就成为中间变量
中间变量(中性变量、复合变量、无关变量)	实验中看不见但在理论上却影响因变量的因素。它不能够被控制或测量,其效果需由自变量和调节变量在所观察的现象上发生的作用来推断	进行活动化教学方式的实验研究,其中"学生学习的主动性"是一个中间变量。选择确定中间变量可以通过提问"因变量产生预期反应的原因是什么"而得到	1. 中介性 2. 隐蔽性 3. 积极性 4. 推导性

在教育实验研究的开展过程中,不仅要找到实验研究的常量及各种变量,而且还要充分理解它们之间的关系,如下图所示:

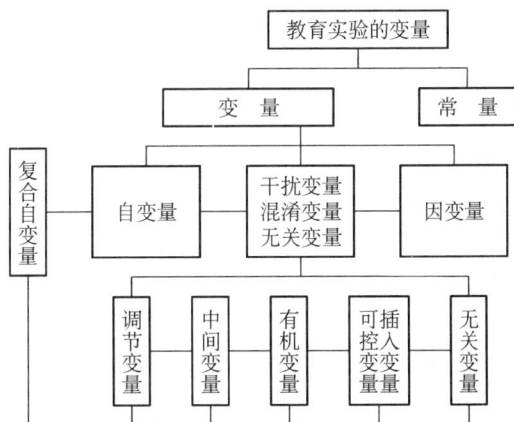

图 5-1　教育实验空间变量图①

就一项具体的教育实验研究开展而言,还需要遵循教育实验研究的基本流程,概括起来如下图所示:

---

①　丁可民.教育实验空间变量的构成关系和特点[J].教育科学研究,2005,(12).

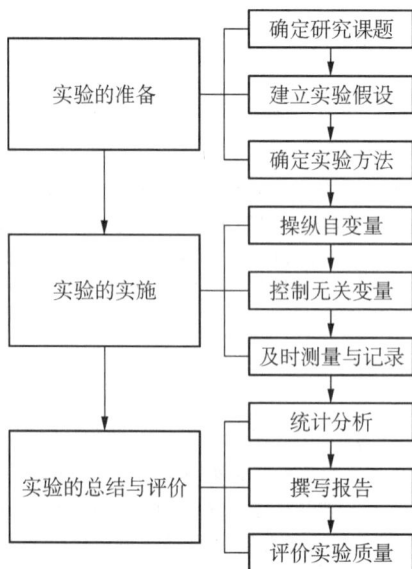

图5-2 教育实验研究的一般过程①

三、教育实验研究法的"变异"分析

由于教育实验研究法的运用对使用者的要求较高,对于中小学教育实践者而言往往不太容易掌握,使用者通常需要经过专门的培训才行。因此,中小学教育实践者更倾向于使用带有一定实验意味的教育行动研究法来开展相应的研究工作,这可以看作是对教育实验研究法的创新性"变异"。在这里,出于进一步理解教育实验研究法的角度,需要对二者之间的差异进行一番比较分析,列表如下:

表5-2 教育实验研究与行动研究操作差异表②

范围	教育实验研究	教育行动研究
研究人员	以专门的学术研究人员为主; 要求拥有较为深厚的教育学科理论知识,具备扎实的研究能力; 应在测量、统计学及教育科学研究方法方面接受过专业训练	一线教师为主,专业研究人员协助; 对教育教学理论有一定了解; 通常不需要严格教育研究方法训练,但提倡有专家的咨询协助
研究问题来源	借助各种途径提出研究问题;研究者必须了解问题,但通常并不直接介入其中	在每日教育工作中所产生的实际问题(而不是去迎合一些流行的学术术语或理论),这些问题足以困扰工作者

---

① 汪基德.教育实验研究的一般过程[J].河南教育,2000,(6).
② 张斌.教育实验研究与教育行动研究之比较[J].教育科学论坛,2006,(2).

范围	教育实验研究	教育行动研究
投入运作	一定的时间、资金、人员投入,这些投入主要考虑能否成功完成实验	研究者时间、精力的投入要与学校的教育规划、教育工作条件等有相容性,即研究的运作要符合实际条件
研究设计	刚性的,规格的; 事先作出严谨、详细的计划方案; 明确实验因素,维持加以对比的条件; 注意控制无关变量; 尽量减少误差	弹性的、灵活的; 按一般程序作出大体设计即可; 不强调严格控制条件或进行对比; 在研究实施过程中,常常根据具体情况在总目标的指引下,边行动边调整方案
抽样	尽量在研究总体中选择随机的、无偏的、具代表性的样本	存在所要研究问题的那些周遭的人群,一般就是研究者所教的学生
文献资料	研究者多查阅一手资料,且要最广泛地了解该领域的研究现状,并对文献加以分析	主要阅读二手资料,以求对所研究领域的基本情况有所了解

　　总之,教育实验研究源于对自然科学实验法的借用,因而天然具有实验的一般特征:包含理论假设、变量控制、变革等因素。作为一种力图超越思辨局限和经验局限的探索性研究活动,教育实验研究要体现出研究人员在理论指导下的主动干预——不同于调查、人种学等"描述"式的研究。对因果关系的预见性、推理模式的完整性、对教育活动的主动干预性以及在时间维度上对事物变化的洞察力等是它的主要特点;探悉自变量与因变量间的因果关系是实验的本质所在。而教育行动研究的核心在于促进和提高实际工作质量,其所收集的数据信息是改进实际工作的基础和动力。因此,行动研究不拘泥于某些专门理论或学科知识,只要有利于改进行动品质,对任何理论、知识、方法它都主动利用;不强调严格控制条件或进行对比,允许在总目标的指引下,边行动边调整方案。所以在某种程度上,教育行动研究就是教育工作者在实际工作中,为了改进工作而做的一些尝试性改革。两者的根本区别在于各自的出发点不同:实验研究关注的是教育因素间的逻辑关系,而行动研究强调的是提升教育教学的行动品质;前者以发展、检验教育理论,揭示教育规律,产出可供广泛群体受益的学科知识为目的,后者则是以追求改善实务运作,获得可以改进当前情境下教育行动品质的知识。

　　为了使教育实验研究能够达到预期的研究目标,需要在其开展过程中进行自我检测,通常在两个阶段进行:一是实验设计阶段,二是在实验基本完成后对实验过程回顾与评价。[①] 在实验设计阶段,研究者可以围绕以下几个问题来自我检测:

　　◆　是否有充分的实验控制?

---

①　参见郑金洲,陶保平,孔企平.学校教育研究方法[M].北京:教育科学出版社,2003.228—229.

◆ 实验结果是否可运用到实际的教育情境当中去？

◆ 是否能与非实验的情境进行比较？

◆ 是否确保所获得的数据、材料能够检验实验假设？

◆ 所获得的数据、材料是否能充分反映实验效应？

◆ 是否有相关变量间的干扰？

◆ 是否考虑到实验结果的代表性？

◆ 是否简单易行？

在实验基本完成后，研究者可以围绕以下几个问题来自我检测：

◆ 检验所提出的实验假设：是否有理由？是否在教育理论或经验引导下提出的？假设是否得到验证？

◆ 检测实验中对变量的控制：是否主动地操纵自变量？是否客观地测定因变量？是否努力控制无关变量？

◆ 实验的方法和过程是否设计合理？

◆ 实验是否能够揭示自变量与因变量之间的因果关系？

第四节　田小妹克服写"聽"字案例的总结
——教育行动研究法的解读

随着新课程改革的开展、推广与深入，行动研究这个词越来越频繁地进入教育理论研究者的视野，也越来越频繁地进入教育实践者的耳朵并不断地涌现在中小学教科研实践的土壤中。究其根源，乃是它强调了从实际需要出发，以解决实际问题为目的，这是一种很好地适应了学校及中小学教师特点的科研方式。毕竟，中小学教师承担着繁重的教育教学任务，有效地提高教育教学质量，是他们的迫切要求。鲜明的针对性和较强的实效性是学校教育科研的明显特征，那种离开实际需要空谈理论的教科研是老师们所不感兴趣的。那究竟什么是教育行动研究？怎样运用这一研究方法来开展学校教科研？其中又会出现哪些常见的问题？让我们还是从"田小妹克服写'聽'字的例子"①中来寻找上述问题的答案吧！

一、教育行动研究法的案例分析

田小妹克服写"聽"字的例子

主角田小妹是当天讲座田耐青教授的大女儿，田小妹对笔划较复杂的国字非

①　廖任彰. 田小妹克服写"聽"字的例子［EB/OL］. http://w66. mcjh. tp. edu. tw/TeacherWEB/chinese/02/2 - 1/action. ppt. 2007 - 11 - 12.

教育研究方法

常排斥,这天,作业簿上出现了"聽"这个令她观之色变的生字。

当下,田小妹做功课的情绪马上跌落万丈深渊,直嚷着不写作业了。眼见情况不妙,田教授立即施"行动研究"五大招式⋯⋯

第一式:找出问题

田教授暗自忖忖:一般孩子也会排斥笔划复杂的国字,为何这个孩子的反应较其他孩子激烈呢?

几经思考,她得到的结论如下:

1. 现今小学生对国字练习量缺乏,一遇到难字,极容易打退堂鼓。

2. 田师丈的管教方式比较权威,女儿每次无法完成难字书写时,田师丈总免不了一番威吓,大量罚写,田小妹自尊受损,类似情境发生一定强烈排斥。

第二式:形成原因

田教授将得到的问题作主客观的分析,以决定何者是她能力所能解决的问题。

1. 现今小学生对国字练习量缺乏,一遇到难字,极容易打退堂鼓。

此原因属于"客观"的教育环境问题,每所小学皆如此,恐不易解决。

2. 田师丈的管教方式比较权威,女儿每次无法完成难字书写时,田师丈总免不了一番威吓,大量罚写,田小妹自尊受损,类似情境发生一定强烈排斥。

此原因属于家庭教育的"主观"问题,可作改进。

第三式:对症下药——提出对策

田教授的对策:

克服对策一:针对孩子的个性,必须扬弃权威式的教育方式,调整孩子的学习心态。

克服对策二:国字练习因这个难字全面停摆,不如先以同理心站在孩子的立场想,然后告诉孩子:"对嘛! 这么难! 我就不写你,我就不理你⋯⋯"让孩子得以完成其他作业,待会儿解决问题的气氛也会较融洽。

克服对策三:几乎所有的孩子都热衷于听故事,或许,这是一个不错的切入点⋯⋯

第四式:付诸实践

田教授一改田师丈命令式的口吻,婉言哄骗孩子,让孩子了解:"妈妈知道你的苦!"继而将孩子厌恶国字练习的范围缩小到"聽"这个字上头,使其他国字训练得以再进行下去。

看了看"聽"这个字的字形,田教授灵机一动,编了这个故事:

"从前有一个王子,刚出生时和别人没什么不同。慢慢长大之后,母后却发现:王子的耳朵越来越大,不停地长大。不久,耳朵竟大到可以将整人放进去,只是头要倾一边才能进得去。到了十四岁,母后又摸摸王子的心脏,发现:王子竟然得了心脏病,没多久就死掉了。"

孩子听得如痴如醉⋯⋯

田老师就依故事情节将"聽"字做一遍书写⋯⋯

1. 王子的耳朵越来越大，不停地长大。

2. 耳朵竟大到可以将整个人放进去，只是头要倾一边才能完全进入耳朵。

3. 到了十四岁，母后又摸摸王子的心脏，发现：王子竟然得了心脏病。

4. 没多久就死掉了。

5. "聽"字完成。

第五式：收集具体证据……

孩子不再排斥"聽"这个字，作业当然也如期完成。

孩子的回馈：

1. 某次，田教授和两个女儿讨论什么叫做"快乐"，大女儿的回答是："学会了'聽'这个字……"

2. 二女儿终于碰到了"聽"这个难字，正当发愁之际，大女儿给妹妹说了王子的故事……

从上述例子中，我们不难发现：教育行动研究往往应用于真实的教育情境，实施主体（参与研究者）往往是教师，研究的目的往往是结合教育理论与教育实践，解决教育实践情境中的教育问题，促进个体的专业成长，改善教育情境，并营造一个适合学生学习的优质环境。进行教育行动研究的教师往往会抱着务实而怀疑的态度。怀疑是因为他们不相信什么翻天覆地的伟大变革，务实是因为他们愿意一试："我会验证这是否可行""我会探讨哪种策略会奏效"。他们一方面对伟大理论抱怀疑态度，另一方面亦会从实际考虑其可行性。

二、教育行动研究法的本质特点

相对于学者的教育研究，实践者的教育行动研究究竟有着怎样的不同特点？它为什么会深受广大中小学教育实践者所喜爱？

实际上，教育行动研究是将纯粹的教育科研实验与准教育科研实验结合起来，将教育科研的人文学科的特点与自然科学的实验的特点结合起来，用教育科学的理论、方法、技术去审视、指导教育教学实践，将教育教学经验上升到理论的高度，但依托的是自身的教育教学实践。教育行动研究法是一种适应小范围内教育改革的探索性的研究方法，其目的不在于建立理论、归纳规律，而是针对教育活动和教育实践中的问题，在行动研究中不断地探索、改进和解决教育实际问题。教育行动研究将改革行动与研究工作相结合，与教育实践的具体改革行动紧密相连。

教育行动研究的出发点是教育生活中遇到的真实的实际疑问，它与学者的教育研究有着诸多不同之处，概括起来主要表现在三个方面：一是学者的教育研究多着眼于理论层面，而教育行动研究则着眼于实际的教育、教学实践问题。尽管一般的教育研究也研究问题，但那些多半是理论问题，即使是教育实践中的问题，也多半是他人的或实践者的问题，而教育行动研究研究的是教育实践者自己的教育实践中所遇到的真实的问题；二是学者的教育研究的主体是教育理论工作者，他们往往只是研究结论的发现者，而不是研究结论的使用者，教育行动研究的主人翁是一线的教师，他们既是研究者，同时也是被研究者，他们既是研究结论的发现者，同时也是研究结论的使用者；三是学者的教育研究的结果是找到蕴藏在某一教育现象或问题背后的普遍规律，而教育行动研究的结果则是一些能改进教育、教学问题的新做法，行动研究者往往透过有系统地搜集证据，寻找出那些有效的解决方案。

为什么教育行动研究会受到广大教育实践者的喜爱？

教育实践者，尤其是广大中小学教师之所以喜欢采用教育行动研究法来展开教科研，是因为学者的教育研究往往在教育、教学策略和教育、学习效果之间寻找出一些定律或规范。教师只需跟从这些学者的建议，使用某种教育、教学策略，便会有某种果效。这类学术型的教育研究减低了身处第一线教师的专业判断。相反，教育行动研究立足于教与学的复杂性，教师需要辨别身处的教学情况，场所是以教育实践情境为主要研究范围，在教育情境中，研究情境主要是学校、班级，学校或班级即成为一个实验室，课程、教学、行政工作、辅导、行为管理等均是教师研究内容，研究对象可能是个体、群体或事件。因此，教育行动研究不但不会削弱教师的判断，反而是进一步赋权给教师，增强了教师的判断能力，从而作出更理想、更有效的教育、教学决定。在教育行动研究中，教师是研究参与者、观察者、问题诊断者、资料分析者、研究结果之应用者，而不是被分析者、被观察者、被研究者。教师从消极配合研究，转化为积极介入参与研究，有研究专业承诺投入，也有强烈的研究意图与动机，也就是说，教师在教育行动研究中为研究的主体，而不是研究的客体。而且，教育行动研究既是协同性研究，也是合作性探究，更是参与性研究。在研究过程中，重视研究成员间平等的协同研究，研究成员包括教师同事、家长、行政人员、外在的专家学者，研究主体为教师个体或群体，专家学者是行动研究咨询与请教对象。此外，在教育行动研究开展的过程中，倾向于采用定性研究的方法，如非结构性观察、访谈、档案文件、量表调查等均是资料来源。而且，教育行动研究方法相对一般社会科学研究法而言较为松散，较不重视假设检验与实验推论，也不必对变量加以控制或操作，因为变量控制与操作并不适用于实际教育情境中，行动研究的研究假设，乃是实际问题解决的方法的检验；在抽样方面，教育行动研究并不重视总体的各种随机取样，而是以教育情境的师生、教材、事件作为研究对象。

三、教育行动研究法的操作流程

既然实践者的教育行动研究与学者的教育研究有着本质的不同，那么，在具体运用教育行动研究法展开研究的过程中，其实施的程序与操作步骤又表现出怎样的特点？回顾行动研究法产生及发展，人们除了公认其是一种扩展的螺旋式结构

外,对于实施的程序与具体的操作步骤提出了各自不同的看法,常见的有两种行动研究的模式:

第一,行动研究的螺旋循环模式。这一模式指出行动研究的开展是"计划——行动——观察——反思"四个彼此紧密相关的循环阶段。它是一个螺旋式上升的发展过程,每一个螺旋发展圈包括四个相互联系、相互依赖的环节。需要强调的是,该模式的开展至少需要"计划—行动—观察—反思"四个环节的两次及以上的循环,而不能仅有一次。

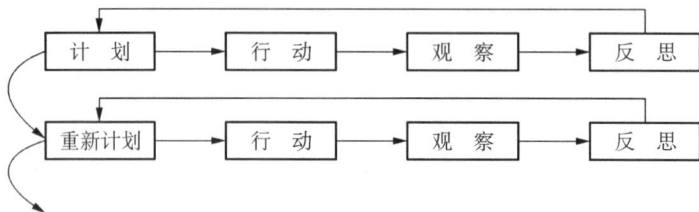

图5-3　行动研究的螺旋循环模式修正图

◆ 计划——即制定行动计划。计划是以所发现的大量事实和调查研究为前提,它始于解决问题的需要和设想,设想是行动研究者(行动者和研究者)对问题的认识,以及他们掌握的有助于解决问题的知识、理论、方法、技术和各种条件的综合;设想还包含了行动研究的计划。计划包括总体计划和每一个具体行动步骤的设计方案,特别重视计划中的第一、二步行动。

◆ 行动——即实施行动计划。行动计划的执行和实施具有灵活性,它随着研究者对问题认识的逐渐明确,以及行动过程中各种信息及时的反馈,不断吸取参与者的评价和建议,对已制定的计划可在实施中修改和调整。

◆ 观察——即收集研究的资料、监察行动的全过程。观察内容有:一是行动背景因素以及影响行动的因素。二是行动过程,包括什么人以什么方式参与了计划实施,使用了什么材料,安排了什么活动,有无意外的变化、如何排除干扰等等。三是行动的结果,包括预期的与非预期的、积极的和消极的。同时要注意搜集三方面的资料:一是背景资料,它是分析计划设想有效性的基础材料;二是过程资料,它是判断行动效果是不是由方案带来和怎样带来的考察依据;三是结果资料,它是分析方案带来的什么样的效果的直接依据。观察要灵活运用各种观察技术以及数据、资料的采集和分析技术,充分利用录像、录音等现代化手段。

◆ 反思——即对行动效果进行思考,并在此基础上计划下一步的行动。这一环节包括三方面的任务:一是整理与描述,即对观察到的与制定和实施计划有关的各种现象进行归纳整理,描述出循环过程和结果;二是评价与解释,即对行动的过程和结果作出判断,找出计划和结果的不一致性,并作出分析和解释;三是写出研究报告,即按照行动研究报告的基本要求写出相应的报告。

第二,行动研究的五步骤模式。具体步骤为:确定研究主题——拟定行动计划——实施行动——全面评价结果——撰写研究报告。

◆ 确定研究主题——这一阶段包括预诊和收集资料初步研究。预诊的任务是发现问题。对学校工作中的问题,进行反思,发现问题,并根据实际情况进行诊断,得出行动改变的最初设想。在各步骤中,预诊占有十分重要的地位。收集资料初步研究的任务是成立由教研人员、教师和教育行政人员组成的研究小组,对问题进行初步讨论和研究,查找解决问题的有关理论、文献,充分占有资料,参与研究的人员共同讨论,听取各方意见,以便为总体计划的拟定做好诊断性评价。

◆ 拟定行动计划——这一阶段既要制定出总体计划,也要制定出具体计划。总体计划是最初设想的一个系统化计划。行动研究法是一个动态的开放系统,所以总体计划是可以修订更改的;而具体计划则是实现总体计划的具体措施,它以实际问题解决的需要为前提,有了它,才会导致旨在改变现状的干预行动的出现。

◆ 实施行动——这是整个研究工作成败的关键。这一阶段不断地通过观察、反思、评估来修订计划,调整行动。其特点是边执行、边评价、边修改。在实施计划的行动中,注意收集每一步行动的反馈信息,可行的,则可以进入下一步计划和行动。反之,则总体计划甚至基本设想都可能需要作出调整或修改。这里行动的目的,不是为了检验某一设想或计划,而是为了解决实际问题。

◆ 全面评价结果——这是对整个研究工作的总结和评价。这一阶段除了要对研究中获得的数据、资料进行科学处理,得到研究所需的结论外,还应对行动研究作出评价,评价的点包括:(1)问题界定是否清楚?(2)行动的操作定义是否清楚?(3)研究计划是否周详?(4)研究者是否按计划执行?(5)资料收集与记录是否详尽无误?(6)研究的信度与效度如何?(7)资料的分析与解释是否慎重恰当?

◆ 撰写研究报告——这是对整个研究工作的文字表述。行动研究的报告有自己的特色,允许采取很多种不同的写作形式。如让所有的参与者共同撰写叙事故事,让不同的多元的声音一起说话,也可以编制一系列个人的叙述、生活经验,让当事人直接向公众说话等等。

行动研究的五步骤模式如下图所示[①]:

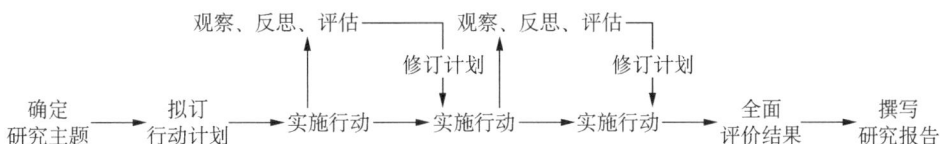

图5-4 行动研究的步骤

① 陶文中.行动研究法的理念[J].教育科学研究,1997(6).

基于上述关于行动研究的介绍与分析,对于广大教育实践者而言,开展教育行动研究可以遵循下列程序:①

第一,找到研究的起点。通常有三种研究的起点:一是从教师自身的兴趣出发;二是从教学的困难出发;三是从教学中的一种不明情况出发。

第二,收集相关的资料。通常包括以下几种:一是收集既有资料;二是观察和记录情境;三是在教学及与学生的接触的过程中找寻必要的信息;四是通过内省激发自己的隐性知识;五是教师间交流与合作的资料;六是利用外面的资源。

第三,对收集来的资料进行分析。具体的步骤有:一是阅读资料;二是筛选资料;三是呈现资料;四是解释资料及做结论。

第四,形成行动策略。需要注意的方面有:一是不要只满足于一个构想;二是不要过多受到执行中可能遇到的困难的干扰;三是充分利用教学情境中的多种资源与力量。

第五,实施与检验行动策略。行动策略的实施需要做到:一是想象新情境,并在心中预先演练;二是在学校尝试行动策略;三是真正地将行动策略贯彻到实际工作中。而判断行动策略是否成功的标准主要有:一是收到了改善情境的效果;二是未产生副作用;三是改善能较长期地保持下去。此外,在行动策略检验时可能发现的问题:一是在执行的方法上出了问题;二是在行动策略的构想上出了问题;三是在教学情境的分析上出了问题;四是在收集资料的过程中出了问题;五是在问题的界定上出了问题。

总之,教育行动研究的目的并非在于建立严谨、高深的学术理论,而在于解决目前教育实务问题,改善教育所处情境,其研究方向以实务问题为导向,研究结果重视的是其立即价值性与应用性,它的研究有高度的实用取向,强调实时应用,因而其问题有特定的情境适用性。即是说,行动研究的情境有其特定限制,研究问题以某一情境中发生问题为主,因而研究结果,无法同一般学术理论进行类推。教育行动研究不在于教育理论的发展,也不在于研究结果的普遍推论,重视的是教育情境中实践问题的解决与教育情境的改善。因而问题解决策略只限于教育某种情境中,才有其应用价值。但需要指出的是,"行动研究把解决问题放在第一位,并不等于行动研究无助于也不关心'一般知识'和'理论'的发现、产生。它只是更强调从具体、特殊到一般和普遍;更强调将已有的理论和知识体现在从抽象到具体的过程中;更强调渗透在行动计划的经验和理论都需受实践的检验、修正、补充甚至证伪;更强调知识和理论说到底还是来源于实践,并在实践中体现其有效性和真理

① 新课程实施过程中培训问题研究课题组. 新课程与教师角色转变[M]. 北京:教育科学出版社,2001.

性。"①我们有理由相信——在行动中学习,在研究中成长;问题与研究齐行,专业共学习成长(老师专业、学生学习);成为工作的主人,从专业中得到乐趣;提升教育品质,不只是让学生顺利毕业——会成为教师工作与专业成长的常态,教育行动研究的前景将会越来越好。

第五节 "急诊室"与"急症室"的教育感悟
——教育叙事研究法的运用

教育叙事研究法既可以看作是一种新的教育研究方法,也可以看作是一种古老的教育研究方法。说它是新方法,是因为随着新课程改革的推进与深入,这一研究方法才愈发为来自教育实践第一线的教师所熟悉并使用;说它是一种古老的方法,是因为从学校教育产生之日起,就一直为广大教师所运用,它是教师专业发展的见证,从宽泛的意义上说,教师的反思、教师的教后记等等都可以归属于此,只不过教育实践者们并没有清醒地认识到并给它起这样一个名字而已。特别是当教育研究方法片面强调实证研究时,当教育研究方法遇到科学主义的桎梏时,教育研究方法由单纯地追求量的研究取向而转向采取质的研究取向也就是自然而然的事情。教育叙事研究法就是质的研究取向下的一种进行教育研究的方法,它通过叙事的方式来寻找教育的意义和价值所在,它是研究者(主要是教师)以叙事、讲故事的方式开展的教育研究。教师通过对有意义的学校生活、教育教学事件、教育教学实践经验的描述与分析,从而发掘或揭示内隐于这些生活、事件、经验和行为背后的教育思想、教育理论和教育信念,从而发现教育的本质、规律和价值意义。教育叙事研究不直接定义教育是什么,也不直接规定教育应该怎么做,它只是让读者从故事中体验教育是什么或应该怎么做。

一、教育叙事研究法的案例感悟

上述寥寥数语肯定无法解释好教育叙事研究法的精妙之处,既如此,还是先来看一篇教育叙事研究的案例吧!也许从鲜活的案例阅读中就可以自然而然地明白了教育叙事研究法的运用之道。这是发生在一位中国教育工作者在国外留学期间的一件有意义的小事,它是由在国外医院看到"急症室"标示牌联想起国内医院"急诊室"标示牌而引发的一段教育感悟。该文的题目是《"就学"抑或"求学"——来自"急诊室"与"急症室"的教育启示》②。

---

① 郑金洲.教师如何做研究[M].上海:华东师范大学出版社,2005.33.

② 胡东芳.教育新思维——东西方教育对话录[M].桂林:广西师范大学出版社,2003.3—6.

在加拿大留学期间，偶然的机会来到一家医院，竟在写着不同文字的指示牌上发现醒目的"急症室"三个汉字，初见有点诧异，自问为什么没有写成我们在国内医院司空见惯的"急诊室"？是否中国文字越洋以后味道起了变化？然而，回去后仔细一体味，直让我对我们司空见惯的"急诊室"产生了许多联想，并对医院及医院以外的行业，尤其是学校教育进行了深刻的反思。

"急诊室"与"急症室"虽只一字之差，而且读音相似，但其内涵却大相径庭。"急症室"者，医生和病人之间是服务者与服务对象的关系也，二者之中，病人是"主体"，是"主人翁"，医生只不过是掌握一定医疗技能对病人之病进行治疗的服务者而已。不难想象，一旦做医生的能够把自己摆在服务者的位置，而把病人当作主体，当作"上帝"来看待，其服务态度肯定能令病人及其家属满意；反之，"急诊室"者，医生和病人之间的关系给人的直觉却是病人有求于医生，医生高高在上并赐恩于病人也。不难想象，如果做医生的把病人当成有求于己的人，就很难摆正自己的位置，更难进入为病人服务的服务员的角色了。不幸的是，在我国，国人是以"求医"而不是"就医"的心态到医院看病的。

由此我想到了学生的家长，他们往往是以"求学"而不是"就学"的心态送子读书的。"求学"与"就学"，正如"急诊室"与"急症室"，只一字之差，且读音相似，但二者也有一点不同之处，即后者是"他为"的，而前者却是"自为"的。为什么我们的家长有这样一种心态？是对学问的崇敬、对学校教育、教师的敬畏，抑或是无奈？可以这么说，家长与学子的这种心态在很大程度上是由我们的学校教育，特别是我们广大教师所表现出的高高在上的教学观念、态度及行为造成的。在现实世界里，很多教师仍然是以一种居高临下的姿态，仍然抱着一种恩赐的心态来对待其学生的。但追根溯源，乃是因为我们的学校教育过去是、现在仍是一个最顽固的卖方市场。当然，有些家长在无可奈何的情况下，把送子"就学"演变为"求学"，助长了某些教师高高在上的心态，也为某些教师的"恩赐观"提供了条件。

实际上，在市场经济条件下，只要按规定支付了医疗费用，病人就有权力得到医院精心的治疗和护理，医护人员就有义务为病人服务，解除病人的痛苦，此乃题中应有之义，其中并无"求"的意思在。要说"求"，那倒是医院求病人，因为没有病人光临，医院就不能生存。每一个人都十分清楚，如果做医生的不能摆正自己的位置，当医院数量供大于求的时候，当人们有更多的自由选择余地的时候，还有谁会到你这种医院就医，没有病人光临，你如何生存？由此可以推断，无论是义务教育阶段还是非义务教育阶段，在学校学习的学生应该得到教师精心的教学和平等的对待，这既是教师的职责，也是学生的权利，其中也没有、更不应有"求"的意思存在。然而，遗憾的是，在目前我国各行各业都逐步由卖方市场转为买方市场背景下，学校教育恐怕是最大的、最后一个卖方市场，人们因此在选择受教育的场所上还是有很大的限制，家长或学生并不具备多少权利去选择学校，学生也没有权利选择其教师，更甭提选择教学内容了。别无选择的无奈、尴尬、困惑乃至痛苦，许多人恐怕都有"切肤之痛"。正如学生，总希望听到学养丰富、幽默风趣的教师给他们上课，可以在笑声中学习，理解中记忆。而事实上，现在99％的学校在安排任课教师时，并没有考虑到学生们的志愿和要求，而只是校方一厢情愿的安排。但我以为，这样的现象不会永远持续下去，学校教育由卖方市场转变为买方市场、家长有权利为自己的孩子选择合适的学校就学、学生有权利选择自己喜欢的教师任教已为时不远。君不见现在你到任何一家商场都会受到营业员的热情接待，再也不会受到过去的那种冷漠与不耐烦的态度，这也许是因为现在商家开架售货，消费者想买什么欲买多少，尽可自行选择之故罢。

对于家长、学生以及每一个公民而言，不能自行选择服务主体，处于一种被动状态，正是这导致了一些教师安于现状，缺乏竞争意识，教学质量不能令人满意，这的确是一件痛苦而又悲哀的事情。某种意义上说，别无选择无异于人的权利和自由的被剥夺、被禁锢。而人们能够拥有怎样的选择自由度，又往往与时代的文明度、外部条件的许可程度和社会机制的灵活程度等等密切关联。但无论你愿意与否，现在已是市场经济时代，市场经济是一个以竞争为主体的开放系统，它必然赋予人们自由选择的空间。如今对学校教育、对教师教学不满意率日渐上升的事实，不仅表明家长、学生的"求学"观念正在转变，而且也是一种警告：如果我们的教育界人士不早早地实现观念的转变，仍然缺乏足够的服务意识与责任意识、强烈的危机意识与竞争意识以及正确的主体意识，仍然把课堂的主角位置把持不动，仍然不重视学生的主动性与积极性，仍然以高高在上的权威姿态甚至是以一种恩赐的心态出现，那么，教师的职位也就岌岌可危了。

有鉴于此，我们必须对教育界人士，特别是教师加以追问：你以什么样的观念作为教学的基础？你的教学从学生的实际出发了吗？你的教学遵循了学生认知规律吗？你的教学合理诱导了学生的"思维流"吗？你的学生在认识过程中伴有积极的情感体验吗？你调动了学生全体感官参与学习吗？你的学生能在课堂上主动学习吗？你让学生自己经历了学习过程吗？你充分挖掘了学生的潜力、点燃其创造思维的火花吗？你让学生回顾自己的认知历程、授之以法、培养其自学能力了吗？你是否尊重并培养了学生的个性？如果你对上述问题的回答基本上是肯定的，那么，你早就具有了正确的师生观，有了足够的服务意识，当然你也就不会有"下岗"之虞；反之，如果你的回答基本是否定的，且又不想改变的话，就必然会被社会所淘汰。

在国外留学期间，参观了许多学校，既有公立的，也有私立的，听了许多教师的讲课，有男有女，有老有少，他们给我一个深刻的印象或者说与国内许多教师的不同之处在于具有强烈的责任意识、服务意识、危机意识和竞争意识，以及普遍赞成并实践以学生为中心的教育、教学理念。难怪他们上课时那么投入，那么有激情，难怪我没有听过他们责骂或者批评学生的话语。

于是我想，如果我们做教师的能时刻保持强烈的服务意识、责任意识、危机意识和竞争意识，能始终把我们的学生放在主体位置，勇于承担起自己的义务，并对我们日常的教育教学工作都能充分投入、充满激情，还有什么事情做不好，教育质量何愁不能提高呢？！

通过上述这则案例，我们来进一步分析一下什么是教育叙事研究法。所谓叙事，指的是叙述故事，是陈述已发生或正在发生的事情。叙事普遍地存在于文学艺术作品和我们的日常生活、工作当中，是人们表达思想的有力方式。对于身处教育实践第一线的教师来讲，教师的生活几乎天天离不开教育教学实践，几乎天天都有各种各样的故事发生，而来自于教师日常生活、工作的各种教育事件（包括对自己的工作进行反思、研究、记录）便构成了真实的叙事故事。这些叙事故事不仅能够真实、深入地反映研究的全过程，而且也能反映出研究者当时的心理活动和思维状况，其记录结果能对未来的教育行动产生指导意义。"叙事并不仅仅是教师表达个体经验的理论形式，而是通过教师以合理有效的方式解决教室里发生的问题，并将其具体遇到的问题和解决问题的过程'叙述'出来，形成教师的教育论文这一研究过程，促进教师对自己的行动进行反思和改变自己的行动达到以研究促进教学的目的。"[①]叙说这些故事，把自己遇到问题的过程和解决这些问题的过程记录下来，加上自己的反思、自省，在一定意义上就是解决问题的过程，它能使教师从平时视而不见的小事中发现教育的意义，激发教师以自己的生活、工作经历为背景去反观自己的教育行为，促使教师对自己的教育行为进入深层次的思考状态，并自觉地从内心深处反思和挖掘自我，从而可能激发出许多连自己都意想不到的解决问题的办法或新的工作思路，同时，在这一过程中，教师实施教育的能力、教研水平以及自身素质都会得到相应的提高。简单地说，叙事研究指的是使用或分析叙事材料的研究。因此，所谓教育叙事研究法，指的是通过对有意义的教学事件、教师生活和教育教学实践经验的描述、分析、发掘或揭示内隐于日常事件、生活和行为背后的意义、思想或理念，从而帮助教师改进自身的教育教学实践，以更鲜活的形式丰富教育科学理论，并促使教育政策的制定与实施更加完善和灵活的一种质的研究方法。[②]

二、教育叙事研究法的特点分析

相对其他研究方法而言，教育叙事研究法更易为广大教育实践者所理解与掌

---

① 冯晨昱，和学新.教育叙事研究的研究[J].学科教育，2004，(6).

② 参见程方生.质的研究方法与教师的叙事研究[J].江西教育科研，2003，(8).

握,但要开展真正意义的叙事研究,尚需要明确教育叙事研究的几个基本特征:

◆ "教育叙事研究既可以显示为真实的叙事,也可以显示为虚构的叙事;教育叙事研究既可以叙述故事,不对故事做评论或解释,也可以对自己讲述的或他人讲述的故事进行再评论和解释。"①

◆ 教育叙事研究的内容不仅要"有情节",而且要"有意义"。"有情节"指的是通过选取冲突的焦点或高潮点或引人入胜点来开展故事的讲述,而不是平铺直叙或是简单地"记流水账";"有意义"指的是叙事只是手段,叙事谈论的是特别的人和特别的冲突、问题或使生活变得复杂的相对完整的故事,叙事的目的是让读者或听众能够自然而然地感悟出其背后的教育道理或意义所在。

◆ 教育叙事研究获得某种教育理论或教育信念的方式是归纳而不是演绎。也就是说,教育理论是从已经发生的具体教育事件及其情节中归纳出来的。

◆ 教育叙事研究是一种反思性研究,叙事研究的根本特征在于反思。教师在叙事中反思,在反思中深化对问题或事件的认识,在反思中提升原有的经验,在反思中修正行动计划,在反思中探寻事件或行为背后所隐含的规律、理念和思想。离开了反思,叙事研究就会变成为叙事而叙事,就会失去它的目的和意义。

教育叙事研究关注的是教师的日常生活故事,关注故事中的一些细节,关注鲜活的情节,关注生动的语言,而淡化使用抽象的概念或符号。对教师开展教育研究而言,它既有其优点,同时也有着一定的缺陷。归纳成下表:

表 5-3　教育叙事的优点和局限性②

教育叙事的优点	教育叙事的局限性
◆ 易于理解	◆ 一旦与传统的研究方式混淆,容易遗漏事件中的一些重要信息
◆ 接近日常生活与思维方式	◆ 收集的材料可能不太容易与故事的线索相吻合
◆ 可帮助读者在多个侧面和维度上认识教育实践	◆ 读者容易忽略对故事叙述重点问题的把握
◆ 更能吸引读者	◆ 难以使读者有身临其境的"局内人"感觉
◆ 使读者有亲近感,具有人文气息	◆ 结果常常不够清晰明确
◆ 能创造性地再现事件场景和过程	
◆ 给读者带来一定的想象空间	

---

① 刘良华.教育叙事研究:是什么与怎么做[J].教育研究,2007,(7).

② 郑金洲.教师如何做研究[M].上海:华东师范大学出版社,2005.136.

三、教育叙事研究法的运用解读

在如何开展教育叙事研究这个问题上,相关理论研究与研究案例大概内含着这样一个基本的研究路径:确定研究问题——选择研究对象——进入研究现场——进行观察访谈——整理分析资料——撰写研究报告,但这种对教育叙事研究流程的解读显然未能将其特色加以突显,因此,刘良华教授非常简明扼要地概括出颇具可操作性的研究思路:"叙事研究无论采用历史研究的方式,还是采用调查研究的方式,其基本路径都是收集资料——解释资料——形成扎根理论,其重点是分析资料并形成扎根理论。"①这一思路可以分解成两个紧密相关的步骤:②

第一步,在收集资料的基础上解释资料,并在解释资料的同时进一步收集资料。尽管从时间顺序上看,收集资料在先,分析资料在后,但在实际的研究过程中,分析资料与收集资料是一个相互推动的过程,分析资料应该与收集资料同时进行。在分析资料时可以采取的基本策略是撰写"备忘录",并从备忘录中寻找"关键事件"与"本土概念"。关键事件既包括那些隐含剧烈的"矛盾冲突"的重大事件,也包括那些"悄无声息"的、"深藏不露"的、"归隐躲藏"的某个或某些"物质痕迹";而本土概念是指本地人(或称之为当地人)所使用的某些特别有影响力的词语。某个词语是否能够成为"本土概念"有两个判断标准:一是要看这个词语是否频繁出现或被本地人"重复使用"。这些频繁出现的、被重复使用的词语隐含了本地人的生活信念、思维习惯与文化特色。二是要看这个词是否隐含了当地人的某种生活"冲突"以及相关的"关键事件"。一个称职的叙事研究者,从来都是词语、概念、结构的"牧人"。

第二步,在解释资料的基础上形成"扎根理论",将"本土概念"还原为"本土故事"。所谓扎根理论(grounded theory),也就是在收集和分析资料的基础上归纳出相关的假设和推论,它的形成以及相应的"写法"通常有三种方式:一是"情境式"研究报告。其写法是将调查研究中所获得的材料整理成一份有情节、有内在线索的故事,将相关的教育理论隐藏在故事的深处,偶尔也可以在叙述故事的过程中跳出来发表有节制的议论;二是"聚类分析"。其写法就是将调查研究中所获得的材料分门别类,每一个类别实际上就是一个相关的教育主题或教育道理。分类之后,再用相应的材料或故事来为这些教育主题或教育道理提供"证词"。三是"先叙事,后解释"。它是前两者的综合:在整体上保持故事的完整性和情节性,但每一个故

---

① 刘良华.教育叙事研究:是什么与怎么做[J].教育研究,2007,(7).

② 详见刘良华.教育叙事研究:是什么与怎么做[J].教育研究,2007,(7).在此,需要提及的是,关于教育叙事研究问题,就笔者所涉猎的相关材料而言,刘良华教授对该研究方法无疑有着很好的整体把握与独到的理解。感兴趣的读者不妨进一步收集其相关材料,阅读后应该会感悟更深。

事都有一个相应的教育主题或教育道理。而且各个教育主题和教育道理之间有某种内在的连接。其具体的"写法"要么显示为"夹叙夹议",要么显示为"先叙后议"。

需要指出的是,在开展教育叙事研究之前应明确"解释"与"表达"这两种研究方法的联系与区别。因为传统的研究注重理论解释,而叙事研究则非常强调经验表达。"'解释'注重于探讨现象背后的原因,是从经验中分类、形成概念、建构理论的一种方式。它首先要将原始资料尽量客观地呈现,分解成可控的因素,避免研究者依据自身的需要对资料进行'裁剪'与取舍。……'表达'是一种呈现经验以彰显其意义的方式,要求研究者深刻体会经验,不是为了便于分析而随意取舍。它是现象学常用的一种方法,更注重的是话语的情境因素,它可以不直接阐明意义,而是通过隐喻等多种方式揭示其内在本质。"①在教育叙事研究法的使用中,"解释"与"表达"是相辅相成的,当前者完成时后者也就随之呈现,"表达可以丰富解释,而解释又可以使表达更清晰"。从原始经验出发经"表达"呈现意义,再通过"解释"得出结论,最后还原为"表达"并成文。

总之,教育叙事研究法通过"经验的表达",即通过对一个个鲜活的个案的研究,向教育的同行们展示独特的、个性的、特别的一些教育现象,来解释教育世界中存在不同的学校生活习惯,以及教育实践者们不同思维方式下的不同的构造教育现实的方式。而对这些独特而鲜活的教育"表达"的了解,不仅可以增长同行们的见识,而且可以引起思维的震动,从而促使其反观自己的思维方式和行为习惯。我想,这正是教育叙事研究法的真正魅力所在。

---

① 丁舒.国内叙事研究的异变及对策——兼论如何开展教育叙事研究[J].思想理论教育·新德育,2005,(3).

第六章
教育研究成果的发表

虽然说教育研究重在过程,对大学生及中小学教师而言尤其如此,但是并不能因此而忽视教育研究成果的整理与发表。因为"问题即课题,过程即研究,成果即成长"应该成为中小学教师开展教育研究的基本理念,其中,通过研究成果的整理与发表,不仅有利于显示和提高研究者的研究水平,而且有利于研究成果的交流与推广,更有利于接受社会的检验,得到社会的承认,获得应有的效益。惟其如此,教育研究的价值才能得到最充分的体现。毕竟,"研究论文是研究者综合运用所学的基本理论和专业知识,对某一问题进行探讨、研究后写出的具有自己独到见解的研究文章,是研究成果的书面表达形式。"[①]根据国家标准和研究论文的性质和特点,可以把研究论文分为两大类:一类是实证性的研究报告,另一类是理论性的学术论文。其中,研究报告是对研究过程和研究结果的概括和总结,是以具体的事实、数据来说明和解释问题的论文,其主要形式有实验报告、调查报告、观察报告等;学术论文是以议论文的形式,通过理性的分析,用概念、判断、推理等逻辑方法来证明和解释问题的研究论文。[②] 那么,怎样才是一篇成功的教育研究论文? 一篇教育研究论文通常有着怎样的结构? 各个部分之间又有着怎样的关系? 如何才能写出一篇像样的教育研究论文并把它发表出来? 在教育研究论文写作中容易陷入怎样的思维误区? 如何去超越这些思维误区? 教育研究论文发表的关键之处何在? 这一系列问题值得每一位研究者思考,而对这些问题试图作出令人感兴趣并富有启发性的回答则构成了本章的内容。

一篇成功的教育研究论文虽有各种各样的评价标准,诸如,观点是否新颖、结构是否合理、论证是否有力等等,但从能否获得编辑的青睐并得到发表的角度来看,文章的标题毫无疑问是其中的关键之处,正如俗语所说:题好一半文,文好一半题,标题是文章的眼睛。题目既是一种教育思想、观点、情感的表达,也是体现论文

① 郑金洲,陶保平,孔企平.学校教育研究方法[M].北京:教育科学出版社,2003.262.

② 参见郑金洲,陶保平,孔企平.学校教育研究方法[M].北京:教育科学出版社,2003.263—264.

教育研究方法

价值和功能的有机组成部分。它用简明、精炼的词语反映、概括、揭示论文的主要内容和作者所要强调的思想，在全文中"画龙点睛"；它不仅突出作者的主观认识和写作意图，而且引导读者去发现并把握论文的要领；它把同一问题的几个不同侧面集中于一个总标题反映出来，以加重份量，有力地揭示论文的内涵价值。它还关系到一篇文章的精神、格调和色彩。对此，相信我们可以从"一位'老'副教授的遭遇"中得到更多的启迪。

其实，所有好的论文都是一致的，而不好的论文各有各的不好之处。虽然教育研究论文的体裁可以百花齐放，内容可以百家争鸣、标新立异，但是，当你用文字把它们表达出来的时候，必须遵循一定的文体格式规则，表现出一定的逻辑关联，甚至要规范化和标准化，这就是文章经过长期发展过程所形成的比较稳定的结构。一篇美文正如一位美女，它们之间有着许多共性之处，但关键之处表现在两个方面：一是内容要新，正如美女的五官要漂亮；二是结构要合理且有逻辑，正如美女的身材的各个部分差不多都符合黄金分割的原理。果真能在一篇论文中将二者同时具备，离成功的发表还会远吗?!

然而，遗憾的是，虽然开展教育论文写作的长远意义已为广大教育工作者所认识，但现实中的五花八门的教育论文写作中普遍存在着一些理念与思维方面的误区，具体有三种表现方式：一是"蒙太奇"现象；二是"盲人摸象"现象；三是"麦当劳化"现象。教育论文写作中的"蒙太奇"现象说白了就是一种"剪刀＋糨糊"的论文写法，就其本质而言不仅是功利主义导向下的教育研究与写作行为，而且也是背离了教育研究本质要求的行为，研究者一开始就追求并达到了"无我"的境界；教育论文写作中的"盲人摸象"现象在根本上是一种以片面的认知来无限夸大到整体认知的行为，这当然是一种消极的写作理念，但其所隐含的积极的成分在于：在发表论文之前需要问一下自己是否全面收集了已有的相关研究成果，是否认真倾听了他人的不同的观点，是否充分意识到对事物的了解和知觉会受到客观和主观的复杂因素的影响；教育论文写作中的"麦当劳化"现象，追求的是"麦当劳化"的四个明显特征——高效率、可计算性、可预测性和可控制性，从而生产出"速成化"的教育论文、"数量化"的教育论文、"时装化"的教育论文和"人为化"的教育论文。只有超越这些理念与思维误区，才能写出真正意义上的、能够对中小学教育实践的改善产生广泛影响的、甚至可以流芳百世的教育论文。

教育研究论文的发表与否决定着研究的价值能否为更多的人所享用，但一篇论文能否得到发表，除却内容创新、逻辑合理的基本要求，很多时候还取决于诸多写作"细节"问题的处理，这虽然是从"上海地铁一、二号线之间细节的差异"中得到的启示，但也是在今后论文写作中必须予以关注并努力做到的要点。在教育研究以及论文的写作过程中，所谓"细节"，其实是一种写作时严谨的态度，也是一种写作的功力，这种态度与功力是靠日积月累培养出来的。只有在平时的研究与写作中不断养成注意细节的习惯,养成良好的研究与写作的规范意识,才能最终形成这种严谨的态度并提升写作的功力,并因这种写作功力的提升而使自己受益良多。当然,还需要再次强调的是:只有创新与细节同步,才有可能体验到教育论文成功发表的快乐。

第一节　一位"老"副教授的遭遇
——感悟"题目是文章的'眼睛'"

古人云:"题好一半文。"意思是说,题目拟写得好,文章就成功了一半。就题目而言,其"题"是"额","目"是"眼",就像人的前额和眼睛是人身上不可缺少的、最显眼的有机组成部分一样,论文的标题也是一篇论文中不可缺少的、最显眼的有机组成部分。仅此,已经说明标题是论文的主要标志,没有题目也就不成其为文章了。因而,聪明的论文作者总是不惜在标题的写作上多下功夫,力图以最简洁、最鲜明的语言概括其论文内容来拟定标题。可以说,好的论文题目能确切地传达出论文内容之神情来,从而引起人们阅读的兴趣,使之产生急于读下去的强烈愿望;引导读者去理解文章内容,探索文章主题;打动读者,给人留下鲜明、深刻和历久难忘的印象。辛辛苦苦写出来的论文,如果没有起一个好题目,很可能投稿后会石沉大海,无法成功地将其发表出来,这样一来,研究的价值无法让更多的人分享,实在让人扼腕叹息。事实上,当杂志社的编辑接到我们的投稿时,首先映入到他眼帘的就是文章的题目,那一瞬间能不能让他的眼睛一亮,将在很大程度上决定着你这篇文章的发表与否。如果你的题目引起了他阅读下去的兴趣,你也就成功了一半,反之,则完全失败了。不信吗? 让我们来看一看"一位'老'副教授的遭遇",从中我们又会得到什么启示。

某大学有一位"老"副教授,之所以称他为老副教授,不是因为他姓"老",而是因为他的年龄比较大,眼看就要退休了,可至今仍然是个副教授。众所周知,作为在高校教书的教师,最大的追求就是将副教授的那个"副"字去掉,成为正教授。这位"老"副教授也想做正教授,其实他这个人挺好,所上的课也深受学生的欢迎和好评,然而申报了几次教授职称也没有评上,原因在于:万事皆备,只欠一本专著的出版,因为按照评正教授的标准,是需要有专著出版的。他也知道自己的薄弱所在,所以暗下决心,穷其所有的精力,终于写成了一部专著,争取在退休前的最后一次教授职称评定前出版,这样解决心头的教授之痒,也聊以自慰呀。那这位"老"副教授任教的是什么学科呢? 写的专著又是什么? 原来,他教的是政治类学科,他写的专著是有关马克思、恩格斯、列宁、斯大林、毛泽东这些伟人的思想的,所以写好以后,给这本专著起的名字就是《马克思、恩格斯、列宁、斯大林、毛泽东之研究》,拿到了某家出版社。出版社的编辑们看过以后,一个个拍案叫绝,纷纷称好。回到家里以后,老先生也非常高兴,静静地等待这本书的出版,因为一旦出版了,他的教授职称问题也就解决了。可哪里知道,左等不出版,右等不出版,眼看评职称的最后期限就到了,再不出版就来不及了。忍不住拿起电话打到了出版社,找到了编辑,问道:

"编辑呀,你不是说我那本书写得很好吗? 怎么到现在还不出版? 再不出版我就来不及评职称了呀?!"

"老先生,我们确实认为你写的那本书很好,可后来我们又开了一次论证会,虽然大家都说写得好,但还是决定不出版,因为书出来以后估计没什么市场,卖不掉,出版社有可能赔本。"

"那你们出版社不能仅考虑经济效益吧,更何况我马上要评职称呀!"

这时,编辑又说道:"哎呀,老先生,你别着急,我们也知道你的苦衷,这样吧,我们出版社还有两条变通的措施,只要你满足其中的任何一条,我们也可以把你的书出版出来。"

老先生听了以后像抓住了救命稻草似的赶紧问:"哪两条?"

"第一,你有没有科研经费,你愿不愿赞助我们出版社三万、五万出版经费,如果你愿意赞助的话,那我们就帮你把书出版出来。"老先生一听,断然否决:"没有! 那第二条呢?"

"第二,你能不能包销个三千册、五千册? 如果能的话,我们也可以将你的书出版出来。"

听到这里,老先生非常生气地说道:"我是教书的,又不是卖书的,这怎么行?"

"如果这两条你都觉得不行的话,那我们只好爱莫能助了。"

放下电话以后,老先生整天地唉声叹气,没想到,好不容易煮熟的一只"鸭子"竟然也会飞,看来,评教授的事就要泡汤了。

没过几天,来了一个陌生的电话,对方自报家门说:"老先生,我是某某书商,我在某某出版社那里看到你的稿子,我觉得写得很好,我可以帮你把它出版出来。"老先生听了以后喜出望外,心想,难道天上掉馅饼啦? 转念一想,天下可没有免费的午餐,于是问道:"那你是不是要我赞助个三万、五万? 还是你要我包销个三千册、五千册?"那书商回答道:"不仅不要你掏钱,还会给你高额稿酬,而且一本书也不要你销。条件只有一个,那就是把你的这本书的名字改一下,如果你愿意,我就帮你出版,如果不愿意,那就另当别论了。"

"那改成什么题目?"

"我建议你不要再用什么《马克思、恩格斯、列宁、斯大林、毛泽东之研究》,而把它改成现在的这个题目——《世界上最有魅力的男人》。"

该书出版以后，果然非常畅销，不仅男同胞愿买，女同胞也愿买，这是因为没有哪一个男同胞不想成为最有魅力的男人，那什么是最有魅力的男人？怎样才能成为最有魅力的男人？不懂不要紧，买一本学两招呀。同样的道理，女同胞也愿买，那是因为没有哪一个女同胞不想找一个最有魅力的男人做老公。那什么是最有魅力的男人呢？不懂不要紧，买一本后再按图索骥即可。

虽然你可以把上面的这段文字当作一个笑话来读，但是它留给我们的回味也是颇多的。同样是那一本书，内容还是那个内容，只不过题目换了一下，为什么就有了大相径庭的效果？这难道不值得我们深思吗？

在教育论文的撰写过程中，标题是标举全篇文章的"眉目"，是文章的旗帜和眼睛，它既是一种教育思想、观点、情感的表达，也是体现论文价值和功能的有机组成部分。它用简明、精炼的词语反映、概括、揭示论文的主要内容和作者所要强调的思想，在全文中"画龙点睛"；它不仅突出作者的主观认识和写作意图，而且引导读者去发现并把握论文的要领；它把同一问题的几个不同侧面集中一个总标题反映出来，以加重份量，有力地揭示论文的内涵价值。它还关系到一篇文章的精神、格调和色彩。因此，如何使教育论文标题既醒目又切题，既有高超的思想性，又有浓厚的知识性与趣味性，从而使编者一看标题就产生兴趣，使读者一看标题就能被吸引，从中受到教益，是一门值得我们反复咀嚼的学问。

如上所述，教育论文标题既然是如此的重要，那么，怎样才能写出一个"好"的标题？要想对这个问题给出一个令人满意的回答，至少要从三个层面予以思考：一是好标题的评判标准是什么？二是在标题的写作中，通常易犯的毛病有哪些？三是标题拟写的技巧有哪些？把握了好的标准，就使教育论文标题的写作有了指向；了解易犯的错误，则可以在写作标题时进行合理的规避；而掌握了标题拟写的技巧，则可以拟出令人满意的题目。

一、理解"好"的标题的评判标准

一个好标题的首要评判标准就是是否具有专指性。所谓论文标题的专指性，指的是标题在概括文章内容时揭示内容的深度和准确度，就是我们通常所说的以使论文的阅读者可以凭标题来判断是否值得阅读某篇文章。标题的专指性强是指标题必须与文章内容完全相符，并提供足够的关键词。标题概括文章内容是通过语言表述来实现的，因此，加强论文标题的专指性，要在遣词造句上下工夫，必须加强标题语言的锤炼，慎重选择标题中的每一个词。

◆ 标题中应尽量不用或少用无关紧要的修饰词，措词必须严谨、科学，如果用专业术语能概括出文章内容，就不要用别的替代词。

◆ 标题中的语言必须具体、明晰,有一说一,有二说二,决不能笼统。

◆ 标题中所提供的关键词,必须能反映出文章的主题,确切、明了、易于通过检索。

◆ 如果用一句话概括不了论文的内容,或者为了使标题有些特色,那就必须使用副标题,否则,标题就会与文章内容不完全相符,抽取不出关键词。

此外,一个好的论文标题的基本要求可用 12 个字概括之,即:简洁明了、准确恰当、新颖多样。通俗地讲,即标题要"三宜"、"三忌"——"宜直接,忌隐晦"、"宜准确,忌含混"、"宜雅洁,忌烦琐",意在强化选择性注意,促进选择性理解,强化选择性记忆。

基本要求一:简洁明了。所谓简洁,就是指用语简明、洁净、雅致、精当。要立片言而居要,一语破的,直截了当,力戒拖沓、冗长。"有人根据人们对语言的一般记忆特点,提出标题最好控制在 12 个字以内,否则记忆力就会降低 50%"。国内一些有影响的学术刊物,十分重视控制标题的字数。为使文题简洁明了,应当注意做到:不重复,不烦冗。标题用语必须精炼概括,要尽最大努力挤掉"水分",删削冗枝,突出主干,只保留有效信息。如《送教上门,以专题讲座、对应示范课、对应研讨形式,探索继续教育之路》,不仅用语重复堆砌,而且"以××形式"来修饰"探索"也欠通,此题如改成《送教上门——继续教育的新途径》或《继续教育途径新探》,是否会更为妥当? 为使文题简洁,标题应尽量避免用完整的句子,能用一个词的,不用词组,能用简单词组的,不用复杂词组,要突出标题的"短语性"特点,尤其要慎用、少用介词短语作修饰语。按照国家标准要求,"中文题名一般不宜超过 20 字",我们应该达到这个要求。

基本要求二:准确恰当。所谓准确,主要是指标题能概括文意,能准确恰当地、实事求是地表达文章中心内容的深度和广度,达到文题相符。其中重要的一点是标题不能失之"过宽"或"过窄"。过宽,题目就会大而不当,把文章未论及的结论也包容进去;过窄,易将论文涉及的某些内容摒弃在论题包容的范围之外,出现以偏概全的毛病。

基本要求三:新颖多样。标题的新颖性,是由研究内容的创新性所决定的。所谓创新性,主要表现为能在已有知识的基础上提供新知识,或开拓一个新领域、提出一个崭新的课题,或构架一个新的理论体系、提出一个新观点,或发掘了新的资料、作出了新论证,或运用了新的角度、新的方法。这是人们最关心或最感兴趣的东西。反映上述内容的论文,其标题就醒目、引人,也容易达到新颖、独特。此外,探讨现实问题或人们普遍关心的学术热点、难点问题的文章,其标题也容易达到新颖、独特。新颖的标题依赖于新颖的内容,如果内容中并无题目中提到的创见,这样的题目就是哗众取宠。

二、规避标题写作中易犯的毛病

如果说理解了"好"的标题的标准为写好标题奠定了基础,那么,规避标题写作中易犯的毛病则是写好标题的保证。既如此,学术论文标题易犯的毛病通常有哪些呢? 有什么办法进行规避呢?

易犯毛病一:题旨不清。标题作为一个词组或句子,表达的意思应清楚明白,应使读者透过标题大致知晓文章的论述内容。标题本身若不明确,不知所云,便失去了标题的起码意义。

◆ 由缺乏判断引起的题旨不清。标题只给出一个概念或词组本身并无任何断定(肯定或否定),要传达什么信息不得而知。对于此类标题,应根据文章具体内容加以明确。

◆ 由不当并列引起的题旨不清。例如《教育与品位》"教育"与"品位"本无内在的逻辑关系可言,将其并列,令人费解。此时,应视文章内容更换不当的并列的概念,使其具有并列关系。如本例,可将原标题修改为《教育与品位的提升》。

◆ 由标题空泛引起的题旨不清。例如《教学辩》,标题中的"辩"令人迷惑,"辩"的内容可以很多,这里没有明确界定。此时,应根据文章内容将不明确的概念具体化。本例中,可将原标题修改为《教学质量辩》。

易犯毛病二:题旨有误。学术论文标题应符合文章内容与形式的要求,使人看后基本知晓文章的特定内容和特殊体例。如果标题不正确,偏离或背离文章内容,就会传达错误信息,从而失去标题应有的作用。

◆ 题旨偏颇,即标题与内容不处于同一层面,或即使层面相同但研究视角有所差异。例如《当代教师应具备良好的思维方式》根据这一标题文章应集中讨论当代教师之所以要有良好思维方式的理由,但文章实际讨论的却是"良好的思维方式何以体现"即什么是良好思维方式的问题。对于此类标题,应根据文章内容调整问题指向或研究视角,如本例,应将原标题修改为《当代教师应具备哪些良好的思维方式》。

◆ 题不对文,即标题与文章内容完全不符合,这是标题有误的典型形式。例如《论教育研究的务实与求真》,按标题的要求,文章应探讨与"教育研究务实求真"有关的问题,诸如教育研究务实求真的意义、务实求真的内涵、怎样务实求真等。但该文实际谈的却是教育而不是教育研究的问题,标题背离文章内容,属论文写作之大忌,编辑审读标题时尤当注意。就本例而言,可将原标题修改成《论教育的务真与求实》。

◆ 体例不符。学术论文因其表达方式不同可分为不同的体例。标题应符合文章的体例,与之相一致不可混淆。例如《情境教学法4例》,从标题类型看似属回顾性经验总结类论文,但实际上文中交待了随机、对照、可比性等研究内容,因而实属前瞻性研究论文。对于此类标题,应调整标题类型,使其与文章相符。如本例,应将原标题修改成《情境教学法4例的成效观察》。

易犯毛病三:题旨过宽或过窄。学术论文标题应紧扣文章内容,恰如其分地反映文章特定内容,包括研究范围、探讨程度等。标题不准确,夸大其辞或以偏概全,就无法提供研究者有效信息。

◆ 题旨过宽或夸大其辞,即标题大于文章论题范围。例如《一所学校教师情况的统计分析》,该文仅涉及这所学校教师学历情况的统计分析,其他资料如教师的年龄、职称、性别、任教科目等均未涉及。对于此类题旨过于宽泛的标题,应限制其外延使其恰好符合文章内容。如本例应将原标题修改为《一所学校的教师学历情况统计分析》。

◆ 题旨过窄(或以偏概全),即标题小于文章论题范围。例如《人本主义教学思想的现状探析》,文中不仅介绍了人本主义教学思想的现状,而且也分析了其演变的历程,同时还探讨了人本主义教学思想的未来发展趋势。显然,该标题没有完全反映文章主旨。对于此类题旨过于狭窄的标题,应拓宽其外延,使其与内容相符。在本例中,应将其修改为《人本主义教学思想的发展历程探析》。

三、掌握各类标题的拟写技巧

在理解了"好"的标题的标准,又规避了标题写作中易犯的毛病,尚不足以写出好的题目,还需进一步掌握各类标题的拟写技巧。那么,有哪些基本的拟写技巧需要去掌握呢?对这一问题的回答首先涉及论文标题的基本类型。一般而言,论文的标题可以分为陈述式、标词式、问题式、形象式、复句式标题五大类,每一类的标题的拟写内含着一些基本的技巧,如果能掌握并熟练运用这些技巧,就能将文章的标题拟写得更好。[①]

技巧一:陈述式标题的拟写。所谓陈述式标题,指的是论题直接陈述文章的基本观点或范围。在拟写这类标题时,语气一定要坚定,不容置疑。例如:班主任工作必须做到以学生发展为本,这样的题目以论述"为什么"为重点,"怎么办"可以少谈甚至根本不谈。如果我们有了明确的解决办法,能充分地回答"怎么办"的问题,则可以拟写为:班主任工作应着力解决四个问题,这样,"为什么"和"怎么办"都要谈,且以"怎么办"为重点。这时要精选动词和它后面所带的数量短语,使观点更鲜明、集中,让读者产生急于读下去的兴趣。再比如:中学生"厌学"情况的调查,这是调查报告的标题,如果改成正副标题的形式:学习需要七色阳光——中学生"厌学"

---

① 参见帅登元.标题拟写技巧谈[J].秘书工作,2005,(4).

情况的调查,增写了正题"学习需要'七色阳光'",直接表明了作者的基本观点,很明显,要比原先的标题更为贴切、鲜明。

技巧二:**标词式标题的拟写**。所谓标词式标题,是指为论题加上了标示词语。例如:谈(论、析、议、说)素质教育;浅(试、略)谈(论、析、议、说)素质教育;素质教育谈(浅谈、浅论、浅说、刍议)。在谈、论、析、议、说等标示词的前面加上了谦词"浅"、"试"、"略"。不加谦词,显得自信、简洁;加上谦词,显得谦虚、有分寸,使读者更有认同感和亲近感。将标示词与论题倒置,使标题的拟写呈现多样化,不呆板。当然,这样的题目还可以写成:素质教育初探(浅探、探微、探要、之我见、管见、管窥)这些都是谦虚的说法。

技巧三:**问题式标题的拟写**。所谓问题式标题,是指为论题加上了疑问词语。例如:如何提高教师的课堂教学效益?由于使用了疑问词"如何",提出问题,造成悬念,以引起读者的注意。疑问词"如何"既可排在标题句首,也可排在标题的中间位置。但主体不同,上述例子的主体为学校管理者,如果改为"教师如何提高课堂教学效益",则主体为教师,有鉴于此,疑问词"如何"应根据表意的需要排定位置。如果将这个标题换成"浅谈提高教师课堂教学效益的方法",论文肯定将失去很大的吸引力。

技巧四:**形象式标题的拟写**。所谓形象式标题,指的是论题通过使用修辞方式,从而增强文章的表现力。这一类标题,由于使用了一些修辞方式,因而形象生动,对编辑及读者有吸引力。例如:抓住"小课堂"落实"大教育",采用了对比的修辞方式,一小一大,正反对比,引人注目。再比如:评奖莫成"平奖",则采用了仿词的修辞方式,仿词是指更换词语中的一个语素,临时仿造新词语。如用"平"更换"评",仿造出新词"平奖",论文对上级不考虑下级实际情况而平均分配获奖名额,下级则平分奖励或轮流坐庄得奖的现象进行了分析、批评,并提出了改进措施。仿词因有强烈的讽刺和诙谐幽默,故能深刻有力地突出事物的本质,显示了新鲜而又风趣的表达活力。

技巧五:**复句式标题的拟写**。所谓复句式标题,是指由两个或三个分句构成,一般具有并列、条件、承接等关系。拟写时要注意句式的整齐匀称。例如:"积极推行素质教育,培养新型治国人才",采用了条件关系的两个分句,前一分句为条件,后一分句为结果,字数相等,也整齐匀称。

总之,论文无论采用什么类型的标题,都必须符合直接、具体、醒目的要求。即是说,论文的标题要求直接揭示论文的论点或论题,使读者看上一眼就能了解论文论述的内容,即标题要同论文内容相符合。拟定论文的标题也要求具有独创性,不落俗套,给人以新鲜感,能吸引读者,但决不能为追求新奇而文不对题,更不能使用诸如比喻、象征等曲折表达的艺术加工手法。同时,论文的标题要求写得具体,能使读者准确地把握论文的基本论点或论题,即标题能贴切主题,恰如其分地揭示论文的主要内容,反映论文的精神实质,而不能宽窄失度,大小失当,过于笼统、空泛。如使用《关于学校管理问题的研究》、《关于教育体制改革问题的探讨》的论文标题写法,就显得苍白而浮泛,不具体。此外,论文的标题如果能做到醒目,则更是锦上添花。醒目就是鲜明,能一目了然,引起读者的注意并能使读者看过之后,便留下比较深刻的印象。醒目的标题必须有简洁与新颖两大特点。新颖是指大胆创新、不落俗套,给人以新鲜感,这主要是要求标题的形式要新、构思要巧、表达要奇。当然,这不是要求脱离事物的真实内容去故弄玄虚地"创造"标题,而是应该在深入发掘题材的思想内容的基础上确定好论文的主题,使标题新颖地表现主题,简洁是要求标题尽量精炼,要有高度概括性。即是说,标题又不能写得过长,因为一个标题字长话多不简炼,就难以使人从标题上去认识论文的主旨,看后也就不容易记住。如果为体现具体而需要过长时,可以用副标题加以调整。

第二节　美女与美文的共同之处
——遵循论文写作的结构与要求

　　什么是一篇好的论文? 什么样的论文更容易受到编辑的青睐? 标准尽管很多,但论文的结构安排是否合理、是否有逻辑应该是其中的重要标准之一。这个道理看似简单,但并不是人人都懂。不过,也许从我曾听到过的这样一个有关美女与美文进行类比的有趣的案例中能够得到一些启发:

　　一个女人在人们眼中是不是美女,有两个基本的判断尺度:一是五官是否标致,眉目是否传情;二是身材是否匀称,是否符合所谓的黄金分割比例,三围是否惹眼等等。如果二者能同时具备,肯定是一个回头率非常高的美女了。其实这正如一篇论文,能不能称得上是一篇好的论文,也有两个基本的要素:一是内容要新,能够有新的观点、新的材料、新的思想与方法等,二是结构要合理、有逻辑,它意味着观点与观点之间、材料与材料之间要有着密切的内在联系。如果两者能同时兼备,差不多就应该是一篇好论文了。试想一想:如果某一女人虽然五官长得不怎么样,甚至有点丑,但是如果她有一个美丽的身材,至少我们从背影来看她还是比较美的吧! 正如一篇论文,也许内容并不怎么新,但是有一个合理的论文结构,如果投稿的话,或许一不小心就会被编辑录用。

　　这不是搞什么新式八股文,而是出于更经济、更有效地储存、交流及评价信息的需要,同时它也是世界范围内学术研究的一种趋势。根据不同的分类标准,论文可以分为许多种类,这里主要从篇幅长短的角度,将论文分为篇幅较短的学术文章和篇幅较长的学位论文两类来加以分析。

一、学术性文章的基本结构

对于篇幅相对较短的教育研究学术性文章,其基本的结构及每一组成部分的要求如下表所示:

表 6 - 1　教育研究学术性文章的结构

结构＼说明	界　定	构　成	要　求
题目	它是论文内容的高度概括,是以最恰当、最简明的词语反映论文中最重要的特定内容的逻辑组合	◆ 问题或创新点 ◆ 对象 ◆ 范围 ◆ 方法 ◆ 类属	◆ 准确得体,能反映方向、范围和深度 ◆ 新颖醒目,简短精炼 ◆ 外延和内涵恰如其分 ◆ 便于贮存和检索
作者及隶属单位	它是指参加了全部或主要研究工作,并对论文的全部内容负责的人。隶属单位指作者所在的机构名称	◆ 参加选题和制定计划 ◆ 对论文中直接观察的结果和实验数据的获得做出了贡献 ◆ 参加了处理观察结果和由数据推导结论 ◆ 参加了论文编写并能负责解答	◆ 论文作者的排序按贡献大小依次排列署名 ◆ 单位项主要便于识别及与作者联系
内容摘要	摘要是论文的"迷你"版,一篇不错的摘要,能够使读者很快且正确地找到研究的创新点,以及论文的基本内容,决定论文所关心问题的相关性	◆ 从事这一研究的目的和重要性 ◆ 研究的主要内容,指明完成了哪些工作 ◆ 获得的基本结论和研究成果,突出论文的新见解 ◆ 结论或结果的意义	◆ 文字简练,篇幅大小一般限制其字数不超过论文字数的 5% ◆ 内容全面 ◆ 重点突出 ◆ 论文的结构、论点一目了然
关键词	为了文献标引工作,从论文中选取出来,用以表示全文主要内容信息款目的单词或术语	◆ 是一篇文章的重要信息点 ◆ 也是一篇文章的重要检索点	◆ 选准、选全 ◆ 以概念的特性关系来区分事物 ◆ 用自然语言来表达,并且具有组配功能

说明 结构	界　定	构　成	要　求
序言	属于整篇论文的引论部分,它开门见山、清新明快地说明撰写这篇文章的理由及拟解决的问题	◆ 研究的理由、目的、背景、前人的工作和知识空白 ◆ 理论依据和实践基础 ◆ 预期的结果及其在相关领域里的地位、作用和意义	◆ 文字不可冗长 ◆ 内容选择不必过于分散、琐碎 ◆ 措词要精炼,要吸引读者读下去
正文	它是一篇论文的本论,属于论文的主体,它占据论文的最大篇幅。论文所体现的创造性成果或新的研究结果,都将在这一部分得到充分地反映	◆ 正文部分分成几个大的段落。这些段落即所谓逻辑段,一个逻辑段可包含几个自然段 ◆ 每一逻辑段落可冠以适当标题(分标题或小标题) ◆ 段落和划分,应视论文性质与内容而定	◆ 主题**明确** ◆ 内容**充**实 ◆ 论**据**充分、可靠 ◆ **论证**有力 ◆ 层次分明、脉络清晰
结论与讨论	结论是对正文中分析的问题加以综合,从更高层次上所做的精确概括。讨论则是从理论上对研究结果的含义和意义进行分析解释和评价	◆ 按意义大小的次序确定值得记录的结果 ◆ 阐明结果是否支持了研究的假设 ◆ 讨论研究结果的有效性和理论与实践意义 ◆ 指明该研究的局限性及需继续探讨的问题	◆ 措辞要严谨 ◆ 逻辑要严密
注释	它是对引用他人文献的出处说明,或是对正文中某一特定内容的进一步解释或补充说明,一般以脚注或尾注的形式出现	◆ 序号 ◆ 作者名 ◆ 文献名 ◆ 出版者 ◆ 时间 ◆ 页码(范围)	◆ 既要有"注(出处)",又要有"释(解释与说明)" ◆ "注"要与原文认真核对,"释"要干净利落 ◆ 出处准确,便于他人进一步查证
参考文献	它是指为了专门而具体的某一篇文章而引用的作品,也包括为了提供背景知识和进一步阅读而提供的作品目录	◆ 序号 ◆ 作者名 ◆ 文献名 ◆ 出版者 ◆ 时间 ◆ 页码(范围)	◆ 要分类并排序 ◆ 只录必要的、最新的 ◆ 按照规定的格式进行 ◆ 引用文献与参考文献清单内容要匹配

第六章　教育研究成果的发表 ●

说明 结构	界　定	构　成	要　求
英文摘要 与关键词	即将中文文题、作者、摘要、关键词等对译成英文	◆ 英文文题 ◆ 作者名及隶属单位名翻译 ◆ 英文摘要 ◆ 关键词翻译	◆ 尽量用短句子并避免句型单调 ◆ 用过去时态叙述作者工作，用现在时态叙述作者结论 ◆ 可用动词的情况下尽量避免用动词的名词形式 ◆ 注意冠词的用法，不要误用、滥用或随便省略冠词 ◆ 尽量用简短、词义清楚并为人熟知的词
附录	它是指不宜放入正文、但又必须提供的材料	◆ 详细的原始数据 ◆ 实验观察记录 ◆ 图表 ◆ 问卷 ◆ 测试题	◆ 只有在必要时才用 ◆ 不同类型的资料的附录要分开 ◆ 位于报告或论文的最后

二、学位论文的基本结构

对于篇幅相对比较长的学位论文，其写作的基本结构虽然与上表有许多相似之处，但有着更加严密的要求。① 通常，一篇学位论文的核心结构可以如下图如示：②

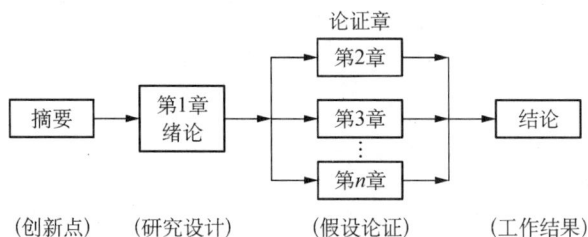

图 6-1　论文写作结构

学位论文的"摘要和结论虽非论文的主体部分，却十分重要，被阅读次数比其他任何部分的内容都要多。摘要（abstract）是创新点的扼要表述，需'画龙点睛'之

---

① 关于学位论文的撰写，在笔者所阅读到的众多相关著作中，西安交通大学的李怀祖教授所著的《管理研究方法论》（西安交通大学出版社 2004 年版）一书的第六章"研究论文的撰写"的内容给人启示很大，故在这部分内容的撰写过程中比其他相关著作予以了更多的引用与转述，在谨向李怀祖教授表示敬佩与谢意的同时，特向感兴趣的读者推荐此书。

② 李怀祖. 管理研究方法论[M]. 西安：西安交通大学出版社，2004. 289.

笔。第一章绪论(introduction)应反映'研究设计'的内容,起到问题辨析(problem formulation)的作用,接下来的各论证章则按创新点来组织。一般说来,应将一个创新点的论述或者说一项假设的论证过程归结为一章,有几个创新点就安排几个论证章。绪论是'纲',各论证章是'目',有了绪论,各个章在整个论文中的作用就已定位。各论证章的有关研究假设的论证过程,构成论文的实体。……结论(results and conclution)包括研究工作的结果及其价值(implication)的讨论"。①

虽然从写作顺序来看,摘要是在学位论文正文完成以后才着手撰写的,但从读者的角度,首先要读的却是摘要,并通过阅读摘要粗略判断其价值。因此,在摘要中应向读者叙述本文的创新点和它的价值,一般采取直叙的方式。摘要内容除了开始可用百来字介绍研究主题的实际和理论背景,其余部分都应用来阐述各创新点。要把自己认为最有价值、最得意之点突出来,用简短的文字予以进一步的描述并辅之以说明论证过程及方法的特点,同时注意选择同类研究中合适的参照点,以衬托自己研究工作的新意所在。如果进一步指出此创新点能解释或解决现有理论尚未解释或解释不了的问题,或对同一问题赋予新的解释或解决途径,则对读者的判断更有帮助。然而,在众多的学位论文的摘要中,存在各种各样的问题,尤其是以下几个方面的问题应当在写作摘要时予以足够的注意与重视:

◆ 摘要中引导性和支持性的解释词句应尽量少。
◆ 摘要不能写成目录式。目录是告诉读者本文的内容,而摘要是告诉读者自己做出了什么贡献。
◆ 摘要对于论文的价值描述应采用陈述方式。
◆ 摘要要写出自己"做出了"或"研究出了"什么,而不是只说"做了"或"研究了"什么。

摘要之后是学位论文的绪论部分,其主要目的在于阐明问题。阐明问题的这一章的内容可以按顺序分为五个组成部分(图6-2)②:问题实际背景;问题界定;文献综述;尚待研究的问题;假设提出。

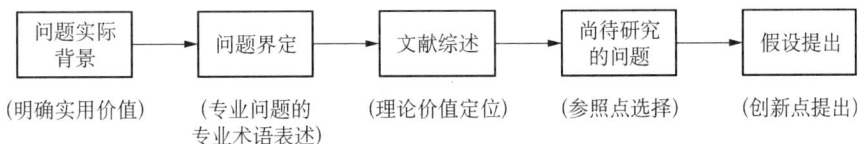

问题实际背景	问题界定	文献综述	尚待研究的问题	假设提出
(明确实用价值)	(专业问题的专业术语表述)	(理论价值定位)	(参照点选择)	(创新点提出)

图6-2　绪论结构

---

① 李怀祖.管理研究方法论[M].西安:西安交通大学出版社,2004.289—290.

② 李怀祖.管理研究方法论[M].西安:西安交通大学出版社,2004.296—297.

在问题实际背景和问题界定中,作者要描述当事人问题发生的情境以及问题的现实表现,这个问题可能产生的后果等,即用事实和现象来叙述研究问题的所在及其重要性,从而让读者感受到作者所提出的问题清晰而且有实际意义,甚至感到问题提得中肯和巧妙,使读者产生了进一步阅读下去的冲动,这说明作者点题的成功。

文献综述是分析和描述前人在此研究领域已经做了哪些工作,进展到何种程度,还存在哪些不足等。如果说问题的提出是对问题的实际背景和价值作出说明,文献综述则是对研究问题理论背景和价值的阐明。撰写文献综述时,心中一定要明确本论文的主题和假设所在,要围绕主题和假设来筛选文献,要概括出那些与本论文创新点紧密相关的部分,并作出相应评论,指出本研究的来龙去脉。在实际的写作中,最需记住的应是:引用前人论点、指出前人研究中尚待研究的问题在很大程度上是衬托出本文的"高明"之处。因此,在文献综述中,如果不以自己的研究假设为出发点来取材,容易导致文献综述部分漫无边际,失去重点而沦为资料堆砌。

假设提出往往表述的是本文的创新点所在,在全文中起到承上启下、提纲挈领的作用。它是对实际问题观察思考和综览前人研究工作的结果,又是本论文随后论证工作的起点和目标。假设陈述的首要要求是具体、清晰且能通过数据和证据进行验证,其次要能进行定量分析①。

绪论之后是论文的论证章部分,其主要目的在于论证绪论中所提出的假设。论证章的内容结构可如下图表示:

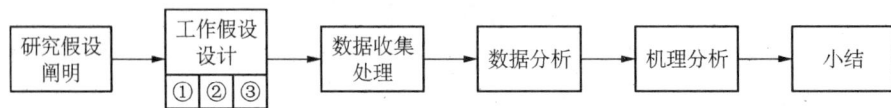

注:①是假设转换,②是工作假设表述,③是变量设计

图6-3 论证章结构

论证章的开场白是对本章将论证的研究假设加以说明,让读者了解本研究假设在论文整体研究设计中的地位。工作假设设计部分具体包括三项相互关联并依次完成的内容,即假设转换、工作假设表述和变量设计。数据收集处理以及数据分析要交代收集数据和验证假设的方法、手段以及过程,是对工作假设的有力证明过程。数据分析之后,有些情况下,还可添加机理分析的内容。最后,应有简短的小结。

---

① 定量的概念,理解不能太窄,数学模型求解和优化计算固然是定量分析,聚类分析以及优先顺序排列等也是定量分析。定距、定比变量之间的关联分析也是定量分析,如问卷研究,就是将各种观点和意见定量化的过程。(参见李怀祖.管理研究方法论[M].西安:西安交通大学出版社,2004.305.)

论文的结论部分主要阐明假设验证结果，亦即论文的主要创新。它通常包含结果和讨论两部分。结果部分宜开门见山地列举本文的主要创新点，它与问题阐明部分的假设是一致的，只是已经过验证，表述方式不同，它的基本内容可由摘要和各论证章的小结组成。需要指出的是，同样的研究结果，不同的研究者或读者可能引申出不同的结论。结论部分包括分析结果的理论和实际意义的讨论以及在本研究基础上有待进一步研究的问题和建议，但需注意的是，不要在从结果引申出结论时出现"过度引申"的情况，亦即夸大研究结果的作用与范围等。

三、学术及学位论文结构的评价标准

作为学术及学位论文结构的总结与回顾，每一位读者可以对下述几个问题[①]来一番自问自答，亦即对自己的论文作一番自我评价，可以更好地帮助自己完善论文。

◆ **问题阐明部分**

① 是否有研究问题的明确说明？

② 该问题能否作为一个可以研究的问题，即它能否通过收集和分析数据资料来加以探讨？

③ 是否提供了问题的实用背景信息，足以判断主题的实用价值？

④ 问题阐明中是否指出了待研究的变量及变量间的关系？

◆ **文献综述部分**

① 文献综述在逻辑上合理否？即是否做到从研究假设来筛选文献，重点放在关联最密切的文献。

② 是否围绕本文主题对文献的各种观点作了比较分析？（不能脱离主题只作知识性汇总文献中的各种观点）

③ 评述（特别是批评前人不足时）是否引用原作者的原文？（防止对原作者论点的误解）

④ 综述最后是否有简要总结，表明前人工作为本文打下的基础？

⑤ 文献综述结果是否说清前人工作的不足，衬托出本文所提假设的必要性和它的理论价值？

⑥ 是否将本文主题纳入某种理论体系，并描述主题在此体系中所处层次和方位？

◆ **假设表述部分**

① 假设表述是否清晰地落实到变量层次？

② 假设提出的理论依据是否正确，用现有知识是否能解释得通？

---

① 参见李怀祖. 管理研究方法论［M］. 西安：西安交通大学出版社，2004.323—325.

③ 是否提出了待检验的可操作的假设？

④ 每个假设是否表述了两个变量间的预期关系？

⑤ 假设是否具备检验的条件？

◆ **验证方法部分**

(1) 研究对象

① 研究对象是否加以界定，总体规模和主要特征是否加以说明？

② 如选择样本，是否描述了抽样方法？

③ 这种抽样方法能否产生有代表性的无偏样本？

④ 是否描述了样本规模及其主要特征？

(2) 设计和步骤

① 是否说明选择此种验证方法和测量方法的理由？是否切合本论文研究的主题和内容？

② 假设中变量是否有操作定义和适当的测量尺度？

③ 设计的验证过程、步骤是否具体明确？足使其他研究人员重复此项研究工作？

④ 是否描述了验证过程的控制办法？

⑤ 验证过程中可能出现不可控变量的影响，是否考虑或讨论过？

(3) 数据分析

① 统计数据的表示是否合适、规范？

② 是否每个假设都经过检验？

③ 分析结果的表述是否清晰？

④ 图、表是否明确易懂，与正文部分是否相配？

(4) 结论

① 每项结果(创新点)是否与论文最初提出的假设一一对应？

② 每项结果是否与前人已有结果进行过比较分析？

③ 从分析结果推论出的结论是否适当？是否有"过度引申"之嫌？

第三节 "蒙太奇"、"盲人摸象"与 "麦当劳化"现象的背后

——超越论文写作中理念与思维的误区

在对待教育研究的态度上，所倡导的应是扎扎实实地"做"研究，然而，偏偏有人在内心深处采取的却是轰轰烈烈地"写"研究，这不能不说是一件令人遗憾的事。由于态度上的偏颇，导致在进行教育论文的写作过程中陷入一些理念与思维上的

误区，具体有三种表现方式：一是"蒙太奇"现象，二是"盲人摸象"现象，三是"麦当劳化"现象。只有超越这些理念与思维误区，才能做出真正意义上的、能够对中小学教育实践的改善产生广泛影响的、甚至可以流芳百世的教育论文。

一、论文写作中的"蒙太奇"现象及其表现

"蒙太奇"——是法语 montage 的译音，原是法语建筑学上的一个术语，意为构成和装配。后被借用过来，引申用在电影上就是剪辑和组合，表示镜头的组接。简要地说，蒙太奇就是根据影片所要表达的内容，和观众的心理顺序，将一部影片分别拍摄成许多镜头，然后再按照原定的构思组接起来。一言以蔽之：蒙太奇就是把分切的镜头组接起来的手段。它是电影导演的重要表现手法之一。比如：

把以下 A、B、C 三个镜头，以不同的次序连接起来，就会出现不同的内容与意义。

A、一个人在笑；B、一把手枪直指着；C、同一的人脸上露出惊惧的样子。这三个特写镜头，给观众什么样的印象呢？

如果用 A—B—C 次序连接，会使观众感到那个人是个懦夫、胆小鬼。现在，镜头不变，我们只要把上述的镜头的顺序改变一下，则会得出与此相反的结论。C、一个人的脸上露出惊惧的样子，B、一把手枪直指着；A、同一的人在笑。这样用 C—B—A 的次序连接，则这个人的脸上露出了惊惧的样子，是因为有一把手枪指着他。可是，当他考虑了一下，觉得没有什么了不起，于是，他笑了——在死神面前笑了。因此，他给观众的印象是一个勇敢的人。

如此这样，改变一个场面中镜头的次序，而不用改变每个镜头本身，就完全改变了一个场面的意义，得出与之截然相反的结论，收到完全不同的效果。

从上面的例子中，我们不难看出，对于拍电影而言，导演为表现影片的主题思想，往往需要把许多镜头巧妙地组合起来，以便构成一部吸引观众的影片。但是教育论文的写作有着与拍电影迥然不同的属性，它是建立在相应的研究基础上的，它不能在写作的时候随意地改变研究过程的顺序，不能随意地剪辑研究中的发现与结论，不能任意地对研究结果的解释贴上某某教育理论的标签。然而，现实中有些教育研究者在进行教育论文的写作时，也在运用类似于电影导演的"蒙太奇"手法，某些研究者为了写作论文竟然有意无意地任意剪辑和组合某些教育学理论与实践材料，或者他人的著作与发表的论文，采取"剪刀＋糨糊"的方式来完成论文的写作，拼拼凑凑一篇文章，粘粘贴贴又一成果，一篇文章下来，几乎找不到任何建立在研究发现基础上的"深加工"痕迹，这样写出来的教育论文不知其价值何在？

现实的教育论文写作中客观存在的"蒙太奇"现象往往又有着不同的表现，且

对教育研究与实践带来着不同的负面影响,概括起来主要有三种方式:

◆ 以偏概全。以偏概全中的"偏"就是不全面,"全"就是全面,"概"即总结、概括,教育论文写作中的"以偏概全"就是凭借有限的、不全面的他人的研究成果的剪贴,概括出全面的、具有普遍意义的结论。在发表的教育论文中,常常发现不少"剪贴"之作在剪贴他人的研究成果时不做仔细深入的思考,随意嫁接,并任意夸大结论的适用范围,对不明真相的阅读者造成了很大的伤害。

◆ 鱼目混珠。鱼目混珠指的是拿鱼眼睛冒充珍珠,用来比喻以假乱真、以次充好。出自于汉·魏伯阳《参同契》卷上:"鱼目岂为珠,蓬蒿不为槚。"在发表的教育论文中,写作者也许出于发表文章的功利的需要,也许出于自身的无知,剪切材料时不辨真伪,不分事实性材料与价值性材料,甚至自编一些数字与材料,并把它们混杂地堆砌在一起,往往让读者要么是不明就里糊里糊涂地上当受骗,要么是花费大量的时间来去伪存真。

◆ 移花接木。移花接木原指嫁接树木,后比喻暗中使用手段或改变内容。教育论文写作中的移花接木指的是将他人的研究成果或发表的文章,在文章的观点上,或者文章的内容与材料上,或列举的论据上,诸如此类,稍加变换和更改就变成了自己的东西。因此,在发表的教育论文中,我们不难发现:有的文章是将张三的观点放在李四的材料上,或将李四的观点放在张三的材料中;有的是将他人的内容稍加改造甚至将他人的数据篡改后变成了自己的研究成果等等,这样发表出来的文章不仅有违学术规范与道德,而且会害人不浅!

教育论文写作中的"蒙太奇"现象,就其本质而言,不仅是功利主义导向下的教育研究与写作行为,而且也是背离了教育研究本质要求的行为,研究者一开始就追求并达到了"无我"的境界。殊不知,教育研究是要"有我"的,所谓"有我",指的是在教育论文写作中要把自己在教育研究中所发现的、所思考到的、为他人所不知的事实、思想、观点与方法等表现出来,这样的研究成果才能不断推进教育理论的发展,才能促进教育实践的改善,否则,教育研究的意义与价值何在? 教育论文写作的意义与价值何在?

二、论文写作中的"盲人摸象"现象及其表现

"盲人摸象"是人们所耳熟能详的一则寓言,它语出佛教典籍《长阿含经·卷十九·龙鸟品》中的《涅槃经三十二》里面的一个故事。

很久以前,有一个国王叫镜面王。他派侍者牵来一头大象,让盲人们去摸。

摸到象鼻子的盲人说象如曲辕(车前驾牲口的直木);摸到象牙的人说象如杵;摸到象耳朵的说象如簸箕;摸到象头的说象如鼎;摸到象背的说象如小山丘;摸到象肚子的说象如墙壁;摸到象脊背的说象如床;摸到象胳膊的说象如树柱;摸到象

的脚印的说象如白；摸到象尾巴的说象如绳子……互相争论不休。

镜面王见到这种情况大笑，说道："诸盲人群集，于此竞诤颂；象身本一体，异相生是非。"

这个故事中的"象"在佛法中比喻佛性之理。"众盲人"比喻迷于各种外道理论的众生，不明白佛性之理，只能说出自己认为对的那部分理论，从而互相矛盾，最终不得解脱。

"盲人摸象"主要是发生了认识的错位，不仅犯了"以点概面"的错误，更为重要的是没有抓住事物的本质特征，未能反映出它的本来面目。同时，寓言中的盲人由于太急于说服别人同意自己的观点，而没有先停下来倾听一下他人的观点，因为他们十分肯定自己所"看"到的世界。可问题的核心在于，不是你"看"的错了，而是事物的复杂度超过自己一个人可以"看"到的范围。

盲人摸象的故事告诉我们，在我们发表论文之前需要问一下自己是否全面收集了已有的相关研究成果，是否认真倾听了他人的不同的观点，是否充分意识到对事物的了解和知觉会受到客观和主观的复杂因素的影响。遗憾的是，现实中发表的不少教育论文之所以公说公有理，婆说婆有理，很多时候就是在不断重复着盲人摸象的过程与错误。

现实的教育论文写作中客观存在的"盲人摸象"现象同样也有着不同的表现，且对教育研究与实践也带来不同的负面影响，概括起来主要有三种方式：

◆ 夸大研究结果的适用范围。在发表的教育论文中，对所得出研究结论的适用范围随意夸大，将其作为放之四海而皆准的道理予以总结，忘记"橘在淮南则为橘，在淮北则为枳矣"的道理，缺乏限度思维的意识，反而对他人带来了伤害。

◆ 只抓一点不及其余的分析方式。虽然论文的写作应突出重心，但并不意味着可以在对研究结论进行阐述与介绍时只抓一点而忽视其他方面。在所发表的不少教育论文中为了突出其中的某一点而有意无意地弱化了其他方面的客观存在，尤其是与自己所要论证的观点相反的材料与看法。

◆ 故意隐瞒不利于预设结论的发现。教育研究之前，研究者往往对研究结论有一个预判，这本无可厚非，但当真正的研究结果与预判的不相吻合的时候，则会在论文写作时故意视而不见，有意忽略，表现出先入为主的论证思维。

三、论文写作中的"麦当劳化"现象及其表现

"麦当劳"本是美国著名快餐连锁店的称号，它业已成为家喻户晓的一个代名词。美国学者乔治·里茨尔在对麦当劳快餐店经营之道的深入研究基础上，创造出"麦当劳化"一词，它恰如其分地揭示了变化中的当代社会特征及其可能带来的危害性。令人感到遗憾的是，被里茨尔所批判的社会生活中的麦当劳化现象在我

们今天不少教育研究者的论文写作中也开始出现,已有诸多表象为证。现实中所谓教育论文写作,有很多较为明显地符合判断是否"麦当劳化"的四个明显特征——高效率、可计算性、可预测性和可控制性。有例为证:[①]

全国有多少教育研究机构?有多少教育研究人员?每年出多少教育研究成果?1997年的统计数字表明,我国参与教育研究工作的约有8.3万人之众,每年能出3—4千本教育专著,各类教育研究刊物达450多种,每年发表的教育研究论文数以万计,各种教育研究奖励亦不计其数。教育研究机构呢,则县有、地(市)有、省有、国有一应俱全,大学几乎校校有,重点中小学、中专学校也有不少设立了专门的教育研究单位。真是队伍大、旗帜多、产量大,一派繁荣兴旺的教育研究气象。

上述案例揭示的是1997年的数字,到今天恐怕是愈演愈烈了,而且,在上述案例中,教育研究的投入与产出明显地符合"麦当劳化"的特征。那么,教育论文写作中的麦当劳化倾向的具体表现何在呢?

◆ "速成化"的教育论文。把教育论文的写作同等于工厂生产某种产品的流水线,对教育论文写作也进行流水线式的生产,造成的一种局面是你到网上围绕某个主题一浏览,几篇文章看下来,你就会有似曾相识之感,或者是你抄我,我抄你之慨。名人名言铺天盖地,领导话语都在引用。

◆ "时装化"的教育论文。不少发表的论文往往是赶时髦之作,今天流行什么话题我就写此话题,明天变成另一个话题,我就又很快写出一篇文章,论文的写作不仅不是建立在深入的研究与充分的论证基础之上,而且写作论文时抱着的心态是只要能发表就行,至于能不能积淀传诵下去不必考虑。

◆ "数量化"的教育论文。由于现实中的管理评价制度使然,从大学、科研机构到中小学等一大批研究者背离了教育研究的根本价值追求,以追求篇数的多寡为教育论文写作的价值取向,每年都制造出一大批"文字垃圾"。

◆ "人为化"的教育论文。在发表的教育论文中,只要稍作留心,就很容易发现其中带有人为臆断的明显痕迹,这实际上是为写论文而写论文的结果。忘记了论文的本质是研究的自然而然的结果,而非刻意为之的结果。

教育论文写作的"蒙太奇"、"盲人摸象"与"麦当劳化"现象的背后折射出的是研究者的研究与写作的态度与理念以及背后的思维方式,看重的并不是教育研究的过程,而是成果的发表与否;也不管是否真正实现了教育研究的初衷,只要对评职称或评奖有利即可。因此,"有人用'三从'、'四得'、'一没有'来归纳某些人教育研究的工作的综合状况。'三从'是搞教育研究的方式'从书本到书本,从问题到问

① 彭银祥. 回眸与前瞻:世纪之交的教育批评[M]. 长沙:湖南师范大学出版社,1999.233.

题,从专家到专家';'四得'是搞教育研究的人'工作得到了肯定,成果得到了奖励,职称得到了晋升,职务得到了提拔';'一没有'是那么多研究'一点实际作用也没有'。这或许有点言重了,但看到那么多人只热衷于做轰轰烈烈的表面文章,无意于解决实际问题。"[①]面对这一现状,也有人用一句顺口溜对教育研究的去处加以总结:领导贴金好效果/学校创优要成果/晋升职称定乾坤/评定先进好帮手。这些顺口溜在一定意义上是对现实中教育研究及论文写作中存在问题的批判,也揭示出不少人对教育研究的关注点在于写而不是在于做。尽管我们主张"做"研究,但许多人干的却是"写"研究。更重要的是自觉不自觉地追求这种可见的、能够很快带来"好处"的论文的发表,教育研究的世俗功利味十足。面对这样一种负面的现实存在,我们需要在反思的基础上实现超越。

四、教育论文写作中"三化"现象的超越策略

应当看到的是,教育论文写作中的"蒙太奇"、"盲人摸象"与"麦当劳化"现象出现与大量存在,反过来看也是件好事,它使教育研究及其论文写作中存在的潜在的问题及早地充分暴露出来,这样可以避免教育论文写作出现更大的异化,也就是说,如果我们能够很好地总结教育研究及论文写作中的三种异化现象,相反会成为一笔巨大的教育研究财富。当然,这需要以超越教育论文写作中的理念与思维误区为前提。

◆ 认清教育论文写作中"三化"倾向的危害与隐患。教育论文写作中"三化"倾向的负面作用主要有两个:一是使各种不同类型、不同层次的教育论文研究与写作的过程单一化和机械化。论文写作者身处其间感到一切都是外在压力下的例行公事,丧失了教育研究及其论文写作本身所具有的很多乐趣。二是对于高效率、可计算性、可预测性和可控制性的强调在相当大的程度上束缚了教育研究者的手脚,他们往往被驱赶着为研究而研究、为写作而写作。对此,我们必须有着清醒的认识,因为这是消除教育研究及论文写作负面作用的前提策略。此外,要想走出"三化"误区,还需要透过个别现象,发掘隐藏在其内部更深层次的问题,挖掘出共同的教育文化和制度背景来。由于现实中的教育文化及其制度存在着直接或间接鼓励研究的功利性行为以及环境等因素,因此识别和控制这些因素对教育研究及教育论文写作的良性发展是十分重要的。虽说现实中"三化"倾向看起来是各自独立的现象,却是属于系统性问题的一部分。从以上所列出的几个表象可以看出:虽然开展教育论文写作的长远意义已为广大教育工作者所认识,但现实中五花八门的教育论文写作普遍存在着一些理念与思维方面的隐患。这些隐患不除,"三化"的倾向还会进一步加剧。

---

① 彭银祥. 回眸与前瞻:世纪之交的教育批评[M]. 长沙:湖南师范大学出版社,1999.237.

◆ 改善教育论文写作者的理念与思维。影响教育论文质量的因素诸多,但教育研究者仍然是其中的关键因素。鉴于此,促进教育论文写作的良性发展需要在提升研究者与写作者素质上下大功夫。教育研究者的素质不单单是教学水平,更不是学历文凭,它的核心是研究者对教育研究与写作本质的理解,它首先涉及的是提升教育研究者的研究与写作素养,它的关键在于教育研究与写作者必须懂得什么样的教育研究才是真正的教育研究,应当具备什么样的教育研究观与写作观,用什么样的写作方式去实现教育研究的价值。因为教育论文写作中所表现出来的"三化"现象,与教育研究者的观念素质有很大关系,而这又与现实中的科研管理制度及职称评审或评奖制度有很大关系,比较急功近利,表现在开展教育研究与论文写作时的作风浮躁、注重谋略和"奇技淫巧",甚至"竭泽而渔"。很显然,这种急功近利的投机心态是不能引导我们走向真正的教育研究的;其次是提升教育论文写作者的创新个性品质,这是影响教育论文质量的核心因素。创新,这一品质是教育者重要的人格魅力,乌申斯基曾深刻指出:"在教育中,一切都应当以教育者的个性为基础,因为教育的力量仅仅来自人的个性这个活的源泉;任何规章制度和纲领,任何人为设置的机构,不管它设想得多巧妙也罢,都不能取代教育事业的个性。"①再次是提升教育研究者的研究素养和教育研究管理者的科研管理素养。影响教育论文效果的一个重要原因是教育研究者的研究素养和教育研究管理者的科研管理素养的局限性。对于教育论文写作者而言,只有养成并实践开展原创性研究的理念与思维,才能产生高质量的教育论文;对于教育科研的管理者而言,只有提升其教育研究管理的能力,并去除浓厚的功利化、非理性化的教育科研管理思维与制度,才能为克服教育论文写作的"三化"现象提供管理保障。

◆ 提升教育论文写作者的研究境界与追求。对于教育论文的写作者而言,开展教育研究并产出真正意义上的研究成果不仅是一种研究的理想,也是一种研究的价值,更是一种研究的境界。作为一种研究的理想,它不是一种单纯展现自身教育论文写作技巧的方式,而是一种全方位的改造教育实践的方式;教育论文写作不是一种少数人的兴趣使然,而是一种面向全体教育理论与实践者的不断完善教育实践的内在要求使然;教育论文写作不是一种只重结果上特征的教育研究,而是一种既重结果、更重过程上的全程特征的教育研究;教育论文写作不是以挖掘个体某项能力为价值目标,而是要从个体的心智世界中源源不断地去诱导出一些提供最佳创意的人格特征。作为一种研究的价值,教育论文是教育研究价值体现的一种有形的形式,它推动着教育实践从现有的水平向着更高的水平发展,有了教育研究与成果的积累与发表,才会有人对教育研究实践的不断超越。作为一种研究的境

① [苏]B·A·苏霍姆林斯基. 给教师的一百条建议[M]. 天津:天津人民出版社,1981.159.

教育研究方法

界,教育论文的写作应养成一种完整的教育研究人格;要努力实现身处教育领域的每一个人都愿开展教育研究、喜欢开展教育研究、乐于开展教育研究,并且身处教育领域中的每一个人都能从中得益,每一个人都有从中获取发展的养料;教育研究者的压力主要是其自身内部的压力,而不是外部的指标压力、评职称的压力、评奖的压力。教育论文的这种研究境界,需要相应的环境氛围的濡化,需要一种创新、务实、求真的教育研究气氛,更需要我们在理念与思维方式上的尽力追求才能实现。

最后,需要说明的是,笔者在这里所揭示的教育论文写作的"三化"倾向,并非否定教育论文写作的价值,只是希望教育研究者能因此而有所警觉,并对现实中的教育论文写作的一些重要方面作重新思考,不让教育论文写作的"三化"的诱惑把我们蒙蔽起来,使得我们看不到它的许多危险;更重要的是,这样可以完善教育研究实践,使教育研究沿着健康的轨道发展,让每一个身处其中的人真正享受教育研究及论文写作所带来的价值与乐趣。超越教育论文写作的理念与思维误区的要求本身就内含着一个更加理性、更加合乎教育研究发展所需要的畅所欲言的教育研究的研究文化与制度,从而使教育研究沿着健康的轨道前进,最大限度地发挥出教育论文的理论与实践效益。

第四节　上海地铁一、二号线之间的差异
——决定论文发表的十个"细节"

我应该到哪里发表我的教育研究成果,如何才能做到投出去的稿子"弹无虚发"? 很多大学生、研究生及来自中小学第一线的实践者,他们为发表文章而苦恼,常常会发出这样的疑问。所以,每次在中小学做完讲座后,总有一些教师问我"发表文章有没有什么秘诀",初被问时,总是以"没有什么秘诀,多写写就可以了"之类的话语予以回答。然而,看得出来,虽然他们没再说什么,但这样的回答并不能令问者满意。于是,我不得不对这个问题开始重视并思考起来,下面的论文发表的十个细节就是我思考的结果。没想到的是,当以后我把这些论文发表的细节给予问者时,得到了他们的认同,他们似乎懂得了写作与发表文章的"诀窍",实践过程中确实起到了一定的效果。我把它们写在这里,希望更多的教育实践工作者能从中得到启示。

无独有偶,新近读了一本叫做《细节决定成败》的书,该书处处体现"小事不可小看,细节彰显魅力"的思想,并例举了种种有关由"细节"而带来的成功与失败案例,给人启示良多。其实,一篇论文能不能顺利地得到发表又何尝不与其中的诸多细节紧密相关呢?! 那么,论文发表过程中究竟有哪些"细节"呢? 这些"细节"究竟

意味着什么？让我们还是先从上海的地铁二号线与一号线差异的比较①谈起。

坐过上海地铁的人，一定都知道上海地铁二号线的故事。

有一位名人说过："硬件项目的管理更多地体现在细节的管理，细节到每个设计、每次改动、每天操作。"上海地铁一号线是由德国人设计的，看上去并没有什么特别的地方，直到中国设计师设计的二号线投入运营，才发现其中有那么多的细节被二号线忽略了。结果二号线运营成本远远高于一号线，至今尚未实现收支平衡。

○ 三级台阶的作用

上海地处华东，地势平均高出海平面就那么有限的一点点，一到夏天，雨水经常会使一些建筑物受困。德国的设计师就注意到了这一细节，所以地铁一号线的每一个室外出口都设计了三级台阶，要进入地铁口，必须踏上三级台阶，然后再往下进入地铁站。就是这三级台阶，在下雨天可以阻挡雨水倒灌，从而减轻地铁的防洪压力。事实上，一号线内的那些防汛设施几乎从来没有动用过；而地铁二号就因为缺了这几级台阶，曾在大雨天被淹，造成巨大的经济损失。

○ 对出口转弯的作用没有理解

德国设计师根据地形、地势，在每一个地铁出口处都设计了一个转弯，这样做不是增加出入口的麻烦吗？不是增加了施工成本吗？当二号线地铁投入使用后，人们才发现这一转弯的奥秘。其实道理很简单，如果你家里开着空调，同时又开着门窗，你一定会心疼你每月多付的电费。想想看，一条地铁增加点转弯出口，省下了多少电，每天又省下了多少运营成本。

○ 一条装饰线让顾客更安全

每个坐过地铁的人都知道，当你距离轨道太近的时候，机车一来，你就会有一种危险感。在北京、广州地铁都发生过乘客掉下站台的危险事件。德国设计师们在设计上体现着"以人为本"的思想，他们把靠近站台约 50 厘米内铺上金属装饰，又用黑色大理石嵌了一条边，这样，当乘客走近站台边时，就会有了"警惕"，意识到离站台边的远近，而二号线的设计师们就没想到这一点。地面全部用同一色的瓷砖，乘客一不注意就靠近轨道，危险！地铁公司不得不安排专人来提醒乘客注意安全。

○ 不同的站台宽度给人的舒适度不同

每次我到上海的时候，都体会到两条地铁舒适度的巨大差异。一号线的站台设计宽阔，上下车都很方便，而当你转入二号线后，就感到窄窄的让人难受，尤其遇到上下班高峰期。在上海这种大都市，二号线站台显得非常拥挤。

○ 为什么省掉站台门？

德国设计师在设计一号线时，一是为了让乘客免于掉下站台，二是为了节省

① 汪中求.细节决定成败[M].北京:新华出版社,2004(第 2 版).43—45.

教育研究方法

站台的热量,每处都设计了相应的站台门,车来打开,车走关上。而中方的施工单位可能是为了"节省成本",居然没安站台门,当然,更不可能理解德国设计师的用心了。说中国的设计者没有德国人聪明?我想未必。关键在于长期养成的对待工作的认真和精细。比起意大利、法国人的浪漫,美国人的随意,德国人显得严肃、认真,甚至刻板,可就是凭着这种一丝不苟、严肃认真的工作精神,使德国在二战后迅速成为世界第三号强国。中国人决不乏聪明才智,缺的就是对"精细"的执着。

读罢上海地铁一、二号线差异的细数说明,大有不读不知道,一读吓一跳之感,并沉思良久,引发出对教育研究、论文写作与发表的细节问题的思考。实际上,大量的实例表明:辛辛苦苦做出来的教育研究论文能否成功地获得发表在很大程度上取决于诸多"细节"的做到与否。

在教育研究以及论文的写作过程中,所谓"细节",其实是一种写作时的严谨态度,也是一种写作的功夫,这种态度与功夫是靠日积月累培养出来的。只有在平时的研究与写作中不断养成注意细节的习惯,才能养成良好的态度并形成这种功夫,并因这种功夫而使自己受益良多。殊不知,一篇论文的选题即使很好,观点即使很新,但如果"不拘小节"的话,仍然会遭到失败的命运。正所谓,细节就好比烧开水,加热到99℃仍旧是99℃,如果不再持续加温,是永远不能成为滚烫的开水的。所以我们只有烧好每一个平凡的1℃,在细节上精益求精,才能真正达到沸腾的效果。由此可见,在教育研究及论文的写作中,只有创新与细节同步,才有可能体验到成功发表的快乐。那么,有哪些细节决定教育论文的成败呢?

一、题目要能刺激编辑的眼神经

现实当中很多来自中小学的实践者之所以投稿屡屡不中,原因当然很多,但我想其中一个很重要的、也是投稿者普遍存在的原因是他们过于谦虚了。作为一个"无名小卒",从投稿命中的角度来看,是不需要过于谦虚的,过于谦虚只会增加你的稿子进入废纸篓的机会。因此,要慎用"浅谈"、"小议"、"关于……的几点浅见"等诸如此类的话语做文章的标题,而应当突出自己文章中的独到之处、精彩之处。或许,你也经常从报纸杂志中看到过别人用这样的带有谦虚色彩的标题,但是,不知道你知不知道,那些往往都是"大家"们写的。有一点是值得我们思考的,那就是谦虚也是要有资本的,由于"大家"们拥有谦虚的资本,因此他们越是谦虚,编辑越觉得好。而你我无名之辈是难以与"大家"们相提并论的。有鉴于此,在今后做文章的标题时,一定要将研究中最值得"骄傲之处"或最精彩之处找出来,放在标题上,甚至还要稍稍夸大以引起编辑的注意和兴趣,什么时候编辑拿到你寄过来的论文,看到论文的题目,如果能让他眼睛一亮,瞳孔一放大,你就成功一半了。也许有人会说,这话说得不对,因为活人的瞳孔是不会放大的,只有死人的瞳孔才会放大。是的,你说得没错,但你想过没有,编辑每天要面对大量的来稿,整天看稿子看得昏昏沉沉,眼睛都眯成了一条缝,没有任何光芒,此时此刻他大概就是一个"活死人",如果今天收到你的来稿,看到了你的标题以后,能让他的瞳孔再放大一下,那么,你的文章就成功了一半,离发表就不远了。

二、投稿文章的内容要尽可能"小题大做"

通常,教师所写的论文是以教育实践和教育理论为议论对象,剖析教育现象,论述教育原理、发表教改意见、提出教改主张的文章。它通过运用定义、判断、推理、证明和反驳等逻辑思维手段,摆事实,讲道理,辨是非,使读者确信文章所论述的某个教育观点的正确或谬误。然而,遗憾的是,教育实践者在研究与写稿时往往是大题大做,追求面面俱到,结果是面面不到,眉毛胡子一把抓,捡了芝麻丢了西瓜。研究与写稿要努力做到"小、新、趣",竭力避免"老、大、难"。所谓"小",指角度小,视点要集中,面不宜铺得过大,要通过小事情反映某个主题。所谓"新",指的是不写似曾相识的老一套题目,要有新意,从题目的措词上就给人以耳目一新的感觉。所谓"趣",指题目要讲究趣味性,使人一看到题目就兴趣盎然,有一吐为快之感。所谓"老",指内容陈旧,无新意。所谓"大",指面面俱到,结果是面面不到。所谓"难",指写作者不具备从事这一问题写作的主观能力和客观条件。

三、投出去的稿子要做到干净整洁

按理说,这是一句"正确的废话"了,但仍不得不在此再予以强调。因为现实中的很多来自初写论文或中小学第一线的投稿者,在正式投稿之前还在不断地修改文稿,这本来是一件好事,可是他在文稿上东一个箭头,西一个箭头,左一个箭头,右一个箭头……最后箭头勾到什么地方,连他自己恐怕都看不清楚了。试想一想,这会让编辑多烦心呀,也许三两眼找不着所指向的地方,他就不会再仔细看了,最终你的文章获得发表的可能性也就大大降低了,甚至没有了。所以,投稿之前做认真的修改,这是正确的做法,但修改完了以后,千万不要怕浪费,要再打印一份干干净净的文稿来,这样,在给编辑留下一个好的第一印象的同时,也就为文章的成功发表奠定了第一印象基础。

四、文稿的行距要稍大一些

文稿的行与行之间究竟要设定多大的距离,虽然没有什么成文的规定,但也有一些大致的约定俗成的感觉。通常情况下,如果正文用五号字的话,那么,行距用20磅左右就是比较合适的;如果正文用小四号字的话,那么,行距用22磅左右就是比较合适的……这样让编辑看起来不仅美观,而且也为编辑的修改留下了空间。尽管谁也不要指望编辑对每一篇来稿都能够作逐字逐句的修改,但是,一定要为编辑的修改留下空间。毕竟,编辑有的时候还需要增加一个字、两个字,一句话、两句话等等,如果你投出去的稿子密密麻麻,让他无处插脚,他也只好忍痛割爱。更何况从美观的角度出发,从保护编辑视力的角度出发,文稿的行距也该稍大一些。

五、做好文章的结构标题并写好段落的主题句

一篇文章写得好不好,能不能得到编辑的青睐与发表,有两大关键要素:其一是题目要新,内容要好;其二是结构标题要合理,有逻辑。如前所述,这就好比一个姑娘,她长得美不美,也有两个关键要素:一是五官是否标致,这好比文章的题目与内容是否新颖;二是身材长得是否匀称,身体的各个部分是否符合黄金分割的原理,这好比文章的结构是不是有层次感,各部分之间是否有逻辑性。如果一个姑娘五官长得不怎么样,甚至还有点丑,但她有一个美丽的身材的话,至少我们从其背影来看,她还是比较美的吧。这就好比一篇文章,内容也许不是十分新颖,但是结构非常地合理,也许在不经意间编辑就将你的论文发表了出来。

六、投稿前要研究所投杂志的栏目和所刊登文章的文风

投稿是为了发表,要达到此目的,在写作前就要了解和考虑以下情况:向什么刊物投稿,该刊的宗旨、读者对象,采纳稿的范围、性质、水平与层次等等,并由此来决定自己拟定论文的文体、内容、篇幅等。然而,我们常常发现这样的情形,某人将一篇稿子投到某一份杂志,未获发表,原封不动地再改投另一本杂志却获得了发表。这是为什么呢? 也许,我们从这篇有关《经济学家的冷笑话》的文章中能够得到一些好玩的答案,该文写道:"如果你能理解并能证明,那么就寄给数学杂志;如果你能理解但无法证明,那么就寄给物理学杂志;如果你不能理解但能证明,那就寄给经济学杂志;如果你既不能理解也无法证明,那就寄给心理学杂志。"[①]这虽然是个笑话,但也能给我们一些启示。其实,不同的杂志就有不同的栏目设置,即使同属教育研究类的杂志,各个杂志也会开设不尽相同的栏目类型。更何况,杂志是人办的,不同的编辑就会有不同的喜好。因此,投稿之前应当研究所投杂志的栏目设置以及所发表文章的文风,这可以使您做到有的放矢,并尽可能符合其要求。最直接的办法则是关注杂志的热点、编者按以及对某一问题的讨论或征文等,根据这些来写文章,投稿命中率必然会大增。

七、投稿前要专门对写作的规范及每页的篇幅字数进行审查与计算

任何一篇学术论文都必须符合相应的行文写作规范，投稿前要专门对写作的规范进行审查。诸如，引文要注明出处，数字、图表等用法要符合格式要求，以及在论文的末尾列出在研究这一课题和撰写论文过程中，参考和引用了哪些文献资料。这些做法反映的是作者的科学态度和求实精神，也表现出作者对别人研究成果的尊重，免于抄袭之嫌。同时，也可以反映研究水平，可以给别人一些启发。此外，数据尽量使用图、表等形式表现出来。这种表示方式不仅胜过纯粹的文字描述很多，而且可以使页面更为活跃而不死板，容易引起编辑的重视。当然，出于排版及美观的需要，投稿前还应计算一下所投杂志每页的篇幅字数，尽可能根据所投杂志每页的字数篇幅，将所投的文稿字数控制在整页的篇幅内，尽量不要出现因为多几行而转页或少几行而空页的情形，而且，投出去的稿子在文末最好注明电脑统计的字数。这样一来，就会大大减少编辑的麻烦，节省了编辑的时间。而你在最大限度地减少编辑的麻烦，也就为自己文章的成功发表奠定了最大的基础。

八、投稿前要对全文进行仔细审读与修改

有不少来自中小学第一线的投稿者，投稿时抱着反正编辑会修改的心态，因而在写作时往往不作仔细的推敲。其实，不要指望编辑给你的文章进行逐字逐句的修改，编辑每天要处理大量的来稿，即使是心有余，而力也是不足的。更何况，所谓"敬请斧正"只能是一种谦虚的说法，编辑的知识面虽较广，但编辑不是万能的。将心比心，您愿意不惜麻烦为一篇小小的文章而大费脑筋吗？实际上，一篇好的教育论文往往不是"写"出来的，而是不断修改出来的。修改论文主要从思想内容和表现形式两个方面考虑。检查的顺序应由大到小，由整体到局部逐层地进行，每次检查都应有侧重：(1)全文检查：主要应检查题目是否精炼、简洁、材料与主题是否统一，各部分的表述是否鲜明有力。(2)部分检查：主要检查段落之间的逻辑关系是否清晰。它们与主题是否有机地联成一个整体，侧重点是否表达充分。(3)用词检查：主要检查用词是否恰当、贴切，表述内容是否准确，读者能否理解。(4)技巧检查：主要检查文字书写、行款格式有无错误，标点、符号、表格、数据、插图等使用是否得当和准确，错别字是否都已得到改正。修改论文的常用方法有以下四种：(1)增加材料，使论文的内容更加充实。(2)删去文稿中多余、重复、冗长的段落、句子和文字，使文稿更加精炼。(3)以更典型的新材料替换旧材料。(4)调整文稿中的章、节、段落，使文稿的顺序安排更符合逻辑。

九、投稿前要对全文进行认真的修改

文章不厌百回改,优秀的文章往往都是千锤百炼的结果,因此,投稿前要对全文进行认真的修改。在修改论文时把握一定的修改技巧:(1)着眼全局改文章。这里包括两层意思:一是抓住影响文章成败的关键问题,从整体到局部,从主题到材料,从结构到语言。第二是对局部的"增、删、改、调",从内容到形式,通盘考虑,突出重点,决不可本末倒置,抓住了芝麻丢了西瓜。(2)看两遍,读一遍。鲁迅说:"写完后至少看两遍,竭力将可有可无的字、句、段删去,毫不可惜。"又说:"我做完后,总要看两遍,自己觉得拗口的,就增删几字,一定要它读得顺口。"许多作家都谈到边读边改的好处,特别是用词造句上的毛病,单凭眼看不易发现,一上口就显露出来了,这是利用语感来发现问题。(3)热处理与冷处理的有机结合。热处理即写好文章后,随手改掉不合适的地方。如一时难以修改,可以先做上记号。冷处理即指文章写好后放一段时间后再修改。这样可用读者的眼光对之进行检查和修改,可发现更多的问题,把稿子改得更好。(4)听取别人的意见。多一双眼睛看,就会多看出一些问题,修改掉则会少一些问题。不同的人往往有不同的视角,不同视角的审读就会发现不同的问题,这对文章的完善是非常有帮助的。

十、投稿时要按期刊所要求的投寄方式投寄文稿

学术期刊对投寄方式一般都有明确的要求,文稿上要注明作者真实姓名、工作单位、通讯地址、邮政编码、电话号码、E-MAIL 地址等,以便编辑与作者能及时取得联系。作者姓名与文题相隔一行居中缮写,其下可加圆括号注明作者的工作单位和邮政编码。同时用脚注的方式插入作者简介,其格式一般为:姓名(出生年——),性别,民族(汉族——可省略),籍贯,职务,职称,学位,研究方向(任选)。

总起来看,尽管研究与写作时要努力站在自己的角度来表达出自己独到的思想与观点,但是,写作时却应力求站在编辑的角度来谋篇布局。因此,如果你做到了上述这些"细节",就意味着你做到了站在编辑的角度来写作论文,这样,你就在最大限度地减少着编辑的麻烦,也就意味着你离成功敲开发表文章的大门不远了。

关于梳头的对话

——享受教育研究的充实、快乐、成功与美丽

（代结语）

看到此处，想必你已完整地阅读了《教育研究方法——哲理故事与研究智慧》这本书，也许你已经体悟出了教育研究的基本道理与方法，了解了教育研究的基本规范与要求，也明白了教育研究成果写作与发表过程中的要点与注意事项，接下来你需要做的就是实践—实践—再实践了！只有坚持不懈地实践，再加上持之以恒地思考与写作，方能享受到阅读本书以及教育研究实践本身可能带给你的充实、快乐、满足与陶醉，方能享受到教育研究的成功与美丽。对于这样的说法，我想，不是每一个人都是心悦诚服的。因为在我与教育实践者频繁接触中，数次被问到一个相同的问题，于是就有了以下这番对话：

"胡老师，听说你发表了很多论文，出版了很多著作，都快著作等身了，请问你是怎么做到的？"

"因为我每天都写呵！"

"那你每天都写，头疼不疼呀？"

"不疼呀！不仅不疼，而且还能享受到许多的快感呐。"

"你不是在骗我吧！怎么可能有快感？坦白地告诉你，我一个学期、一个学年难得写一篇文章，通常都是校长逼的，或者是评职称迫的，每次写文章的时候就是我头最疼的时候，你每天都写，头怎么会不疼呢？"

听到这里，我顿时明白了就里。我赶忙给她讲了这样一个《关于乡下姑娘与城里姑娘梳头的对话》的故事。

一个一直生活在乡下的大姑娘，随着打工的人群来到了城里，居住在表姐家里。一段时间以后，她发现城里的表姐与她有着很多不同的生活习惯，她感到很好奇，尤其对表姐每天都要梳头更是惊讶，因为她在乡下的时候，基本上是一个月才梳一次头，每次梳头的时候，她都感到非常的痛苦。目睹着表姐每天都要梳头一

次,那该有多么痛苦啊! 但她每天看到表姐梳头的时候,好像毫无痛苦,满脸都是愉快的表情。终于有一天,她忍不住地问道:"表姐,你每天都梳头,头疼不疼呀?"

听到这一问话,表姐很是诧异,回答道:"不疼呀,梳头是件很快乐的事,怎么头会疼呢? 你是怎么梳头的?"

"我在乡下的时候,一个月才梳一次头,每次梳头的时候,就是我头最疼的时候,你每天梳头,头怎么会不疼呢?"

"哦,原来如此",表姐笑着告诉她:"只要你每天都梳一次头,你也会感到快乐的。"

表妹虽然不相信表姐的话,但她还是决定按着表姐说的去尝试。第一次梳头,表妹还是感到很痛苦,她怀疑表姐是否在欺骗她;第二天表妹坚持梳头,感觉好多了。就这样,表妹连续坚持了一星期,觉得一天比一天舒服。她虽然不知道其中的原因,但她终于相信表姐说的是真话。以后,她坚持天天梳头,果然也像表姐一样,每天都感到惬意无比。

殊不知,只有每天梳头,你的头才不会疼呀,你才能享受到梳头能够给你带来的享受呀!

于是,我不禁联想起有老师每天都对自己的教育教学工作进行反思,并用文字将反思的结果记录下来,有些老师觉得,那不是太痛苦了吗? 因为有的老师根据学校的布置,每月写一篇随笔或者反思都觉得痛苦。那以上这个小小的故事,对你每天都坚持教育教学反思或者进行写作是否有所启发呢?

写到此处,我又想起了苏格拉底的一段轶事:

有学生问大哲学家苏格拉底,怎样才能修学到他那般博大精深的学问。苏格拉底听了并未直接作答,只是说:"今天我们只学一件最简单也是最容易的事,每个人把胳膊尽量往前甩,然后再尽量往后甩。"苏格拉底示范了一遍,说:"从今天起,每天做 300 下,大家能做到吗?"学生们都笑了,这么简单的事有什么做不到的? 过了一个月苏格拉底问学生们:"哪些同学坚持了?"有九成同学骄傲地举起了手。

一年过后,苏格拉底再一次问大家:"请告诉我,最简单的甩手动作,还有哪几位同学坚持了?"这时整个教室里,只有一人举了手,这个学生就是后来成为古希腊另一位大哲学家的柏拉图。

人人都渴望成功,人人都想得到成功的秘诀,然而成功并非唾手可得。我们常常忘记,即使是最简单最容易的事,如果不能坚持下去,成功的大门绝不会轻易地开启。成功并没有秘诀,但坚持是它的过程。[1]

① 曾炳光. 成功的秘诀[J]. 恋爱婚姻家庭,2001,(10).

关于梳头的对话

对于初涉教育研究领域的人而言，教育研究并不是一件神秘的事情，教育研究的过程就是找到自己身边客观存在的问题并努力加以解决的过程，而每一次问题解决的过程，实际上就是你一次次不断成长与发展的过程，在这个过程中，不论是你，还是你的研究团队都会从中获益，既如此，何乐而不为呢？对于打算成为或已然是教师的你，在平时的教学中，只要你能够及时记录下自己的教学心路，就可以对你今后的教学产生很大的帮助，就可以提升你作为教师的专业生活品质。只要有研究的成分，写什么是无所谓的，篇幅可以短小，理论成分也无需多高。无论是教学得失、教学机智还是学习所悟，只要能够记录自己的教学事实，梳理自己感到困惑的问题或特别有感悟的事件，就是一个重新认识并整理自己思维的过程，就可以更为深刻地认识到自己教育教学中的不足，就可以为今后教育教学工作拓展新路，就可以享受到由教育研究所带来的充实、快乐、满足与陶醉感，就能享受到由教育研究可能带来的成功！

记得苏霍姆林斯基曾针对校长说过这样一段话："如果你想让教师的劳动能够给教师带来乐趣，使天天上课不至于变成一种单调乏味的义务，那你就应当引导每一位教师走上从事研究这条幸福的道路上来。"[①]在此，我想把这段话稍作修改，也来对那些初涉教育研究领域的教师或打算成为教师的大学生们说："如果你想让自己的劳动能够给你带来乐趣，使天天上课不至于变成一种单调乏味的义务，那你就应当引导自己走上从事研究这条幸福的道路上来。"

① ［苏］Ｂ・Ａ・苏霍姆林斯基.给教师的一百条建议［Ｍ］.天津：天津人民出版社,1981.494.

主要参考文献

一、著作类

［1］［美］罗伯特·C·波格丹等著,钟周等译.教育研究方法:定性研究的视角［M］.北京:中国人民大学出版社,2008.

［2］陈晓萍,徐淑英,樊景立.组织与管理研究的实证方法［M］.北京:北京大学出版社,2008.

［3］［英］理查德·普林著,李伟译.教育研究的哲学［M］.北京:北京师范大学出版社,2008.

［4］［加］D·简·克兰迪宁等著,张园译.叙事探究:质的研究中的经验与故事［M］.北京:北京大学出版社,2008.

［5］［美］J·Amos Hatch 著,朱光明等译.如何做质的研究［M］.北京:中国轻工业出版社,2007.

［6］李远峰,张燕.小故事大道理全书［M］.沈阳:万卷出版公司,2008.

［7］［美］劳伦斯·纽曼著,郝大海译.社会研究方法［M］.北京:中国人民大学出版社,2007.

［8］［美］约瑟夫·A·马克斯威尔著,朱光明译.质的研究设计:一种互动的取向［M］.重庆:重庆大学出版社,2007.

［9］［美］Charles Lipson 著,郜元宝,李小杰译.诚实做学问——从大一到教授［M］.上海:华东师范大学出版社,2006.

［10］刘儒德.教育中的心理效应［M］.上海:华东师范大学出版社,2006.

［11］潘慧玲.教育研究的取径:概念与应用［M］.上海:华东师范大学出版社,2005.

［12］［美］Phil Francis Carspeeken.教育研究的批判民俗志:理论与实务指南［M］.上海:华东师范大学出版社,2005.

［13］［美］保罗·D·利迪,珍妮·埃利斯·奥姆罗德.实用研究方法论:计划与设计［M］.北京:清华大学出版社,2005.

［14］［美］杰克·R·弗林克尔等著,蔡永红等译.教育研究的设计与评估［M］.北京:华夏出版社,2004.

［15］［奥地利］恩斯特·马赫.认识与谬误［M］.上海:东方出版社,2005.

［16］张掌然.问题的哲学研究［M］.北京:人民出版社,2005.

［17］杨小微.教育研究方法［M］.北京:人民教育出版社,2005.

［18］郑金洲.教师如何做研究［M］.上海:华东师范大学出版社,2005.

［19］［日］伊丹敬之著,吕莉等译.创造性论文的写法［M］.北京:社会科学出版社,2004.

［20］风笑天.社会学研究方法［M］.北京:中国人民大学出版社,2004.

［21］李怀祖.管理研究方法论［M］.西安:西安交通大学出版社,2004(第2版).

[22] 汪中求. 细节决定成败[M]. 北京:新华出版社,2004(第 2 版).

[23] [美]C・M・Charles 著,张莉莉,张学文译. 教育研究导论[M]. 北京:中国轻工业出版社,2003.

[24] 郑金洲,陶保平,孔企平. 学校教育研究方法[M]. 北京:教育科学出版社,2003.

[25] 胡东芳. 教育新思维——东西方教育对话录[M]. 桂林:广西师范大学出版社,2003.

[26] 成君忆. 水煮三国[M]. 北京:中信出版社,2003.48—49.

[27] [美]梅雷迪思・S・高尔等著,许庆豫等译. 教育研究方法导论[M]. 南京:江苏教育出版社,2002.

[28] [法]埃米尔・涂尔干. 社会学与哲学[M]. 上海:上海人民出版社,2002.

[29] [美]D・伯金斯. 超越智商的思维[M]. 海口:海南出版社,2001.

[30] 喻立森. 教育科学研究通论[M]. 福州:福建教育出版社,2001.

[31] 项红专. 中学教研论文写作指导[M]. 杭州:浙江大学出版社,2001.

[32] 郑慧琦,胡兴宏. 学校教育科研指导[M]. 上海:上海教育出版社,2001.

[33] 新课程实施过程中培训问题研究课题组. 新课程与教师角色转变[M]. 北京:教育科学出版社,2001.

[34] 陈桂生. 到中小学去研究教育——"教育行动研究"的尝试[M]. 上海:华东师范大学出版社,2000.

[35] [美]艾尔・巴比著,邱泽奇译. 社会研究方法(上下)[M]. 北京:华夏出版社,2000.

[36] 陈向明. 质的研究方法与社会科学研究[M]. 北京:教育科学出版社,2000.

[37] 叶澜. 教育研究方法论初探[M]. 上海:上海教育出版社,1999.

[38] [德]马克斯・韦伯著,杨富斌译. 社会科学方法论[M]. 北京:华夏出版社,1999.

[39] 张杰,杨燕丽. 追忆陈寅恪[C]. 北京:社会科学文献出版社,1999.

[40] 彭银祥. 回眸与前瞻:世纪之交的教育批评[M]. 长沙:湖南师范大学出版社,1999.

[41] 胡适. 胡适文集(第 3 卷)[M]. 北京:人民文学出版社,1998.

[42] [美]威廉・维尔斯曼著,袁振国主译. 教育研究方法导论[M]. 北京:教育科学出版社,1997.

[43] 李方. 现代教育科学研究方法[M]. 广州:广东高等教育出版社,1997.

[44] 佟庆伟. 教育科研中的量化方法[M]. 北京:中国科学技术出版社,1997.

[45] 安文铸. 教育科学学引论[M]. 南昌:江西教育出版社,1997.

[46] 水延凯. 社会调查教程[M]. 北京:中国人民大学出版社,1996.

[47] 裴娣娜. 教育研究方法导论[M]. 合肥:安徽教育出版社,1994.

[48] 顾泠沅. 教学实验论——青浦实验的方法学与教学原理研究[M]. 北京:教育科学出版社,1994.

[49] 瞿葆奎,叶澜,施良方. 教育学文集・教育研究方法[M]. 北京:人民教育出版社,1993.

[50] 郝德元,周谦编译. 教育科学研究法[M]. 北京:教育科学出版社,1990.

[51] 叶澜. 教育研究及其方法[M]. 北京:中国科学技术出版社,1990.

[52] [美]约翰・W・贝斯特等著,严正等译. 教育研究方法概论[M]. 北京:春秋出版社,1989.

[53] 林康义,唐永强. 比较・分类・类比[M]. 沈阳:辽宁人民出版社,1987.

[54] 陈献章. 陈献章集(上)[M]. 北京:中华书局,1987.

[55] [日]冲原丰. 比较教育学新论[M]. 江西教育出版社,1985.

教育研究方法

[56] [苏]Ｂ·Ａ·苏霍姆林斯基.给教师的一百条建议[M].天津:天津人民出版社,1981.

[57] [苏]Ｂ·Ａ·苏霍姆林斯基.给教师的建议[M].北京:教育科学出版社,1984.

[58] [德]黑格尔.小逻辑[M].北京:商务印书馆,1980.

[59] [英]休谟.人性论(下册)[M].北京:商务印书馆,1980.

[60] [美]爱因斯坦.物理学的进化[M].上海:上海科学技术出版社,1962.

[61] 毛泽东.毛泽东选集(第1卷)[M].北京:人民出版社,1952.

二、论文类

[1] cl_26.概念的界定[EB/OL].http://blog.cbe21.com/user1/4824/archives/2008/42178. shtml.2008-10-20.

[2] 莫提默·Ｊ·艾德勒.如何阅读一本书[EB/OL].http://www.21read.com/Article/ Class14/Class16/200603/12948.html.2008-10-13.

[3] 维舟试望故国.文字改革的政治学[EB/OL].http://www.tianya.cn/New/PublicForum/ Content.asp?idArticle=94775&strItem=books.2008-10-12.

[4] 佚名.天下文章一大抄看你会抄不会抄,出自何人?[EB/OL].http://zhidao.baidu.com/ question/36622478.html.2008-10-10.

[5] 张建军.论变角度思维[EB/OL].http://www.hfczxh.cn/html/2005-09/37.htm.2008- 8-2.

[6] 廖任彰.田小妹克服写"聽"字的例子[EB/OL].http://w66.mcjh.tp.edu.tw/ TeacherWEB/chinese/02/2-1/action.ppt.2007-11-12.

[7] 迟殿元.几种引用文献不合理的现象[J].齐齐哈尔医学院学报,2007,(13).

[8] 张公子.经济学家的冷笑话[EB/OL].http://www.douban.com/group/topic/1923605/ 2007-12-01.

[9] 老鹰002.还有什么不是研究[EB/OL].http://www4.blog.163.com/-PKEA.html.2007- 10-12.

[10] 刘良华.教育叙事研究:是什么与怎么做[J].教育研究,2007,(7).

[11] 李良玉.博士论文开题报告刍议——以历史学为例[J].江苏大学学报(社会科学版), 2007,(5).

[12] 张斌.教育实验研究与教育行动研究之比较[J].教育科学论坛,2006,(2).

[13] 朱志勇,邓猛.教育研究方法(论)的"科学化"抑或"本土化"——兼论学位论文的开题报告 [J].教育研究与实验,2006,(1).

[14] 刘凤朝.撰写文科博士学位论文开题报告应注意的几个问题[J].学位与研究生教育, 2005,(12).

[15] 丁可民.教育实验空间变量的构成关系和特点[J].教育科学研究,2005,(12).

[16] 王光荣.重大科学突破往往始于凝练出科学问题[N].光明日报,2005-6-1.

[17] 帅登元.标题拟写技巧谈[J].秘书工作,2005,(4).

[18] 丁舒.国内叙事研究的异变及对策——兼论如何开展教育叙事研究[J].思想理论教育·新 德育,2005,(3).

[19] 冯晨昱,和学新.教育叙事研究的研究[J].学科教育,2004,(6).

[20] 张鸿,李玉文.教育实验假设的意义及建立[J].成都教育学院学报,2004,(4).

[21] 何强生,刘晓莉.批判性阅读及其策略[J].当代教育科学,2003,(19).

[22] 安朋.民间俗语意趣[N].黑龙江晨报,2003-11-21.

[23] 程方生.质的研究方法与教师的叙事研究[J].江西教育科研,2003,(8).

[24] 安展翔.不要轻易说不可能[N].羊城晚报,2003-6-13.

[25] 胡仕勇,叶海波.操作化流程及其在社会研究中的应用探讨[J].武汉理工大学学报(社会科学版),2003,(5).

[26] 胡东芳.论课程政策的定义、本质与载体[J].教育理论与实践,2001,(11).

[27] 曾炳光.成功的秘诀[J].恋爱婚姻家庭,2001,(10).

[28] 孔会真.姆潘巴的物理问题[J].第二课堂,2001,(9).

[29] 汪菲.命令是如何变成笑话的[J].公共关系,2001.(9).

[30] 张明仓.怀疑方法:一种创造性思维方法[J].学习与探索,2001.(6).

[31] 张明仓.怀疑方法:辩证与建构[J].广东社会科学,2001.(4).

[32] 潘洪建.教育实验研究述评[J].克山师专学报,2001,(4).

[33] 汪基德.教育实验研究的一般过程[J].河南教育,2000,(6).

[34] 陶文中.行动研究法的理念[J].教育科学研究,1997,(6).

[35] 冯建军.区分事实判断与价值判断对教育学研究的意义[J].江苏教育学院学报(社会科学版),1995,(4).

[36] 胡涂."客串"与教育科学的发展[J].江苏教育学院学报(社会科学版),1994,(1).

[37] 张定璋.教育实验的历史考察和本质探讨[J].华东师范大学学报(教育科学版),1991,(4).

[38] 上海市顾泠沅数学教改实验小组.大面积提高数学教学质量的改革实践与理论探讨(上、下)[J].教育研究,1989,(9),(10).

[39] [美]迪·恩·帕金斯.苹果里的星星[J].青年文摘,1987,(3).

[40] 上海市顾泠沅数学教改实验小组.青浦县改革数学教学的一项实验研究[J].华东师范大学学报(教育科学版),1986,(4).

教育研究方法

图书在版编目(CIP)数据

教育研究方法:哲理故事与研究智慧/胡东芳著.—上海:
华东师范大学出版社,2009
教师教育精品教材·拓展系列
ISBN 978-7-5617-7163-1

Ⅰ.教… Ⅱ.胡… Ⅲ.教育科学-研究方法-师范大学-
教材 Ⅳ.G40-034

中国版本图书馆 CIP 数据核字(2009)第 148306 号

教师教育精品教材·拓展系列

教育研究方法
——哲理故事与研究智慧

著　　者　胡东芳
策　　划　王　焰
责任编辑　吴海红
审读编辑　姜淑霖
责任校对　胡　静
装帧设计　卢晓红

出版发行　华东师范大学出版社
社　　址　上海市中山北路 3663 号　邮编　200062
网　　址　www.ecnupress.com.cn
电　　话　021-60821666　行政传真 021-62572105
客服电话　021-62865537　门市(邮购)电话 021-62869887
地　　址　上海市中山北路 3663 号华东师范大学校内先锋路口
网　　店　http://hdsdcbs.tmall.com

印 刷 者　常熟高专印刷有限公司
开　　本　787×1092　16 开
印　　张　12.75
字　　数　249 千字
版　　次　2009 年 10 月第一版
印　　次　2015 年 9 月第 7 次
印　　数　18601-21700
书　　号　ISBN 978-7-5617-7163-1/G·4134
定　　价　25.00 元

出 版 人　王　焰